本书为国家社科基金教育学青年项目"三理协调——基础教育实现合理发展的理论与实践研究"（项目编号：CAA130119）的研究成果。

本书获长春师范大学学术著作出版基金资助。

基础教育合理发展新路径探究

杨清溪 著

中国社会科学出版社

图书在版编目（CIP）数据

基础教育合理发展新路径探究/杨清溪著. —北京：中国社会科学出版社，2018.1

ISBN 978 – 7 – 5203 – 0062 – 9

Ⅰ.①基… Ⅱ.①杨… Ⅲ.①基础教育—研究—中国 Ⅳ.①G639.2

中国版本图书馆 CIP 数据核字（2017）第 060628 号

出 版 人	赵剑英
责任编辑	王　琪
责任校对	胡新芳
责任印制	王　超

出　　版	中国社会科学出版社
社　　址	北京鼓楼西大街甲 158 号
邮　　编	100720
网　　址	http://www.csspw.cn
发 行 部	010 – 84083685
门 市 部	010 – 84029450
经　　销	新华书店及其他书店
印　　刷	北京君升印刷有限公司
装　　订	廊坊市广阳区广增装订厂
版　　次	2018 年 1 月第 1 版
印　　次	2018 年 1 月第 1 次印刷

开　　本	710 × 1000　1/16
印　　张	14.25
字　　数	202 千字
定　　价	59.00 元

凡购买中国社会科学出版社图书，如有质量问题请与本社营销中心联系调换
电话：010 – 84083683
版权所有　侵权必究

序

党的十九大报告开篇就提到牢记初心，不忘使命。教育的初心是什么？遵循规律，育人为本；教育的使命是什么？立德树人，全面发展。这是中国教育发展和教育改革实践最基本的遵循。党的十九大报告还指出，当前中国社会的主要矛盾是人民日益增长的美好生活需要和不平衡不充分的发展之间的矛盾。这个主要矛盾的揭示在基础教育领域显得尤为精准。因为当前我国基础教育发展的主要矛盾和焦点恰恰就是人民对美好教育的需要与基础教育不平衡、不充分、不优质等发展之间的矛盾。未来基础教育如何发展才能满足人民对美好教育的需求，才能冲破当前基础教育发展的不平衡和不充分，这显然需要教育学人做出深入的思考和理性的回答。杨清溪博士的新著《基础教育合理发展新路径探究》正是以此为题，围绕基础教育合理发展的基本理论和基础教育改革的未来理想之路而做出的一种探索。

作者在书中回顾了改革开放以来中国基础教育的发展历程，指出中国基础教育发展走的是一条重点解决突出矛盾、渐次实现突破发展的道路。为什么会走这样一条道路呢？因为之前每一个阶段的中国基础教育发展总是面临着非常突出的矛盾，解决这个矛盾就能显著地促进基础教育的发展。比如通过教育体制改革来激活教育发展的动力，通过完成"普九"任务来促进教育发展规模扩张，通过提高质量的要求来优化教育发展结构。随着中国社会和教育的发展，这样的发展道路逐渐完成了其历史使命，中国基础教育发展面临的也已经不再是简单的某个突出矛盾，集中力量去解决一两个突出矛盾就能显著促进基础教育发展的道路已经行不通了，基础教育实现进一步发展需要找到一条新的路径。基础教育合理发展——这是作者给出的一种新的发展路径选择。

作者构建了合理发展的理论框架，指出基础教育合理发展要"合"的"理"包括三个方面：一是基础教育发展的规律之理；二是基础教育发展的价值之理；三是基础教育发展的现实之理。规律之理是教育发展不能抗拒的客观规定性，价值之理是教育得以存在和发展的主观规定性，现实之理则是教育发展的起点和发展的可能性空间的范围规定性。基础教育是不是合理发展，要看发展的设计是否符合上述三个方面的发展之理。基础教育如何实现合理发展，也要按照教育发展的规律之理、价值之理和现实之理来进行整体的统筹设计。进行理论建构之后，作者又对合理发展路径下基础教育的发展之路做了深入分析。对宏观层面的教育数量、规模发展，中观层面的学校布局发展以及微观层面的学校功能提升都给出了合理发展的初步设计。

大教育家朱熹说：去人欲，存天理。规律是任何发展都必须遵循的"天理"，都不能逆向而行的"天理"。倡导基础教育合理发展的本质，就是遵循教育发展规律办教育，尽可能地减少教育改革实践中罔顾规律的错误行为。

事实上，探索未来中国基础教育发展的新路径是一项极富挑战性的工作。然而，在社会新时代、教育新发展的挑战面前，教育研究者却不能回避这一问题。本书作者所做的探索显然是一种难能可贵的尝试。基础教育如何实现更好的发展，仍然需要更多深入的思考。正如作者在书中所说：裹挟着规律、价值和现实的基础教育发展，始终在路上。

期待更多同仁为中国基础教育发展贡献智慧。

柳海民

于 2018 年元旦

目 录

导 论 …………………………………………………………… (1)
  一 研究背景 ………………………………………………… (1)
    （一）改革开放以来中国基础教育发展取得巨大成就 …… (1)
    （二）新时期基础教育发展面临严峻挑战 ……………… (2)
    （三）办好人民满意的教育要深化对基础教育
         发展的认识 ……………………………………… (4)
  二 研究意义 ………………………………………………… (5)
    （一）理论意义 …………………………………………… (5)
    （二）实践意义 …………………………………………… (7)
  三 文献综述 ………………………………………………… (7)
    （一）关于基础教育合理发展的理论研究 ……………… (7)
    （二）关于基础教育发展的思想潮流研究 ……………… (21)
    （三）关于基础教育发展的现实问题研究 ……………… (26)
  四 研究方法 ………………………………………………… (35)
  五 研究思路 ………………………………………………… (36)

第一章 上下求索归于合：基础教育合理发展的理论解读 …… (37)
  一 基础教育合理发展的内涵 ……………………………… (37)
    （一）发展 ………………………………………………… (38)
    （二）合理发展 …………………………………………… (39)

（三）基础教育合理发展 …………………………………（40）
二　基础教育合理发展的结构 …………………………………（44）
　　（一）教育合理发展的动态行动逻辑结构 …………………（44）
　　（二）教育合理发展的静态存在形态结构 …………………（46）
三　基础教育合理发展的价值 …………………………………（48）
　　（一）理论价值 ………………………………………………（48）
　　（二）实践价值 ………………………………………………（48）
四　基础教育合理发展的一种理论分析框架 …………………（49）
　　（一）基于"合"的认识分析 …………………………………（50）
　　（二）基于"理"的操作分析 …………………………………（51）
五　基础教育合理发展所合之理 ………………………………（52）
　　（一）基础教育发展要合乎自然世界的规律之理 …………（54）
　　（二）基础教育发展要合乎期然世界的价值之理 …………（56）
　　（三）基础教育发展要合乎实然世界的现实之理 …………（58）
　　（四）实现合理发展应坚持三"理"协调统一 ………………（59）

第二章　实理相照问于合：基础教育合理发展的理性追问 ……（65）
一　改革开放以来我国基础教育发展历程 ……………………（65）
　　（一）理顺体制，激活发展动力阶段（1978—
　　　　　1992年）………………………………………………（66）
　　（二）完成"普九"，扩张发展规模阶段（1993—
　　　　　2000年）………………………………………………（68）
　　（三）提高质量，优化发展结构阶段（1999—
　　　　　2010年）………………………………………………（70）
　　（四）办好人民满意的教育发展新阶段（2010年
　　　　　以后）…………………………………………………（71）
二　基础教育合理发展的理性追问 ……………………………（73）
　　（一）发展方向目标的追问 …………………………………（74）
　　（二）发展方法手段的追问 …………………………………（84）

目 录

  （三）发展结果诉求的追问……………………………（95）

第三章　理实相较求于合之基础教育合理发展的数量规模 …（104）
  一　基础教育合理发展的数量规模要求……………………（105）
    （一）受控的总量供给与不受控的总量需求……………（106）
    （二）规模形成的为与不为………………………………（108）
    （三）规模形成的影响因素及其影响范围………………（109）
  二　我国基础教育数量规模发展现状………………………（112）
    （一）基础教育各学段数量规模变动态势………………（112）
    （二）教育数量规模发展中的问题………………………（117）
  三　基础教育数量规模合理发展的建议……………………（124）
    （一）普及阶段的小学和初中按适龄入学人口充分
      供给……………………………………………………（124）
    （二）非普及阶段的学前教育和普通高中按社会
      需求供给………………………………………………（125）
    （三）区域性学龄人口变动要进行监测…………………（128）
    （四）极端的学校和班级规模要进行积极干预…………（128）
    （五）既存的规模布局要充分利用………………………（130）

第四章　理实相较求于合之基础教育合理发展的学校布局 …（132）
  一　基础教育合理发展的学校布局要求……………………（132）
    （一）学校布局应遵循的规律之理………………………（134）
    （二）学校布局应遵循的价值之理………………………（137）
    （三）学校布局应遵循的现实之理………………………（140）
  二　我国基础教育学校布局发展的现状……………………（141）
    （一）改革开放以来学校布局发展历程…………………（141）
    （二）各阶段学校布局调整类型的理性审视……………（145）
    （三）布局调整取得的成效………………………………（148）
    （四）布局调整带来的问题………………………………（151）

· 3 ·

三　基础教育学校布局合理发展的建议 …………………（159）
　　　（一）从实际出发找准发展起点 …………………………（159）
　　　（二）寻求广泛支持定好发展目标 ………………………（161）
　　　（三）遵循教育规律研制实施方案 ………………………（163）

第五章　理实相较求于合之基础教育合理发展的学校功能 …（165）
　　一　基础教育合理发展对学校功能的要求 …………………（165）
　　　（一）学校功能供给 ………………………………………（166）
　　　（二）学校功能设计 ………………………………………（168）
　　　（三）学校功能发挥 ………………………………………（169）
　　二　基础教育阶段学校功能发挥现状 ………………………（170）
　　　（一）学校功能认识存在争议 ……………………………（171）
　　　（二）学校功能的发挥存在偏差 …………………………（174）
　　　（三）新增学校功能诉求未得到足够重视 ………………（185）
　　三　基础教育合理发展视野下学校功能发展建议 …………（194）
　　　（一）树立全新学校功能观 ………………………………（195）
　　　（二）发挥全面育人功能 …………………………………（197）
　　　（三）拓展学校功能 ………………………………………（198）

结　语 ……………………………………………………………（203）

参考文献 …………………………………………………………（206）

后　记 ……………………………………………………………（220）

导　论

基础教育发展是一个动态过程，研究基础教育发展实际是要指出基础教育的发展方向和发展道路。只有纵向上以一种历史视野捋顺基础教育发展的来龙去脉，横向上以一种普遍联系的视野厘清基础教育发展的复杂链接，如此才能准确把握基础教育发展的历史和现实，从而为基础教育发展找准未来的发展方向，选好发展的道路。问题要靠发展来解决，发展过程中又会带来新问题，而这新问题还是要靠新的发展来解决。

一　研究背景

对基础教育发展的研究既要看到以前基础教育发展取得的成就，又要看到未来发展面临的问题，还应顺应社会发展潮流，提出适合的发展策略。

（一）改革开放以来中国基础教育发展取得巨大成就

改革开放以来，中国的基础教育取得了举世瞩目的发展成就。在全国范围内建成了包括学前、小学、初中和高中的完备教育体系，第一次真正意义上在全国范围内普及了免费的九年制义务教育。25岁以上人口的人均受教育年限从1982年的4.3年提高到2010年的8.6年，15岁以上人口的人均受教育年限在2010年更是达到了9.05年。[①]

[①] 《我国国民整体受教育水平进一步提高》，《中国信息报》2012年4月21日。

2011年国家发布的第六次人口普查数据显示，与2000年人口普查数据相比，每十万人中具有大学文化程度的由3611人上升为8930人；具有高中文化程度的由11146人上升为14032人；具有初中文化程度的由33961人上升为38788人；具有小学文化程度的由35701人下降为26779人。文盲率（15岁及以上不识字的人口占总人口的比重）为4.08%，比2000年人口普查的6.72%下降了2.64个百分点。[①]

回顾改革开放以来中国基础教育的发展路径，我们可以发现基础教育发展走了一条有中国特色的重点解决突出矛盾，渐次实现突破发展的道路。1985年《中共中央关于教育体制改革的决定》提出要贯彻基础教育由地方负责、分级管理的原则。这种教育管理体制的改革激活了地方发展教育的积极性，使基础教育发展具有了充足的发展动力，管理体制的矛盾得到了重点关照。随后基础教育开始了规模扩张的发展，以完成普及九年制义务教育为目标，各地纷纷大力兴办基础教育阶段的学校，促进基础教育规模化发展，扭转了全国基础教育总量供给不足的局面，总量供需平衡的矛盾得到重点关照。人人有学上的目标实现后，人人上好学成为新的追求，基础教育领域又以学校布局调整、教育均衡发展、标准化学校建设等措施优化基础教育发展结构、缩小基础教育发展差距，提高教育质量。重点关照的是各地基础教育发展水平差距过大与实现教育公平的矛盾。改革开放以来的30多年里，中国基础教育逐步取得了理顺教育管理体制，扩大教育规模，优化教育结构的巨大发展成就，中国基础教育也实现了由穷国办大教育向大国办好教育的历史性转变。

（二）新时期基础教育发展面临严峻挑战

当前，中国教育发展正迈进一个崭新的历史时期，即人民满意的教育发展时期。人民群众不断增长的多元化教育需求和现阶段相对单

---

① 《第六次全国人口普查主要数据发布》，2015年2月，国家统计局网（http://www.stats.gov.cn/ztjc/zdtjgz/zgrkpc/dlcrkpc/dcrkpcyw/201104/t20110428_69407.htm）。

调的教育供给之间的矛盾成为今后相当长一个时期内基础教育发展的核心矛盾。这个矛盾下蕴含了大量的、复杂的具体矛盾，有新的发展催生的局部矛盾和分散矛盾，也有以前发展未完全解决的遗留矛盾和阶段性发展带来的衍生矛盾。正如2010年发布的《国家中长期教育改革和发展规划纲要（2010—2020）》中提出的那样，我国教育还不适应国家经济社会发展和人民群众接受良好教育的要求。教育观念相对落后，内容方法比较陈旧，中小学生课业负担过重，素质教育推进困难；学生适应社会和就业创业能力不强，创新型、实用型、复合型人才紧缺；教育体制机制不活，学校办学活力不足；教育结构和布局不尽合理，城乡、区域教育发展不平衡，贫困地区、民族地区教育发展滞后；教育投入不足，教育优先发展的战略地位尚未完全落实。接受良好教育成为人民群众的强烈期盼，深化教育改革成为全社会共同心声。新时期的基础教育发展面临着比以往更多、更复杂的发展挑战。

例如，在发展定位方面，中国的基础教育发展如何看待西方基础教育？是全面学习借鉴西方发达国家基础教育发展的经验和模式，还是固守本国传统开拓创新自己的基础教育模式？在基础教育发展中，言必称欧美者有之，抵制鄙视西方者亦有之。同样，农村的基础教育发展如何看待城市基础教育？是按照城市学校的样子去发展农村基础教育，还是发展出一套农村特有的基础教育？在农村基础教育发展方向的问题上，有主张向城市基础教育看齐的"离农"倾向的，也有主张服务农村发展的"为农"倾向的。这种事关基础教育宏观旨向的大问题无论是在教育实践中还是在教育理论研究中都未能形成统一共识。在学校的布局和结构方面，发展挑战也很多。学校分布点多分散时，会出现麻雀校和教学点，教学质量和教学秩序难以保证，教育资源使用效率不高。学校分布点少、集中时，会出现大规模和超大规模的超级学校、航母学校，需要去应对校车的问题、寄宿的问题。在学校功能发挥上也是如此，面对家长、学生从吃饭睡觉到交通补课等各种日益增多的复杂教育诉求，学校是拓展自身功能予以全面应对，还是不管不顾任由社会上的替代机构去迎合满足？

当基础教育的公平发展无暇顾及微观领域的教育公平时，当均衡发展在平均、重点和特色间挣扎时，当学校布局调整演化为了撤校并点时，当人民满意的教育被误读为完全理想化的教育时，中国基础教育发展已然走到了一个必须深化对基础教育的发展方向和发展道路的认识的节点上。

（三）办好人民满意的教育要深化对基础教育发展的认识

面对人民满意的教育发展新形势，中国基础教育向哪里发展？如何发展？这都成为我们必须审慎思考的问题。其实这是在新的教育发展形势下对基础教育发展形成新认识的问题，主要有两个方面：一是如何认识发展？即对基础教育是否实现了"发展"如何做出界定和确认，这也是基础教育发展方向的问题。二是如何认识发展的方式方法？即对实现基础教育发展的实践路径的探索，这也是基础教育发展道路的问题。

伴随着整个社会的发展转型，中国基础教育走到了由外延发展转向内涵发展的阶段，以往以规模扩大、数量增加、效率提高为指标来界定发展的认识正在发生转变。发展不能被理解为一个持续不断的生长变大的过程，如果发展被理解成一个持续不断的过程的话，那么就没有个人、组织或者国家能够达到"发达的"这个阶段。[1] 在提倡内涵发展的阶段，基础教育发展不再是持续地追求变大、变多、变高的无休止的上升运动，而是追求适合、平衡、融洽的波动调整运动。这个阶段看待和界定基础教育发展需要一种新的认识，即对发展与否的界定要由客观可测的指标转向满意、适合、舒适等主观体验指标。

发展的方式方法和道路也正在发生转变。以往的基础教育发展都

---

[1] Peadar Cremin, Mary Goretti Nakabugo, "Education, Development and Poverty Reduction: A Literature Critique", *International Journal of Educational Development*, Vol. 32, 2012, pp. 499–506.

可以走集中优势力量，重点解决突出矛盾实现局部发展，进而以局部发展带动全局发展的发展道路。因为当时中国基础教育在一个特定阶段都是面临一个突出问题，都是只需要集中精力解决好一个相对明确的核心矛盾就能促进基础教育实现发展。现阶段的以人民满意为核心的基础教育发展面临的是人民日益丰富的教育需求和教育发展现实水平之间的矛盾，这个矛盾下蕴含了大量的、复杂的具体矛盾，有新的发展催生的局部矛盾和分散矛盾，也有以前发展未完全解决的遗留矛盾和阶段性发展带来的衍生矛盾。这种复杂局面下的基础教育发展显然已经不能再套用集中优势力量，重点解决突出矛盾的发展道路了。从党的十八大提出要深化教育领域综合改革以来，用普遍联系的观点规划设计，用统筹兼顾的方法协调推进的发展方式逐步显现，这为我们深入探索新的基础教育发展路径提供了重要的参考。

对发展的认识发生了转变，实现发展的道路也有了新的探索。合理发展正是在中国基础教育发展走到这样一个节点的背景下提出的。基础教育合理发展尝试指明未来基础教育的发展路径；尝试回答基础教育在大体实现了均衡发展、显著提高了公平程度之后应向何处去的发展路径问题。合理发展的提出是立足于基础教育发展的现实基础和未来发展的前瞻判断，应对国家未来10年提高质量、综合改革的发展观而确立起来的一条现实发展路径。我们预设新的发展路径既能对现在的各种发展进行修复、弥补和完善，解决之前快速发展形成的遗留问题和衍生问题，更能够应对现在发展所面临的新问题，以助力基础教育发展在新的历史时期不断提高其让人民满意的程度。

二　研究意义

（一）理论意义

1. 提出新形势下对基础教育发展的新认识

本书对改革开放以来的基础教育发展历程进行了回顾反思，指出基础教育发展正进入一个崭新的历史时期，发展的方向、发展的方式方法都走到了一个关键的历史节点上。为了更好地指导基础教育健康发展，相关的理论研究也应随之进行开拓创新。因此本书提出了对"什么是基础教育发展？""如何实现基础教育发展？"进行重新认识剖析的问题，形成了关于基础教育发展的新认识，这种新认识能够帮助我们对未来一段时间中国基础教育发展方向和实现发展路径的选择进行理论阐释。

2. 建构了基础教育合理发展的分析框架

本书建构了一套基于合理发展的分析框架，对基础教育发展进行分析和指导。从甲骨文中"合"字"器盖"和"器体"相扣合的本义出发，以基础教育发展要符合的"理"为器盖，以基础教育发展的现实为"器体"，将二者进行比对，能够扣合即为合理发展，反之则是不合理发展。由此提出"两个前提"和"两个环节"的基础教育合理发展分析框架。前提一是探建教育发展之理，即建立包括规律之理、价值之理和现实之理的基础教育发展要符合的"理"的体系，并分析三种教育发展之理的特征、缺陷和影响范围；前提二是深描教育发展之实，即考察描述基础教育发展现实；有了两个前提就可以进行比对。环节一是实理相照问于合，将教育发展之实与教育发展之理比照，发现其不合理的地方，揭示基础教育发展的问题。环节二是理实相较求于合，将按照合理发展的要求来指导基础教育发展实践。

3. 细化出人民满意的基础教育发展的三个核心关切

作为整体的基础教育发展是一个庞杂的体系，在发展方向、发展方式方法上都涉及太多的因素，对其所进行的理论阐释和发展建议难以关照全局。本书从人民满意的基础教育出发，将人民对基础教育发展是否满意的核心关切细化为三个方面，即"有适合的学上""能方便地去上学""能安全舒适地在学校里上学"。并指出，这三个核心关切分别可以通过基础教育数量规模发展、学校布局发展和学校功能发展来予以应对。这种应对使得人民满意的基础教育发展研究与人民群众日常生活中的"上学"之间建立了一种对应关系，增强了基础教育发展理论对基础教育发展实践指导的针对性和有效性，也在实践层面增强了基础教育发展对策的可操作性。

(二) 实践意义

本书对改革开放以来基础教育发展的历程进行了回顾反思，梳理了基础教育发展在理顺管理体制激发办学动力、扩大办学规模完成普九任务、优化教育发展结构促进均衡和公平等方面取得的成就，并对实现这些发展成就的成功经验进行了总结概括，为基础教育未来实现更好发展奠定了良好的发展基础。

对当前基础教育的发展形势做出判断，指出在人民满意的教育发展新时期基础教育发展具有的发展条件、面临的严峻挑战和未来应选择的发展路径。特别是将基础教育发展放在合理发展的视野下，对基础教育发展中的遗留问题、衍生问题、新出现问题都进行了深入的剖析，弄清楚问题的来龙去脉，为在教育实践中准确认识发展问题，合理解决发展问题，从而实现基础教育健康发展指明了发展方向和道路。

本书还在合理发展的理论分析框架指导下，将人民满意的教育在实践上细化为三个具体问题，即"有适合的学上""能方便地去上学""能安全舒适地在学校里上学"，并分别提出其实现合理发展的建议。这些建议面向基础教育发展的各个层次，综合协调了基础教育发展要遵循的规律之理、价值之理和现实之理，为有效推进基础教育健康发展提供了很多值得尝试的行动方略。

三　文献综述

(一) 关于基础教育合理发展的理论研究

合理性问题一直以来都是学术研究的重要问题之一，自马克斯·韦伯以来，关于合理性问题的研究更是成为学术研究的热点。基础教育合理发展是使用合理性的相关研究成果来指导基础教育发展的一种研究尝试。对合理性、合理发展等基本概念的内涵以及合理发展的标准等问题进行梳理分析是本书得以顺利开展的理论基础和思想前提。

1. 合理性的概念

劳丹说20世纪哲学最棘手的问题之一是合理性问题。他在《进步及其问题》中提到有些哲学家认为合理性就是使个人效用达到最大的行为，另一些哲学家则提出合理性就是相信那些我们有充足理由相信为真（或至少可能为真）的命题并按这些命题行动，还有一些哲学家暗示合理性会随着成本效益的分析而变化，也有一些哲学家声称合理性只不过是提出能予以反驳的陈述。[1] 对于合理性的、确切的和广为认可的内涵尚没有统一认识。

傅永军认为"合理性"（rationality）是韦伯通过改造黑格尔的"理性"（reason）概念而得出的一个社会学概念。他认为合理性（rationality）就是西方现代性的本性，合理性由于自己内在的必然性和普遍性而成为现实性，它构成了西方经济强盛、工业文明得以形成的最深刻、最本质的原因，标志着欧洲社会发展，乃至整个人类历史进程的一个不可逆转的总趋向。韦伯把"现代性"等同于"合理性"，将"现代化进程"等同于"理性化（rationalization）过程"，把狭义上被看作是人的思考能力的理性拓展到人的行动和历史、社会的具体现实领域，成为人的行动或社会所具有的特性，进而成为能够说明社会现代化发展的理性根据。[2]

韦伯还提出形式合理性（formal rationality）和实质合理性（substantive rationality）的概念。形式合理性是指一种关于不同事实之间的因果关系判断，它指涉着事实，是依据手段及程序的可计算性做出的判断，属于客观的合理性；实质合理性是指一种关于不同价值之间的逻辑关系的判断，它指涉着价值，是依据结果和目的的价值做出的判断，属于主观的合理性。[3]

---

[1] 胡辉华：《合理性问题》，广东人民出版社2000年版，第81页。
[2] 傅永军：《韦伯合理性理论评议》，《文史哲》2001年第5期。
[3] 同上。

欧阳康指出，合理性是作为对于理性的一种批判性反思而出现的。哲学研究中的合理性首先是对于理性绝对主义的批判和否定，也是作为对人的本性和能力的一种自我反思和评价而出现的。①

The Power of Argumentation 一书中收录了马里欧·邦吉（Mario Bunge）的 *Seven Desiderata for Rationality* 一文，他在文中指出，很多人都因为自己是理性的动物而感到骄傲，但是只有哲学家尝试着去找出到底什么是理性，或者说理性意味着什么。鉴于这种现象，他尝试着归纳出合理性的七种定义：一是概念的合理性：使模糊（含混和不准确）最小化；二是逻辑的合理性：力求连贯一致（避免矛盾）；三是方法论的合理性：质疑（怀疑与批判）和证明（要求证据和事实，无论这些证据或事实是有利的还是不利的）；四是认识论的合理性：关心经验的支持，避免与科学技术知识不一致的臆断；五是本体论的合理性：采纳与同时代的科学技术知识相一致的世界观；六是价值观的合理性：力求达到可达到的并值得达到的目标；七是实践的合理性：采取有助于达到预期目标的手段。②

2. 合理发展的概念

本书研究中国基础教育的合理发展，是在具有充分的中国背景下的一种研究活动。因此，对合理性概念的考察倾向于采用较多的汉语中关于合理性的分析和认识。

汉语中"合"字的甲骨文写法：合，金文写法：合，篆体写法：合。从字形看，合是个会意字，是器盖和器体相扣合之意。《说文·亼部》中说："合，合口也，从亼，从口"，本义为扣合。可见，合字最初的意思为扣合，当器盖与器体相扣合时，可描述为"匹配""融洽""符合""聚合"等意思。古代很多经典著作中对这一词的引申用法正好说明了这一点。如《诗经·小雅》中有"妻子好合，如鼓琴瑟"，取和同融洽之义。《诗经·大雅》中有"天作之合"，取

---

① 欧阳康：《合理性与当代人文社会科学》，《中国社会科学》2001年第4期。
② 胡辉华：《合理性问题》，广东人民出版社2000年版，第81页。

匹配之义。《孙子·九地篇》有"合于利而动，不合于利而止"，取符合之义。《论语·宪问》中有"桓公九合诸侯，不以兵车，管仲之力也"。取聚合之义。① 现代汉语中《辞源》《辞海》中合字的解释都达14种之多，但大多都由扣合、符合引申而来。

汉语中"理"字的篆体写法为理，《说文·玉部》："理，治玉也。从玉，里声。"本义为顺着纹理把玉从石头中剖分出来。② 要想顺利地把玉从石中取出，则应顺着纹路来取。这里的关键是事物的纹路，因此，作为名词的"理"本义指玉石的纹路，后泛指所有事物的纹路或事情的条理。《辞海》中"理"的解释达14种之多。③

当提到事物的纹路或者事情的条理时，在中国汉语里无法绕过另外一个关键的概念——礼。中国古代的典籍中记录了很多关于"理"与"礼"的表述。甚至孔子曾直言"礼也者，理也。"引述相关的部分表述如下：

《礼记·乐记第十九》："礼者，天地之序也。"

《礼记·仲尼燕居第二八》子曰："礼者何也？即事之治也。君子有其事，必有其治。"

《礼记·仲尼燕居第二八》子曰："礼也者，理也；乐也者，节也。君子无理不动，无节不作。"

《礼记·乐记》："礼也者，理之不可易者也。"

《礼记·正义》："理，道理。言礼者，使万事合于道理也。"

《礼记·正义》："天地未分之前，已有礼也。礼者，理也，其用以治，则与天地俱兴。"

《礼记·礼运》："夫礼，必本于大一。"

---

① 谷衍奎：《汉字源流字典》，华夏出版社2003年版，第205页。
② 同上书，第612页。
③ 《辞海》，上海辞书出版社1999年版，第1467页。

导 论

《礼记·礼运》:"夫礼,先王以承天之道,以治人之情。"

由以上引述可以发现,中国语境中,"礼"与"理"有很多的交叉,在中国语境中的所谓合理,很多时候指的是合乎"礼"的规定性。

汉语的辞典中鲜有合理这个词的解释。《辞海》中没有,《辞源》中也只是简单地解释为符合事理。① 合理是个合成词,汉语合成词主要有复合式、附加式、重叠式三种构词方式。在复合式中又有并列型、偏重型、补充型、动宾型以及主谓型等类型,"合理"可归为复合式中的动宾型。从"合"字和"理"字的本义看,合理可理解为符合、顺应理,与理和谐、融洽的意思。因此,合理性的概念直接取决于"理"的内涵。其实合理性有两种基本的含义:一种是指称事物合乎理性的性质,一种是指称事物合乎既定的标准的性质。第一种合理性的含义因为理性概念的变迁而发生变迁,第二种合理性的含义则因为标准的不同而会有不同的含义。

从字面上看,合理发展是个合成的概念,发展是主词,合理是附词,准确地说应是合理的发展。《辞海》解"发展"作为哲学名词指"事物由小到大、由简到繁、由低级到高级、由旧质到新质的变化过程"②。定义中可见这个词是中性的描述性词汇,并未涉及对事物变化好坏的评价,只是描述了事物的变化,而且是一种具有统一倾向的变化,即由小、简、低、旧向大、繁、高、新方向的变化。当然,也有学者指出我们应该持一种发展的观点来看待发展这个概念,它的内涵可能也会发生变化和发展。英国格拉斯哥大学的拉吉·鲍文(Lalage Bown)教授就曾从社会和经济发展的角度研究过传统的发展概念、20世纪90年代的发展概念和最新的发展概念。③ 合理发展合在

---

① 《辞源》,商务印书馆1988年版,第205页。
② 《辞海》,上海辞书出版社1999年版,第603页。
③ Lalage Bown, *What Do We Mean by Development?*, Reprinted by 80:20 Educating and Acting for a Better World 2007 (http://www.developmenteducation.ie/media/documents/What.pdf).

· 11 ·

一起使用时，其最基本的含义即指事物的发展变化符合理性，或者符合某种标准体系。可见，合理发展是对发展本身所做的一种描述和界定。当我们讨论基础教育合理发展时，显然涉及的主要问题是对基础教育发展的描述和界定。

3. 合理发展的标准

合理发展的标准遇到的第一个问题是：是否存在一个统一的、普遍的、客观的合理性标准的问题。根据对这一问题的回答，合理性标准的阵营可以分为两派：一派具有绝对主义倾向，主张存在这样一个统一的、普遍的、客观的合理性标准的派别，我们将其划归为绝对主义阵营。一派具有相对主义倾向，主张根本不存在一个统一的、普遍的、客观的合理性标准的派别，合理性的标准会因时、因地而不同，我们将其划归为相对主义阵营。因此，合理发展的标准也可分为绝对主义倾向的标准和相对主义倾向的标准两个阵营。

（1）绝对主义倾向的合理性标准

绝对主义倾向的合理发展标准主要包括古希腊时期以 Logos 作为合理性的标准、欧洲中世纪宗教神学中以教义作为合理性的标准以及在近代自然科学兴起后以科学作为合理性的标准等方面。

古希腊的 Logos 作为合理性的标准。Logos 是希腊人最为常用的一个概念，几乎所有最初的学术研究都离不开这个词。也因此，这个词的含义非常丰富。著名的古典学者古思瑞（W. K. C. Guthrie）曾经归纳了 Logos 的 11 种含义。到了亚里士多德的时代，Logos 获得了至高无上的地位，它被认为既是宇宙运动的原则，又是人的灵魂的原则。赫拉克利特也经常提起"一切都遵循着这个 Logos……"[①]。因此，无论是在日常的生活中还是在学术研究中，需要人们做出是否合理的判断时，Logos 都扮演了形成判断的核心标准的角色。

宗教神学的教义作为合理性的标准。西方社会进入中世纪以后，宗教神学充斥于整个社会之中，宗教教义成为一切的来源。如果说古

---

① 胡辉华：《合理性问题》，广东人民出版社2000年版，第48页。

希腊的时代Logos是一切的核心的话，那么这个时期的上帝或神则取代了Logos成为新的核心。《圣经》《古兰经》等经典教义以及宗教人士依据这些经典所倡行的标准成为评判一切的终极标准。基督教改造了古希腊Logos的概念，将它与基督教结合起来，使上帝具有了一种客观精神，施奈德巴赫把基督教对希腊理性观念的改造称之为"客观理性的一种客观的主观化"。① 这一改造大约起始于公元2世纪，因此新教神学家哈纳克说："基督教学说史中最重要的事件发生于2世纪开端，在基督教使徒们揭示出道（Logos）是耶稣基督的等同关系之时。"② 这种等同关系一旦建立，基督教神学的教义就逐步成为了整个社会各种活动的核心标准。

近代自然科学兴起后科学作为合理性的标准。近代自然科学兴起之后，科学成为合理性的典范，符合科学标准的即被认为是合理的。认为合理性就是遵循事先判定的程序，就是变得有条理；因此总把有条理的、合理的、科学的、客观的看作是同义词。科学以其带来的巨大的发展成就获得了至高的地位。科学指导下的实践取得丰硕成就，科学增进了人们的认识，给人以确定可靠的知识和信念，正如查尔默斯所说，人们普遍认为科学建立在坚实的基础之上，拥有一套切实可靠的方法并能产生预期的结果。科学是最可靠、最确定无疑的知识这一种观念为人们所接受，到现在几乎成为人们的共同信念。其他非科学的知识或意见都有待于以科学的标准来衡量。查尔默斯在《科学究竟是什么？》中对科学成为广为接受的合理性典范的现象进行过描述："许多研究领域被其支持者称为科学，力图暗示他们采用的方法是如传统的科学（例如物理学）那样有着坚实的基础和可能产生成果的。政治科学和社会科学现在都是平常的事情了。……此外还有图书馆学、管理科学、讲演科学、森林科学、奶品科学、食用肉和肉血科学甚至丧葬科学都是在美国的学院和大学里通常讲授或最近讲授过

---

① 胡辉华：《合理性问题》，广东人民出版社2000年版，第51页。
② 赵敦华：《基督教哲学1500年》，人民出版社1994年版，第75页。

的课程。"①

（2）相对主义倾向的合理性标准

无论是古典时代的 Logos 还是宗教神学时代的教义，或者是近代以来的自然科学，这些作为标准都有一个共性，即认为存在一个客观的、普遍的合理性标准。这个标准是一个客观的独立存在，人只能依靠主观理性去认识和分有这种客观标准，并认为只有通晓和尊重这种客观标准，才能实现人的各种追求。直到今天，自然科学仍将对自然界客观规律的探索作为自己的使命，并强调其作为一种合理性标准对人类活动的多方面指导。

在近代哲学兴起后，外在于人的标准的客观性和普遍性受到了质疑，尤其在文艺复兴和启蒙运动中，人的主体性和人的理性获得了充分的重视，人仅能依靠自己的理性去分有客观标准的范式开始动摇。从笛卡尔的"我思故我在"到康德的"人为自然立法"，原来至高无上的客观标准的客观性被抨击得荡然无存，人们不再去探索和分有那种客观标准，转而以主体为出发点去建构一个有关合理的标准体系，主体的精神意志和现实需求成为新的标准。这种转变发生后，原本只具有客观性和普遍性的绝对主义的合理性标准就迎来了它的对立面——相对主义的合理性标准。因为合理性的标准来自主体的精神意志和现实需求，而主体往往是多元化的，不同的主体具有不同的精神意志和现实需求，所以依此建立起来的合理性标准就必然是相对于特定主体的合理性标准，由此相对主义倾向的合理性标准开始广泛出现。

劳丹——进步作为合理性标准。劳丹的合理性标准的提出始于其对科学作为客观的合理性标准的批判。他认为合理性不能简单地理解为合乎科学性。尤其当这个科学的概念是指一种追求真理的科学时。如果合理性即在于只相信我们能合理地假定为真的东西，并且在经典

---

① ［英］查尔默斯：《科学究竟是什么？》（第3版），鲁旭东译，商务印书馆2007年版，第5页。

导 论

的、非实用主义的意义上来定义"真理",那么科学就是不合理的。[①]如果非要认为合理性是指符合科学性,那么唯有将科学从发现真理这一狭隘的定义中解放出来,即将科学宽泛地理解为解决问题的活动和以问题为定向的活动。[②] 这里的问题可以分为两类:一类是经验的问题,一类是概念的问题。经验问题类似于重物怎样下落、为什么这样下落等关于自然界的问题,这类问题可以被感觉器官觉察到。经验问题中经常会出现理论所不能解释的反常现象。概念问题是理论内部的问题,例如逻辑上的矛盾、概念上的含混等。科学家选择一种理论,或者判定一种理论的合理性的依据是这种理论解决问题的能力。一个理论如果能解决比以往理论更多的经验问题,但又产生比以往理论更少的概念问题时,这种理论才具有更强的可接受性。一个理论的总解题有效性可由对该理论所解决的经验问题的数目和重要性及由此理论生成的反常问题和概念问题的数目和重要性的估算来确定。[③] 理论解决的经验问题越多、越重要,引发的反常问题和概念问题越少、越不重要,理论就越进步,选择这样的理论就越合理。

劳丹以理论的进步性来衡量合理性、强调进步观念的非积累性,目的在于建立一个具有经验特征的合理性理论。在这个理论里,合理性依赖于进步,而进步是在经验上能够自我显现,即具有客观性。进步的客观性可以通过解决问题的数量和重要性得到确定。[④] 合理性理论有着某些超时代和超文化的非常一般的特点:一方面,它们既能应用于新近的科学史,也能应用于前苏格拉底思想之中或中世纪的思想发展过程之中。另一方面,该理论还认为,历史上具体的合理性部分随时间、地点和背景而变。什么样的问题才能(被)看作经验问题、什么样的反对意见才被算作概念问题、理论可理解性的标准、实验控制的标准、问题的重要程度,这一切都随特定思想家共同体的方法

[①] 胡辉华:《合理性问题》,广东人民出版社2000年版,第85页。
[②] [美]劳丹:《进步及其问题》,刘新民译,华夏出版社1990年版,第12页。
[③] 同上书,第65—66页。
[④] 胡辉华:《合理性问题》,广东人民出版社2000年版,第144页。

· 15 ·

论——规范信念而变。①

这样劳丹的合理性观念就既具有普遍性，又具有特殊性，它既避免了绝对的理性主义认为合理性应该不受时间、文化制约的错误，又避免了相对主义认为合理性不可能有确定的标准，一切随时间、地域和文化的不同被评价或被当作合理的或不合理的。

布朗——专业共同体的专业知识作为合理性标准。布朗首先批判了以往的"古典合理性模型"。他指出古典合理性模型的核心是规则，它要求"一个合理的决定或信念必须建立在运用适当的规则对相关的实施做出评估的基础上"。这些规则包括逻辑规则、数学规则以及科学方法论等。"如果我们拥有可普遍应用的规则，那么任何人只要从相同的信息出发就可以获得相同的结论。"这显然是一种绝对主义倾向的合理性标准。布朗认为坚持这一模型的普遍必然性并没有错，但要清楚，这一普遍必然性却并非来自科学所拥有的所谓规则，科学哲学表明，科学经常是在缺乏规则的指导下工作的，很多科学进步的突破恰恰是打破了以前的规则而实现的。相信科学能够提供一种具有普遍性的规则的合理性探索实际是一种基础主义的传统。这种基础主义传统试图找到最终是自明的，或不依赖其他命题而能够自我证明的命题，但无一例外都失败了。②

布朗认为采取以下步骤可以重建一个合理性模型。一是把理性的代理者（即个人）的观念当作基本的，把信念当作派生的；二是把在缺乏规则的情况下做出判断的能力视为理性代理者的本质特征；三是引入社会因素，即理性代理者及其信念的合理性应该由具有相关专业知识的专家共同体来评判。这种合理性模型可以归纳为"如果情况是，我们有必要的专业知识，收集了相关的信息并做出了一个判断，那么我们与我们的同侪讨论我们的判断及其根据，并按照他们的

---

① ［美］劳丹：《进步及其问题》，刘新民译，华夏出版社 1990 年版，第 124—125 页。

② 胡辉华：《合理性问题》，广东人民出版社 2000 年版，第 148 页。

建议和批评重新评估这一判断，这一过程的结果就是合理的决定或信念"。很明显，这一模型暗示只有专业共同体的专业知识才是合理性的核心，因此合理性就在于合乎专业共同体的专业知识这一标准。①

罗蒂——特定社会所有成员的协同性作为合理性标准。罗蒂在批评实在论者的合理性观念时指出：实在论者认为真理与客观性不可分割地联系在一起，他们认为人们必须长久地跨出我们的社会的局限，以便根据某种超越它的东西来考察它，这也就是说，这个超越物是我们社会与每一个其他的实在的和可能的人类社会所共同具有的。最接近这个超越物的即是科学，在实在论者看来，科学具有获得真理和客观性的有效方法，并且是能够提供真理和体现客观性的唯一学科，它应成为文化其余部分或其他学科效法的榜样，其他学科必须比照科学才有可能获得被现代文化所认可的认识地位。罗蒂指出，对认知地位和客观性的关心是一个由科学家代替牧师的世俗文化的特征。科学家现在被看作是使人类与某种超越人类的东西保持联系的人。罗蒂在后现代主义的立场上，指出现代文化的症结。由于缺乏一个统一文化和为文化奠基的客观理性，现代文化依照古代文化的思路，将科学发现的真理视为文化统一和奠基的替代品，科学实际上在现代社会中起着最终、最高价值，或现代文化所确立的所有标准的标准的作用。因此，合理性如何定义就是不言而喻的了：一切信念和行为都必须以科学的标准来衡量。②

罗蒂的基本思路是，现代文化提出了自己的合理性标准，这种标准以普遍性、必然性、客观性和绝对性为特征；然而以科学为基础、以近代哲学为模式的文化现代性自我确证方式，即哲学为文化提供"中性架构"的方式是失败的，因此为了解决合理性问题必须倡导一种后哲学文化，在这种文化里，只有或只能存在受时间和地域限制的合理性标准。合理性只存在于对话之中，不应设想任何先定的、以理

---

① 胡辉华：《合理性问题》，广东人民出版社2000年版，第149页。
② 同上书，第154页。

想形式和以压服人的形式出现的合理性观念。基于新实用主义的立场，罗蒂将具体社会中所有成员的协同性作为后哲学文化的最高标准，因此合理性即意味着合乎协同性。

韦伯——不同领域合理性的多重标准。韦伯把合理性（rationality）看作西方现代性的本性，将"现代化进程"等同于"理性化（rationalization）过程"，现代社会的文化合理化的过程实际是西方社会经过"脱魅化"过程，剪除巫魅对世界的支配，解除宗教形而上学独霸地位后的产物。应对不同知识和价值领域的分化，经过理性化后的世俗文化被置于相应的合理性要求和内在逻辑之下，通常所说的理论理性、实践理性和审美理性因此体现出各自不同的理性要求。

科学作为理论理性之论域，真理性是它的合理性标准，道德和法律作为实践理性的论域，正当性是它的合理性标准，而艺术因为是审美理性的对象，它的合理性标准相应的就是主观表达的真诚性。在这三种标准规约下，现代科学摆脱了传统宗教和形而上学的前提，在形式合理性的行为方式和思维方式的支配下，产生出经过推理证明了的数学和通过实验检验过的经验科学；而现代艺术也从传统的伦理和宗教的关系中解脱出来，不再承担宗教、政治和道德教化功能，演变成为表达个人主观性的文化形式，西欧音乐中的调式体系、乐队建制和绘画中应用特殊线条色彩与透视的技法等的创立与成熟，都与这种变化密切相关；现代道德和法律则脱离了传统的亚里士多德式德性伦理学背景，脱离了传统的形而上学真善美的精神母体，成为专门处理规范和价值的特殊领域，特别是在法律领域，产生出形式主义的法学理论，通过制定严格的立法与司法程序，使得职业法律工作者成为法律制度的体现者。由此可见，在文化合理化问题上，抽象的价值合理性即文化知识和观念的反思性以及条理性是衡量合理性的标准。[1]

哈贝马斯——沟通合理性的有效性标准。沟通行为概念预先把语言设定为一种达到理解的媒介，在这一过程中，参与者通过自己与某

---

[1] 傅永军：《韦伯合理性理论评议》，《文史哲》2001年第5期。

导 论

一世界的关系，相互提出可以接受或拒绝的有效性要求。有效性要求有三个标准：首先，言说应以真实性（truth）的东西为内容；其次，言说者应使言说与自己想表达的意思相一致，真诚地表达自己的意图（真诚性，truthfulness）；最后，言说者应该选择言说者和听者都同意的与被公认的规范背景有关联的正当言说（正当性，rightness）。①

哈贝马斯认为合理性与知识有关，但是知识不能仅局限在主体对客观世界的认识这一层次上，与韦伯一样，他也认为自从世界祛除巫魅之后，人类的价值领域分化为科学、道德、艺术三个领域，它们对应于客观世界、社会世界和主观世界，每个价值领域都有自己运转的逻辑，也都衍生出可以被称为知识的体系。在肯定了这种分化之后，哈贝马斯又进一步指出这三个领域知识体系仍然应该统一。他说哲学当中没有形成一个相应的概念，用以建立与社会世界、主观世界以及客观世界之间的联系。交往行为理论就是要弥补这一缺失。② 这种联系需要的不是简单的理性，而应是沟通合理性，体现在认知—工具合理性，道德—实践合理性和审美—实践合理性的统一。"交往行为与目的合理的行为不同，它遵守着主体之间相应的规范。这些规范表现了主体之间对对方行为的期望。这样，在交往行为中，理所当然地有了合理的基础。交往行为的参与者所提出的、互相承认的合理要求，使大家的共同行为取得一致成为可能。"又说："目的合理的行为规则教会我们一种技能，而内在的规范教会我们的却是品格结构。技能使我们能解决问题；品格结构却使我们能够运用规范的一致性。"③

沟通合理性在论证的过程中寻找其尺度，论证的过程是为了直接或间接地履行陈述的真理性，规范的正当性，主观的真诚性和审美的

---

① ［德］尤尔根·哈贝马斯：《交往行为理论：行为合理性与社会合理化》，曹卫东译，上海人民出版社2004年版，第100页。
② 同上书，第45页。
③ 魏敦友：《释义与批判——哈贝马斯的"交往合理性"述评》，《江汉论坛》1995年第7期。

· 19 ·

和谐要求。如果仅考虑认知工具合理性，那么合理性的标准可能就是合乎真理与成功的标准，但实际上这只是合理性的一个方面，沟通合理性则是囊括三个方面，根植于所有言语行为之内，它意味着合乎达成共识所要求的言说的所有有效性的标准。

马克思主义的合理性标准——合规律性、合目的性、合规范性的统一。马克思主义哲学立足于实践来理解合理性问题，把合理性问题看作对事物所具有的"合理的"性质及其根据的确认和评价，认为它所体现的是自觉的和主动的主体对于对象和人与对象关系的合理化发展的一种追求，也是人们力图在实践中合理地引导这种关系并使之向合理化方向发展的一种愿望和能力。理解合理性概念的关键是对于"合理"的界定。什么是"合理的"？这在不同的场合有不同的要求。一般说来，所谓合理的，就是合规律而被认为是客观的，合目的而被认为是有价值的，合逻辑而被认为是严密的，合理智而被认为是正常的，合规范而被认为是正当的，有根据而被认为是应当的，有理由而被认为是可理解的，有价值而被认为是可接受的，有证据而被认为是可相信的，有目标而被认为是自觉的，有效用而被认为是可以采纳的，等等。合理性就是对人们的思想和行为所应当具有的客观性、价值性、严密性、正常性、正当性、应当性、可理解性、可接受性、可信性、自觉性等的概括与要求，是合规律性、合目的性和合规范性的统一，也是真理性与价值性的统一。①

综上可见，关于合理的标准观点非常多，无论是认为存在普适性合理标准的绝对主义阵营，还是认为不存在普适性合理标准的相对主义阵营，都有很多系统的观点，一些观点之间甚至是相互矛盾的。因此，想在这些众多观点中找到一种被广泛认可的观点仍然比较困难，想要直接地给出"合什么理才叫合理？"这一问题的答案仍然不太现实。

---

① 欧阳康：《合理性与当代人文社会科学》，《中国社会科学》2001年第4期。

（二）关于基础教育发展的思想潮流研究

1. 科学发展观影响下的基础教育发展

第一，科学发展观开始进入教育领域。胡锦涛总书记2003年8月28日至9月1日在江西考察工作时首次提出科学发展观（Scientific outlook on development）这一概念。2003年10月14日在党的第十六届三中全会第二次全体会议上提出要树立和落实科学发展观。之后，全国范围内开展了对科学发展观的学习和实践。科学发展观第一要义是发展，核心是以人为本，基本要求是全面协调可持续，根本方法是统筹兼顾，坚持五个"统筹"，即统筹城乡发展、统筹区域发展、统筹经济社会发展、统筹人与自然和谐发展、统筹国内发展和对外开放。

科学发展观进入教育领域也是从这个时期开始，而且影响深远。检索教育领域的学术论文亦可发现，2012年7月25日，在中国知网使用标准检索，用输入"科学发展观""教育"两个词进行篇名检索，可检索到的论文总数为2355篇，其中，发表在2003年以前的仅有两篇，而且是同名的两篇文章，研究的都是皮亚杰所持的教育科学的发展观。可见，科学发展观之前并不存在于教育研究的领域之中，它是作为一个新的学术概念在意识形态发展的过程中引入教育学术研究中的。科学发展观并不是教育发展演变的必然结果，而是意识形态影响下的一种教育发展结果。

第二，科学发展观成为政府教育工作的指导思想。2004年12月19日时任教育部部长周济在教育工作会议上的讲话中指出要以科学发展观统领教育全局工作。他指出要坚持教育工作的"巩固、深化、提高、发展"的八字方针，全面落实科学发展观；教育工作要坚持"教育以育人为本，以学生为主体；办学以人才为本，以教师为主体"的"两个为本"；同时要坚持教育工作的"四个统筹"，即统筹教育的规模、质量、结构、效益的协调发展，统筹各级各类教育的协调发展，统筹城乡教育和区域教育的协调发展，统筹教育事业的改革、发展和稳定。①

教育部副部长陈小娅在 2005 年全国基层教育工作会议上的讲话中指出以科学发展观指导基础教育工作全局要注意以下几点：其一，坚持以科学发展观指导基础教育工作，就要把千方百计促进基础教育发展作为第一要务。其二，坚持以科学发展观指导基础教育工作，就要立足于促进人的全面发展，全面贯彻党的教育方针，全面实施素质教育。其三，坚持以科学发展观指导基础教育工作，就要进一步突出重点，把农村义务教育作为重中之重，促进各级各类教育协调发展。其四，坚持以科学发展观指导基础教育工作，就要把基础教育均衡发展摆上重要位置，不断促进教育的公平公正。②

第三，科学发展观成为教育学者关注的热点。谢维和指出科学发展观的提出，是进一步深化教育改革的一个重要机遇，也是促进教育更加科学合理和协调发展的一个重要动力。他认为科学发展观的提出提高了教育的地位，极大地拓展和丰富了教育改革与发展的内涵，以人为本正是教育改革和发展的内在要求和原则，五个统筹也恰恰反映了科学的教育发展观。科学发展观还为教育发展建立了一个新的参照系，提出了一个新的评价标准。最后，他提出科学的教育发展观的关键和核心是按照教育规律发展教育。③

袁本涛认为，保证每个人享有同样优质的基础教育权利是以人为本的具体体现。因基础教育的作用在于赋权，是赋予每个人自身可持续发展能力的关键因素。他同时认为我国基础教育存在诸如城乡差距、区域差距、性别差距等二元格局，并认为这种二元格局是政府公共教育政策选择的结果。既然基础教育的二元特征是政府公共教育政策选择和执行的结果，而政府又负有为社会提供公共产品和为社会弱势群体提供基本保障的责任和义务，因此，基础教育领域二元问题的

---

① 周济：《以科学发展观统领教育工作全局》，《人民教育》2005 年第 2 期。
② 陈小娅：《坚持科学发展观 推动基础教育持续协调发展》，《人民教育》2005 年第 7 期。
③ 谢维和：《科学发展观与教育的改革》，《清华大学教育研究》2004 年第 4 期。

解决也应该由政府通过公共教育政策的调整来予以解决。他认为党的十六届三中全会提出来的"五个统筹"作为我国政府的一种全新发展观,为我们解决这一长期困扰我国教育发展的"二元"现象展现了新的曙光。①

2. 市场化思想影响下的基础教育发展

将市场机制引入教育领域的讨论始于20世纪90年代,当时的观点可分为三派,一派主张教育发展可以而且应该市场化,或者认为在市场经济体制的影响下教育发展会不可避免地呈现市场化特征。还有一派认为基础教育是公共产品,不能市场化。最后一派是中间派,主张将教育进行拆分,有些可以市场化,有些不能市场化。经过20年的发展,主张完全反对教育市场化的声音已经很微弱。而且教育领域已经出现了诸多的市场化发展事实。尤其在高等教育、职业教育等领域,市场化发展的声音不绝于耳。但是在基础教育领域,市场化发展还未形成广泛共识,此处主要介绍主张基础教育的市场化发展观的若干观点。

第一,经济体制的市场化改革导致教育发展呈现市场化。杜育红认为从1978年开始的市场取向的经济改革使中国发生了深刻的变化,经济运行机制和财政体制都发生了根本的转变。这些改革对基础教育财政体制产生了深远的影响,尤其20世纪80年代初开始的财政体制改革直接地导致基础教育财政体制的变迁。市场化改革带来的国民收入分配格局与分配方式变化深刻地影响了教育发展,市场化改革带来的对教育产品属性认识变化和教育资源配置方式变化都给教育发展增添了市场化的因素。②张琼以《教育不要拒绝市场——一种新的教育发展思路探讨》为题撰写论文支持教育发展的市场化。他提出市场经济要求一切社会经济生活都要通过市场,因而市场也必然成为教育

---

① 袁本涛:《科学发展观与中国公共教育政策的选择——以基础教育的协调发展为中心》,《清华大学教育研究》2004年第2期。

② 杜育红:《市场化改革与中国基础教育财政体制效率》,《清华大学教育研究》1999年第3期。

资源配置的一种重要调节机制。在市场经济条件下，同样要发挥市场的资源配置作用去优化教育资源的配置，自觉地将市场规律应用于教育领域，促进教育机制的转变，调动各方面办教育的积极性，使教育走出困境，获得大的发展。①

第二，基础教育发展应引入市场化机制。雷鸣强认为我国基础教育存在引入市场机制的现实基础，主张通过合理的形式把它引入到基础教育领域中来。② 丁远坤认为市场化是基础教育改革的突破口，他从经济体制市场化的影响、基础教育的战略地位、当时基础教育发展因为没有市场化而面临的困境等方面加以论述，并提出基础教育市场化是在维护了教育特质前提下的市场化。③

农卓恩等指出市场化和学券制是贫困地区发展基础教育的一条出路。他们将市场化思想在教育行业的表现解释如下：家长（或学生、学员）付费给学校，目的是要学校给其子女（学生）提供教学服务，为此，学校要建造教室、添置教学设备、雇用教师，以便履行给学生提供教学服务的合约。学校所收的学费就是学校的收入，而建造教室、添置教学设备和雇用教师，就会产生成本，收入减去成本费用，就是学校的利润。学校的投资者为了利润最大化，必然尽量满足客户（家长或者学员）的要求，不断提高教学服务的质量。如果这个行业的需求很大，而供给不足，那么，价格（即学费）就会上涨，价格上涨就会吸引更多的投资者进入这个行业，这样我们将看到更多的学校和更多的教室被建起来，对教师的需求也随即增加，教师的劳动力价格（即教师的薪水）将趋于上涨；反之，如果供过于求，价格自然而然下跌，利益上的考虑会使一些投资者退出该行业。总之，只要

---

① 张琼：《教育不要拒绝市场——一种新的教育发展思路探讨》，《教育与经济》1999年第4期。

② 雷鸣强：《把市场机制合理引入基础教育的思考》，《教育理论与实践》1994年第6期。

③ 丁远坤：《基础教育改革的突破口——市场化》，《孝感师专学报》（哲学社会科学版）1994年第2期。

保证充分的竞争市场,任何行业都不会存在投资不足的问题,教育行业也不会例外。如果我们让教育市场实现充分的竞争,长期以来存在的教育投入不足的问题就会自然获得解决。① 根据这种思想主张,他们认为贫困地区的基础教育可以引入市场化和学券制度,用以解决投资不足的问题,进而实现这些地区基础教育的顺利发展。

第三,国内学者对国外基础教育市场化发展的研究与借鉴。马立武研究了美国基础教育改革的市场化趋势和对我国基础教育市场化发展的借鉴意义。他指出20世纪70年代以来美国政府和社会各界为了提高基础教育的教学质量,促进教育机会均等,对基础教育进行了多种形式的具有市场化特征的教育改革,对学校办学模式、资金来源、教学个性化等方面进行了比较成功的探索。我国在借鉴美国基础教育改革经验的过程中应分析美国基础教育改革的政治、经济和文化背景,不能离开中国的具体国情。②

马德益研究了英国基础教育薄弱学校改革的市场化特征。他指出英国基础教育学校改革中支持组建特色学校、实行"公立与私营"合作战略,积极兴建"合同学校"、推行初中学校联盟战略,共享优质教育资源、引入市场招标机制,学校教育督学中介化等做法都具有市场化特征。这对在构建社会主义市场经济体制下基础教育体制的视野中,引进市场化调控机制来推动我国薄弱学校改革不无深刻启示。③

蒋园园研究了加拿大公共基础教育管理市场化改革面临的新挑战,她指出,加拿大自20世纪90年代以来,利用市场调节机制对公共基础教育管理进行了一系列的深度变革。免费、平等、全民的公立

---

① 农卓恩、何庆光等:《市场化与学券制是贫困地区发展基础教育的一条出路》,《经济研究参考》2004年第85期。
② 马立武:《美国基础教育改革的市场化趋势及其借鉴意义》,《河北师范大学学报》(教育科学版)2004年第2期。
③ 马德益:《英国基础教育薄弱学校改革的市场化特征》,《外国教育研究》2005年第4期。

中小学教育，严格的公共基础教育监察管理机制，强大的公共基础教育经费支持，改革后的加拿大公共基础教育呈现出了繁荣的景象。然而，自由市场机制这柄双刃剑在帮助变革取得诸多成就的同时，也令加拿大公共基础教育管理不得不迎接各种新的挑战。[①]

综上可见，中国基础教育的发展很容易受到其他领域发展思想的影响。经济领域中的、政治领域中的都会逐步地渗透到教育发展中来，并对教育发展产生深刻的影响。

（三）关于基础教育发展的现实问题研究

1. 城乡基础教育发展定位问题

中国城乡基础教育发展定位问题可分为三个方面：一是城市基础教育发展的方向问题，主要争论点是发展有中国特色的教育还是发展西方化的教育。二是农村基础教育自身发展方向的问题，主要的争论点包括是发展为农的教育还是发展离农的教育，是发展有农村特色的教育还是发展城市化的教育。三是城乡基础教育发展差异问题，主要的争论点包括是消除城乡教育差异还是保留尊重城乡教育差异。在这些问题的探讨中就出现了诸如西方教育本土化、农村教育城镇化、教育的城乡一体化以及城乡统筹等教育发展问题的研究。

第一，西方教育本土化。郑金洲认为教育本土化是相对于西方教育及教育现代化而言的。一方面，没有外来教育特别是西方教育的传入，就无所谓西方教育的本土化问题；另一方面，没有教育现代化，失去了教育的时代色彩，再去研究西方教育本土化也将无所依托。如何在教育现代化的进程中处理好教育本土化与外来教育之间的关系，就成了一个不可回避而又至关重要的问题。郑金洲认为处理好教育本土化的问题须坚持"扬弃"与"创新"相结合的原则，即抛弃中西对立、体用二元的思维模式，以开放的胸襟、兼容的态度，对西方发

[①] 蒋园园：《加拿大公共基础教育管理市场化改革面临的新挑战》，《湖南师范大学教育科学学报》2009 年第 3 期。

达国家的教育的组成要素和结构形式和成功经验进行科学的分析和审慎的筛选，然后以我国教育现代化建设的实际需要为基本出发点，发扬教育理论工作者和实践工作者的主体意识，经过辩证的综合，创造出既有本民族特色又能充分体现时代精神的新教育。即要处理好对本民族教育的认同与对外来教育的适应的关系，教育的民族性与时代性的关系，教育的自我保存与自我更新的关系。①

李承先、陈学飞认为教育本土化的过程实质上是不同话语的交流过程。西方的教育话语存在明显的霸权现象，中国教育本土化的逻辑前提就是要打破西方教育话语霸权，使中国本土的教育话语得以觉醒与重构，使中国教育的真实需要得到符合传统与现实的正确表达。在教育本土化的过程中，我们要继承和发展的核心是本土传统，与外来传统交流的目的不是成为外来传统的追随者，而是要通过外来传统促进本土传统的发展。只有平等的交流才是正常的状态，只有基于自身的自由意志和独立价值才可能促进本土传统的发展。②

第二，农村教育城镇化。胡俊生认为中国城市化大致要经历土地城镇化、劳动力城市化和家庭城市化几个阶段。受城市拉力和乡村推力的双重作用影响，农村教育城镇化已成大势所趋。农村教育的希望不在乡下在城镇，其当下的目标是率先推进农村初中县城化；而当下的任务是要调整新农村建设政策思路，使其建设目标与城市化发展战略相吻合。基于农村优质教育资源短缺、教育质量低下、教师流失严重等现实问题，拟将农村教育的主阵地由乡村逐步转移至办学条件相对优越的城镇地区，最大限度地缩小城乡教育差距，依靠离乡进城的手段，达到城乡教育均衡化的目的，为完整意义上的城市化及城乡一体化创造条件。在本书指的是农村中学教育县城化，笔者以为这就是当下农村教育城镇化所要追求的首要目标。使目标指向变为现实行动

---

① 郑金洲：《教育现代化与教育本土化》，《华东师范大学学报》（教育科学版）1997年第3期。

② 李承先等：《话语权与教育本土化》，《教育研究》2008年第6期。

的整体设想是：初中进城，小学进镇，集中修建一县教育园区，把县城所在城镇逐步变为一县基础教育的主阵地，从而实现由乡村化到县城化再到城市化的战略转移。[①]

李期、吕达也认为应该倡导农村教育的城镇化，他们认为目前中国农村教育存在学校布点分散，条件简陋，教师队伍流失严重，教学质量低下等问题，农村教育城镇化是解决这一问题的可行性途径。集中财力、物力在县城、集镇修建教育园区、寄宿制学校，把全县的高中和大部分初中学校办在县城或条件较好的集镇，以吸引优秀大学生在此任教，使广大农村学生享有与城镇学生同等优质的教育资源。[②]

第三，城乡教育一体化。褚宏启认为"城乡一体化"是为破解城乡二元结构提出的新发展观，反映了现代化与城市化进程中对于城乡关系变化的新认识。城乡教育二元结构是我国基本的教育国情，是当前推进教育公平政策的主要障碍。只有打破城乡教育二元结构的制度瓶颈，才能化解城乡教育二元结构，实现城乡教育的一体化。[③]

2012年教育研究杂志连续刊发了多篇有关城乡教育一体化的论文，张旺认为"实现城乡教育一体化是我国经济、社会、教育发展的必然要求"[④]。韩清林等认为"由城乡分割走向城乡教育一体化是教育现代化的时代特征，城乡教育一体化现代化是教育现代化目标模式的战略选择"[⑤]。邬志辉则认为城乡教育一体化也存在着一些问题，例如城市中心区与郊区教育一体化的问题形态主要是教育的"半郊区化"，县镇与乡村教育一体化的问题形态主要是农村教育的"过度

---

① 胡俊生：《农村教育城镇化：动因、目标及策略探讨》，《教育研究》2012年第2期。
② 李期等：《关于农村教育城镇化的可行性探讨》，《延安大学学报》（社会科学版）2012年第1期。
③ 褚宏启：《教育制度改革与城乡教育一体化——打破城乡教育二元结构的制度瓶颈》，《教育研究》2010年第11期。
④ 张旺：《城乡教育一体化：教育公平的时代诉求》，《教育研究》2012年第8期。
⑤ 韩清林、秦俊巧：《中国城乡教育一体化现代化研究》，《教育研究》2012年第8期。

城镇化"。① 李玲等学者认为城乡教育一体化是在教育公平的核心价值取向下，打破城乡二元僵局，建设城乡教育共同体，在保持与发挥城乡教育区域性特色与优势的基础上，促进城乡教育互动联结、相互帮扶、相互作用、消解差距，逐步实现城乡教育公平、共生共荣、协调发展的动态进程。城乡教育一体化的理论基础为教育公平理论、系统论与控制论、共同体理论、城市发展理论与和谐社会理论等。城乡教育一体化的内涵具有区别于城乡教育均衡和统筹城乡教育的独特性与阶段性。城乡教育一体化的特征为城乡教育目标共识、城乡教育观念互通、城乡教育地位互认、城乡教育资源共享、城乡教育责任共担、城乡教育优势互补、城乡教育困难互助和城乡教育活动共同参与。城乡教育一体化的进展可划分为自发型阶段、政府干预型阶段、高度自主型阶段。②

第四，城乡教育统筹发展。在全国统筹城乡配套改革的大背景下，2008年7月重庆市与教育部正式签订了《中华人民共和国教育部、重庆市人民政府建设国家统筹城乡教育综合改革试验区战略合作协议》。重庆成为全国第一个"国家级统筹城乡教育综合改革试验区"。

李涛、邬志辉关注了重庆的这种城乡统筹教育发展的实践探索，他们指出重庆作为"国家统筹城乡教育综合改革试验区"，经过十年的探索，初步实现了教育发展由效率驱动型向结构调整型、由粗放型向集约型的转轨。未来十年，重庆教育将坚持以"统筹城乡教育综合改革试验"为核心抓手，坚持"一体重庆"的教育发展理念，全面建构城乡教育立体多元、协调互动的"点—力—链—网—面—群—体"统筹模式，加快推进重庆教育发展战略从单纯"规模—精英—效率"型向"效率—人本—公平"型的转变。③

---

① 邬志辉：《城乡教育一体化：问题形态与制度突破》，《教育研究》2012年第8期。
② 李玲：《城乡教育一体化：理论、指标与测算》，《教育研究》2012年第2期。
③ 李涛：《统筹城乡教育改革的实践探索——以重庆市为例》，《教育发展研究》2012年第7期。

黄龙威、邹立君认为城乡教育统筹发展是针对城乡教育分割发展提出来的，其最终目的自然是要缩小由城乡分割发展带来的城乡教育差距，实现教育公平。他们还指出统筹的责任主体在县级政府，同时，需建立科学合理的指标体系，有效监测城乡教育发展的过程和结果。[①]

刘秀峰、廖其发认为当前人们对统筹城乡教育综合改革的认识尚处于模糊阶段，需要我们认真思考和深刻分析。他们认为统筹城乡教育综合改革的核心理念是教育公平；基本策略是统筹兼顾；重心在农村教育；关键在建立城乡一体发展的体制机制；着力点在解决非农化进程中的若干问题；终结目标是城乡教育一体化发展。[②]

上述研究表明，农村基础教育向哪里发展的问题仍然有很大的探讨空间。与此同时，农村的基础教育如何发展的问题经常因为方向不明确而无法进行深入探讨。一些改善建议的提出往往都是带着某种方向假设的，但问题是这种发展方向假设并未得到全面的认可，因此这些改善建议很难落到实处。农村基础教育跟城市基础教育有什么关系？两者的区别在什么意义上是被认可的？两者前进的方向又是否相同？这些都是基础教育合理发展无法绕开的问题，也都是悬而未决的问题。

2. 基础教育发展中的学校布局调整问题

布局调整是最早出现在生产领域的一种重要思想，在中国知网检索显示，20世纪80年代就有各种关注布局调整的学术论文发表，但这些论文主要是针对工业和农业生产的布局调整，1992年《教育理论与实践》发表了一篇以布局调整思想来指导教育发展中的学校布局的文章——《实现规模办学提高办学效益——关于农村一般小学布局调整和学校建设问题的思考》，自此，教育学界开始广泛地讨论学校

[①] 黄龙威等：《城乡教育统筹发展：目标、责任与监测》，《教育研究》2009年第2期。

[②] 刘秀峰等：《论统筹城乡教育综合改革的要义》，《教育学术月刊》2011年第2期。

导 论

布局调整的问题。20世纪90年代中后期开始关注高校的布局调整，进入21世纪，2001年《国务院关于基础教育改革与发展决定》提出"因地制宜调整农村义务教育学校布局"，自此教育实践领域和学术领域开始密切关注中小学的学校布局调整，与此相关的大量文章著作涌现。

这些研究成果有的是大力支持搞学校布局调整，实施撤点并校等措施，这样可以整合资源、实现规模教育效益、提高教育效率、促进城乡教育均衡发展等。也有学者指出需要慎重进行学校布局调整，对学校布局调整带来的负面影响、对教育公平的损伤以及有可能带来新的辍学和家庭教育成本增加等问题进行了关注。当然，也有学者从利弊两个方面对学校布局调整进行了系统分析，应该说目前对学校布局调整的研究观点比较多，案例也很丰富。

中国中小学阶段大规模的学校布局调整持续了十几年的时间，2012年12月，21世纪教育研究院发布了《农村教育布局调整十年评价报告》，报告指出2000年至2010年，我国农村的中小学数量锐减一半，在农村，平均每一天，就要消失63所小学、30个教学点、3所初中，几乎每过1小时，就要消失4所农村学校。[1] 面对这个数据，教育部基础教育一司副司长王定华在接受媒体采访时给予回应称，目前正在重新科学制定农村学校布局，所有地区眼下都必须暂停撤并教学点。此前，即2012年5月，人民网和人民日报也报道了温家宝总理对学校布局调整问题的关注，温总理2012年5月在湖南湘西武陵山区调研扶贫开发工作时专程到当地农村小学考察，他指出：学校调整布局要实事求是，从农村实际出发。要根据实际情况，充分考虑学生年龄、上学路途、安全等问题，建立或恢复一些农村教学点，不要让孩子们的精力都花在路上。[2]

---

[1] 21世纪教育研究院发布《农村教育布局调整十年评价报告》（2012年12月），2015年3月8日，社会科学报（http://www.shekebao.com.cn/shekebao/2012skb/sz/user-object1ai5012.html）。

[2] 温家宝：《不要让农村学生精力都花在上学路上》，2015年3月12日，凤凰网（http://news.ifeng.com/mainland/detail_2012_05/31/14939959_0.shtml）。

基础教育学校布局调整的文献非常多，观点也比较丰富。本书在此不对具体的观点进行分析总结，因为学校布局的问题反映在学生上学这个问题上其实是一个学生能不能方便地去上学的问题，本书关注人民满意的教育背景下基础教育发展问题，这显然是一个无法绕开的问题，因此后文将单列一章进行详细阐述。

3. 基础教育发展中的学校功能、学校特色相关问题研究

（1）学校功能的相关研究

按照涂尔干对教育任务的分析，学校教育的功能主要体现在儿童的培养方面。具体指两条：第一，培养他所属的那个社会要求其所有成员必须具备的某些生理和心理的特性；第二，培养特定的社会群体（等级、阶级、家庭和职业团体）同样要求其所有成员应该具备的某些生理的和心理的特性。[①]

劳凯声认为学校有两种基本功能，即学校对个人发展的促进功能和学校的选拔功能。在现代社会中，学校的这两种功能是缺一不可的。社会发展的不同时期对学校功能的发挥提出的要求不是要哪一个不要哪一个的问题，而是如何在两种功能之间取得一种适度平衡，使教育的作用可以得到最大的发挥。因此学校的这两种功能是不能相互取代的。[②] 他同时指出当前学校功能的发挥发生了极大的偏差，选拔功能被过分地强调，学校成了社会对个人进行鉴别和选拔的一个筛选器。每一个人都被迫通过这样一个机制来证明自己的能力，实现自己的价值。学校选拔功能的过分强化使学校在促进个人发展方面的功能难以发挥，在激烈竞争的环境下，学生的人格遭受扭曲，极大地阻碍了人的身心健康发展，这是当前学校教育普遍存在的问题。[③]

鲁洁认为学校选择功能存在发挥不全面和不正确的问题。学校教育领域中出现的片面追求升学率的现象从表面上看似乎是学校选择功

---

① 王建华：《国外学校教育功能研究的缘起与现状》，《民办教育研究》2006年第1期。
② 劳凯声：《重新界定学校的功能》，《教育研究》2000年第8期。
③ 同上。

导 论

能的过分强化导致的，但实质上却是学校选择功能发挥不够全面和正确导致的。比如学校纵向选择功能顶端化的问题一直是困扰学校选择功能发挥的大问题。①

赵连根指出与教育功能有重心转移特征一样，学校教育功能经历了由单项向多项功能转变，由突出局部功能向注重整体功能的发展转变过程。人类社会发展到今天，已经到了需要学校去整体协调地发挥各种功能的时候了。② 庄西真也指出从学校历史发展的过程来看，学校的功能不是一成不变的，不同的社会要求教育承担的角色是不一样的，社会对教育的不同要求最终都要落实到学校的功能上来。③

著名社会学家默顿提出了功能替代（functional substitutes）的概念，功能替代又称功能对等（functional equivalents）或功能选择（functional alternatives）。默顿指出传统的功能分析中所坚持的"不可或缺性假设"是值得反思的。因为"这个假设忽略了下述事实，即其他社会结构，在尚待考察的条件下，可能履行对于团体之存在所必须的功能。……我们必须提出一项功能分析的重要原理：正像同一事物可以具有多种功能一样，相同的功能可以为多种事物所提供"。④

张行涛指出学校教育并不是唯一的履行某些功能的机构，在一定条件下，履行其功能的功能归属事项可以有一个变异的范围。换句话说，当学校教育缺失时，社会的其他机构在一定条件下可以替代它来履行对等的功能，满足社会的功能需求，以维持社会的生存和发展。同理，当学校教育由于某种原因，不能充分履行其功能，满足社会的功能需求时，社会的其他机构也会替代性地履行其缺失的功能，以满足社会的功能需求，以维持社会的生存和发展。⑤

---

① 鲁洁：《论学校的选择功能》，《教育研究》1986年第10期。转引自瞿葆奎主编《教育学文集：教育与社会发展》，人民教育出版社1989年版，第315页。
② 赵连根：《学校教育功能浅论》，《上海教育科研》1994年第11期。
③ 庄西真：《校功能的变化》，《教育论坛》2003年第5期。
④ [美]罗伯特·金·默顿：《论理论社会学》，何凡兴等译，华夏出版社1990年版，第117页。
⑤ 张行涛：《论学校教育功能替代》，《教育理论与实践》1996年第5期。

（2）学校特色的相关研究

周兴国指出，近代以来，实现"教育适合学生"理念的路径主要有两种，即基于教学艺术的选择和基于课程变革的选择。两种选择因受现代教育组织形式的制约都难以产生良好的效果。为此，需要更换视野，将着眼点放在学校教育层面，通过学校的多样化发展，并辅之以教学与课程的改革，实现教育面向全体学生、教育适合全体学生的现代教育价值追求。实现学校多样化发展需要摒弃机械一元论观念，认识和把握教育的多阶段性和个体发展目标的多方面性，走向多元综合的学校发展理念。①

邬志辉认为学校特色化发展是国家继学校重点化发展和均衡化发展之后的一种新的学校发展战略。学校特色化发展的实质不只是追求学生的个性发展，更为重要的是学生个性的全面发展。判断一所学校是否实现了特色化发展，根本标志是看学校有没有形成具有独特气质的学校文化。②

顾明远指出每所学校所处环境不同，发展历史不同，办学的方式不同。如果不考虑各自不同的情况办学，学校就不会有生机。只有学校办出特色，才能发展学生的个性，培养创新人才。按部就班，平平庸庸，上级布置什么，学校就做什么，是培养不出具有个性的创新人才的。教育是一种很复杂的社会活动，对它的规律我们还探索得不够清楚，尚需学校和广大的教师勇于提出新观点，改革教育内容和方法，实验全新的办学模式，探索教育的规律，探索学生成长的规律。在各校不同的探索中，必然会出现各种各样的经验，这就是各个学校的特色。③

李保强指出特色学校顾名思义就是指有特色的学校。它是对办学中能出色地完成学校教育任务，而又在整体上具有独特、稳定、优质

---

① 周兴国：《为每个学生提供适合的教育——兼论学校多样化发展的价值追求与实施路径》，《教育发展研究》2012年第8期。
② 邬志辉：《学校特色化发展的重新认识》，《教育科学研究》2011年第3期。
③ 顾明远：《也谈特色学校》，《人民教育》2003年第9期。

的个性风貌的学校的统称。它有三个突出的表征：一是独特性，拥有在长期的办学实践中形成的、颇具个性风格的优秀品质；二是高效性，执着追求愈加出色地完成教育任务；三是相对性，建构在与一般学校比较基础上，不宜用孤立、片面和静止的态度来检视。[1]

以上研究可以发现在学校的功能发展问题上我们并没有统一的意见。关于学校的基本功能有哪些？这些基本功能又细化出哪些学校功能行为仍需进一步探讨。另外，面对新出现的教育需求，学校是否应该拓展其功能予以满足？如果应该拓展的话，拓展到多大范围？如果不拓展的话，学校发展又如何去协调与那些因为功能替代而新出现机构的关系？因此，探讨学校功能发展问题，为其找到适合的发展方向和新的发展路径仍有很多问题需要深入思考。

四 研究方法

本书侧重于采用哲学思辨的方法进行研究，在研究方法层面可区分为工作方法和思维方法。就工作方法而言，主要使用了文献法、调查法。就思维方法而言，较多地使用演绎思维。

本书前期大量工作都借助于相关的文献完成。通过查阅有关"理性""合理性""合理发展"的相关文献为合理发展的理论解读提供充实的材料。通过查阅教育统计年鉴、教育部网站的教育发展公报等获得基础教育发展态势的基本数据资料。通过中国知网（CNKI）的期刊检索查阅下载有关基础教育数量规模、布局结构、学校功能发挥等方面文献，获取基础教育发展的实际事例和学者的相关观点。

调查法主要用于收集反映基础教育发展现实的实例材料。包括通过电话、网络聊天平台等对教育一线工作者进行访谈，对部分学生和学生家长进行访谈。通过到一些学校和校外辅导机构进行实地考察，对相关的基础教育事件进行观察、记录，获取与论文研究相关的第一

---

[1] 李保强：《试论特色学校建设》，《教育研究》2001年第4期。

手数据资料。

演绎的思维方法服务于三个方面。一是保证提出的所有观点的逻辑严密性，即保证基础教育合理发展理论中各要素之间逻辑上的互恰。二是为观点提供论证，即为观点本身的理论指向寻找正反两个方面的实际事例，用因果关系去分析实例与本书观点之间的关系。三是在承认观点的前提下，使用观点所蕴含的逻辑进行实践问题发展演变的推理。即再次使用因果关系演绎清楚实现基础教育合理发展的实践策略，明确"应该怎么做"和"为什么这么做"的问题。

五　研究思路

本书的总体思路由一个"合"字展开。汉语中"合"字的甲骨文写法：🝀，从字形产生看，"合"的基本含义是指上面的器盖和下面的器体相扣合。本书以基础教育发展为对象，按照"合"字的基本含义，形成"上下求索归于合""实理相照问于合""理实相较求于合"的总体研究思路。

本书将基础教育合理发展理解为作为器盖的基础教育发展之理与作为器体的教育发展之实相扣合的过程，二者如能恰当扣合即为合理发展。由此，本书的总体思路可分为如下四个步骤：第一步是建构教育发展之理，明晰基础教育合理发展所合之理都有哪些；第二步是考察教育发展之实，明晰基础教育发展的现实状态；第三步是将教育发展的实与教育发展的理去比对，对当下基础教育发展现实进行追问反思，指出基础教育发展存在的主要问题；第四步是用教育发展之理去指导教育发展现实，提出促进基础教育实现合理发展的策略。为强化策略的针对性，本书从人民满意的教育出发，将人民对基础教育发展是否满意的核心关切细化为三个方面，即关涉能否有适合的学上的基础教育数量规模的发展；关涉能否更方便地去上学的基础教育学校布局的发展以及关涉能否在一个安全舒适的学校上学的学校的功能发展。

第一章　上下求索归于合：基础教育合理发展的理论解读

本书提出以合理发展作为一条现实的路径来实现新时期人民满意的基础教育发展。合理和发展都是日常生活中常用的话语，然而其内涵和外延在很多人的理解当中并不一致。为更好地理解本书的主要观点，本章将对合理发展做出一些说明。主要包括基础教育合理发展的内涵、结构、价值和本书提出的一个基础教育合理发展理论分析框架，以及后文要用以与教育发展实践相对照的合理发展意义上的教育发展之理。

一　基础教育合理发展的内涵

基础教育合理发展是对教育发展状况的一种界定。这种界定涉及的两个概念——"合理"与"发展"都是日常生活中经常使用的话语，但是它们的内涵并没有因为日常生活中的频繁使用而显得非常统一和准确。内涵的不确定可能导致日常话语中谈及教育合理发展时言说者们并没有在同一意义上使用这些概念，这将导致言说交流的失真甚至冲突。教育实践中也因此出现了各种有关教育发展的倡导和做法都被冠以教育合理发展之名的现象。为此，本书要对基础教育合理发展的内涵做一个统一的界定，以便人们能够真实地讨论和设计教育合理发展。基础教育合理发展是个合成的概念，其中基础教育的发展是对象，合理发展是性质。本书将按照明确对象、确定性质的方式对这一概念的内涵进行逐层解读。

（一）发展

《辞海》解"发展"作为哲学名词指"事物由小到大、由简到繁、由低级到高级、由旧质到新质的变化过程"[①]。定义中可见这个词是中性的描述性词汇，并未涉及对事物变化好坏的评价，只是描述了事物的变化，而且是一种具有统一倾向的变化，即由小、简、低、旧向大、繁、高、新方向的变化。

这里需要说明一下，在日常使用中，尤其在基础教育发展这个话语中，发展的含义显然不是中性的，它是带有积极意义的一种使用。发展总是被理解为"变得更好"[②]。当我们说到基础教育发展了，其实更多的是在表达基础教育变得更好了这一潜在含义。[③] 之所以如此，本书分析很大一部分原因在于我们描述的事物正处在发展的初级阶段，它由小、简、低、旧向大、繁、高、新的运动变化正是我们希望发生的变化。也就是说我们认为"好"的标准和"大、繁、高"的标准恰巧一致了。以至于我们认为凡是变得"大、繁、高"的发展就是好的。本书对发展要做出新的补充，发展是一个动态过程，这个过程除了包括由小、简、低、旧向大、繁、高、新的上升运动之外，还包括上升到一定程度达到了适合、融洽这样一种动态平衡运动。当事物在变得"大、繁、高"的方向上前进到一定程度时，发展可能就会有新的含义。经济和社会领域里的发展概念都会随着社会

[①] 《辞海》，上海辞书出版社1999年版，第603页。

[②] Peadar Cremin, Mary Goretti Nakabugo, "Education, Development and Poverty Reduction: A Literature Critique", *International Journal of Educational Development*, Vol. 32, 2012, pp. 499–506.

[③] 日常生活中经常将变得更好进行泛化，如果我们用更为严谨的表述，其实这是两句含义非常不同的话。一是基础教育发展了，另外一句则是基础教育变好了。虽然很多情况下发展了就是变好了，但是所有的发展都是变好了吗？发展对所有的人来说都是变好了吗？显然不是这样。

第一章　上下求索归于合：基础教育合理发展的理论解读

发展不断进化出新的含义。[①] 我们追求基础教育发展也不能无限制地追求基础教育向"大、繁、高、新"的方向持续变化，应该是到一定程度就要追求基础教育对国家、社会、人民而言产生的一种适合、满足和融洽。

（二）合理发展

合理发展是对发展的一种描述和界定，其内涵的确定主要取决于如何理解合理这一概念。

合理是个合成词，汉语合成词主要有复合式、附加式、重叠式三种构词方式。在复合式中又有并列型、偏重型、补充型、动宾型以及主谓型等类型，"合理"可归为复合式中的动宾型。这种类型的复合词的突出特征是由动词和名字组成，动词指向活动，名词指向活动的事物。本书导论中考察过作为动词的"合"以及作为名词的"理"。

从字形看，汉语中"合"字是个会意字，是器盖和器体相扣合之意。当器盖与器体相扣合时，可描述为"匹配""融洽""符合""聚合"等意思。

汉语中"理"字本义为顺着纹理把玉从石头中剖分出来。[②] 要想顺利地把玉从石中取出，则应顺着纹路来取。这里的关键是事物的纹路，因此，作为名词的"理"本义指玉石的纹路，后泛指所有事物的纹路或事情的条理。

从"合"字和"理"字的本义看，"合理"可理解为符合、顺应理，与理和谐、融洽的意思。在行动的意义上，"合理"指向了一个比对的过程，将"合理"所指的事物与"理"相比较，如果事物与"理"能够相扣合，即为合理。一般情况下"合理"所言说的事

[①] Lalage Bown, *What Do We Mean by Development*?, Reprinted by 80：20 Educating and Acting for a Better World 2007（http：//www.developmenteducation.ie/media/documents/What.pdf）.

[②] 谷衍奎：《汉字源流字典》，华夏出版社2003年版，第612页。

物都是非常明确的，但是要与这一事物进行比对的"理"往往不太确定。这个"理"会因事物不同、立场不一而有所改变。因此，仅在一般意义上考察"合理"这一概念的内涵并不困难，困难的是合理所言说的事物的"理"是不是明确的，如果不明确，那么对合理的考察就转变成了对事物之"理"的考察。本书将合理指向了基础教育，因此合理发展的考察就转变成了对基础教育发展之理的探索和建构。

（三）基础教育合理发展

基础教育这个概念在日常生活中使用频繁，然而这个概念的内涵到底是什么，仍然是一个值得探讨的问题。因为在教育实践的不同场合中这个词被赋予的内涵差别很大。1998年上海教育出版社出版的《教育大辞典》中"基础教育"的词条解释为：(basic education) 亦称为"国民基础教育"。对国民实施基本的普通文化知识的教育，是培养公民基本素质的教育。也是为继续升学或就业培训打好基础的教育。一般指小学教育，有的包括初中教育。[①] 商务印书馆的《现代汉语词典》则将基础教育解释为国家规定的对儿童实施的初等教育。[②] 而这部词典对初等教育的解释则是指小学程度的教育。[③] 2013年全国科学技术名词审定委员会公布了《教育学名词》，该词典中对基础教育的界定为：实施基本的普通文化知识的教育。旨在培养公民基本素质，为其继续升学或就业打好基础。在我国基础教育主要包括幼儿教育、小学教育和普通中等教育。[④] 显然这三种说法所包括的基础教育是不一样的，第一种基础教育包括小学和初中，第二种则只是小学，第三种则包括了幼儿教育、小学

---

① 顾明远：《教育大辞典》，上海教育出版社1998年版，第627页。
② 《现代汉语词典2002年增补本大字本》，商务印书馆2002年版，第585页。
③ 同上书，第186页。
④ 教育学名词审定委员会：《教育学名词：2013》，高等教育出版社2013年版，第19页。

第一章　上下求索归于合：基础教育合理发展的理论解读

和整个的普通中学教育。还有学者指出，我国多年来一直把教育分为"基础教育""高等教育""职业技术教育"与"成人教育"四个部类，其中"基础教育"不仅把高级中学教育涵盖在内，甚至还包括幼儿教育。① 显然这种观点认为基础教育是涵盖了从学前教育、小学教育、初中教育到高中阶段的普通教育在内的一个庞大的体系。也有学者称基础教育与义务教育同义，在我们国家，义务教育主要指小学和初中，但我们使用基础教育这个概念的时候又经常会把不是义务教育的学前教育和普通高中教育涵盖在内。因为如果不把基础教育的概念进行上延和下伸的话，学前教育和普通高中教育在上述教育分类中就没有自己的位置了。②

弄清基础教育的概念实际上是要解决两个问题：一是基础教育的含义，二是在当下的中国，基础教育具体指哪些教育。关于基础教育的含义争议不是太大，一般指国家对国民实施的普通文化知识的教育，是培养国民基本素质的教育。基础教育要为学生的未来发展或终身发展打基础，这些基础一般包括基本知识的掌握、基本方法的训练以及基本态度与价值观的养成。③

那么当下中国语境中所言的基础教育都具体包括哪些教育呢？为什么上述工具书中所引词条对基础教育涵盖范围的界定会有那么大差异呢？其实结合我们对基础教育基本含义的界定，这个问题就不难理解了。基础教育指向了一个国家国民最基本素质的养成，但是这种最为基本的素质对于一个国家来说并不是一个恒定不变的素质体系。它会因国家经济、文化发展水平的提高而提高，也就是说基本的国民素质有时候是较低的素质水平，那么这个时候的基础教育层次也就相对较低，当基本的国民素质是相对高水平的素质时，这时候国家的基础教育就要包括一些高层次的教育了。其实国际上基础教育的概念也有

---

① 陈桂生：《回望教育基础理论——教育的再认识》，北京师范大学出版社2008年版，第248页。
② 金一鸣：《中国教育类别与结构的研究》，上海教育出版社1999年版，第16页。
③ 石中英：《如何理解基础教育的"基础性"》，《人民教育》2005年第24期。

过类似不断扩张所包含的教育活动的情况。① 如上所述，当社会对国民基本素质要求不太高时，接受完小学教育，或者再加上初中教育就算是完成了基础教育，但是当社会不断进步，国民基本素质不断提高后，完成基础教育可能就意味着要接受从幼儿园到普通高中的全部教育。由此可断定，基础教育所包含的具体教育阶段和内容层次应该是一个动态的体系。

21世纪第一年，国务院召开了全国基础教育工作会议，2001年5月29日印发了《关于基础教育改革与发展的决定》（简称《决定》）。这个文件探讨基础教育的改革与发展时已经明确地将幼儿教育和普通高中教育纳入进来。随后的《基础教育课程改革纲要（试行）》也明确地提出，基础教育阶段新的课程体系要涵盖幼儿教育、义务教育和普通高中教育。由此，中国基础教育在官方的文件中实际所指的教育活动就成了包括幼儿教育、小学教育、初中教育以及普通高中教育在内的完整体系。② 这一点也可以根据教育部司级职能部门的划分得到确认。教育部在职能部门的划分上包括基础教育一司和基础教育二司，基础教育一司分管了小学、初中阶段的教育，基础教育二司则分管了学前教育、普通高中教育以及特殊教育等。因此，在当下中国，基础教育指代的教育活动应该包括学前教育、小学教育、初中教育以及普通高中教育。当然，其主体仍然是小学6年和初中3年的九年义务教育。③

由以上分析可见，基础教育发展既包括基础教育各个阶段的活动由小到大、由简到繁、由低级到高级、由旧质到新质的变化过程，也

---

① 1991年第3期的《山东教育科研》杂志摘录了《江苏教育》1990年第4期一篇短文，题目就是"基础教育概念的变化"。

② 在CNKI检索期刊类的论文，检索文章名，关键词为"基础教育"，结果显示了一种有趣的年度分布变化趋势。2000年之前，名字中带有"基础教育"的文章数量都在300篇以下，2002年突然增长到500篇以上，其后的2004年到2014年，每年的文章总数都在600多或700多篇。我们认为这可能与2001年国家颁布的这两个关于基础教育的文件有关。

③ 王炳照：《中国教育改革30年·基础教育卷》，北京师范大学出版社2009年版，第1页。

第一章 上下求索归于合：基础教育合理发展的理论解读

包括基础教育各阶段通过自身调整为国家、社会和人民提供更为适合、满足和融洽的教育服务的过程。这些教育阶段在当下中国主要包括学前教育、小学教育、初中教育以及普通高中教育。这里需要指出，在中国的教育系统中，小学教育和初中教育属于九年义务教育，而普通高中教育和学前教育未纳入义务教育范围，在公立教育为主的体系下，是否纳入义务教育范围对其发展有着深刻影响。因此，属于义务教育范围的教育合理发展和不属于义务教育的教育合理发展也会有比较大的差别。本书探讨的基础教育发展更多地倾向于属于义务教育范围的小学和初中教育的发展。

基础教育合理发展可以理解为一个比对过程，即将基础教育发展这一事物与教育发展之理进行比对，二者相扣合即为基础教育合理发展。基础教育发展是客观存在的事物，可进行客观的观察描述，教育发展之"理"则是另外一个体系，它因认识水平、价值诉求等不同而会有所不同，因此，教育实践中就会存在若干种教育发展之理。那么基础教育合理发展是否就是指教育发展符合其中一种教育发展之理的情况呢？本书认为，正是因为很多情况下，我们把教育发展符合某一种教育发展之理的情况认定为教育合理发展才导致了在日常话语中经常使用的"教育合理发展"有不同的内涵的情况。为了保证教育合理发展的学术内涵的确定性，本书提出基础教育合理发展所要求的教育发展之理应是一个确定的体系，这个体系是若干种教育发展之理协调统一的结果，这个理才是教育合理发展意义上的教育发展之理。

本书从"合"字的本义所指示的行动方式出发来探讨基础教育合理发展问题。具体的研究工作可以分为三个方面：一是深描基础教育发展之实，二是探建教育发展之理，三是将二者进行比对。基础教育发展之实与教育发展之理相扣合即是基础教育合理发展。这里面的重点和难点就是基础教育发展之理的建构，有了合理发展意义上的基础教育发展之理，也就明确了教育合理发展的确切内涵。

二 基础教育合理发展的结构

基础教育合理发展的结构是从基础教育的构成上对基础教育是不是合理发展进行的一种考察，这种考察需要将基础教育拆分，以便从更为细致的构成要素以及要素之间的联系等方面来剖析它的合理发展。本书从动态的行动逻辑结构和静态的存在形态结构两个方面来分析基础教育合理发展的结构。

（一）教育合理发展的动态行动逻辑结构

从动态的行动逻辑来考察教育合理发展的结构首要将教育看作一项有始有终的活动。其基本结构就是作为起点的发展目标、作为过程的发展手段以及作为终点的教育活动结果。这种活动显然要遵循设定目标、选择手段、考察结果的行动逻辑。合理发展的基础教育要有合理的目标、合理的手段以及合理的结果。（见图1—1）

图1—1 基础教育合理发展的动态行动逻辑结构

1. 合理的目标

目的性是人类活动的基本特征之一。作为人类特有的经验传递方式的教育活动显然是一项目的性极强的人类活动。因此，基础教育各个阶段的发展都是有明确的目标的，而且每个阶段本身的学段目标、阶段之间的互通接洽以及阶段内实施教育的学校都有其各自的发展目标。这些目标构成了一个有关基础教育发展的目标体系。

第一章　上下求索归于合：基础教育合理发展的理论解读

基础教育的合理发展要求这个目标体系必须是一个健康合理的体系，它能够关照到基础教育利益主体的多元价值诉求、迎合社会发展需要，同时还不能违背教育发展规律。另外，任何一个合理的教育发展目标体系的设定都要从教育活动发生的实际情况出发，迎合教育发展的现实需求。需要指出的是目标设定后才能选择手段，基础教育的活动目标如果失去了合理性，那么选择什么样的手段都失去了这种活动的根本意义，也不用奢望这样的活动还能够取得预期的合理结果了。

2. 合理的手段

手段是帮助实现目标的。基础教育合理发展的手段，必须是能与基础教育发展目标进行贴切应对的，也就是说要保证目标和手段的一致性。另外，考虑到手段必须通过执行才能看到效果，所以要对教育发展手段本身的可控性、可行性进行细致考察。必要的时候还要考虑特定手段在执行时可能产生的衍生结果。手段虽然能与目标进行完美匹配，但是没有可行性，无法实施，或者不易操控，实施时产生预料之外的衍生结果等，这些情况都是基础教育合理发展的手段应当尽力避免的。发展基础教育的手段有很多，但是实现基础教育合理发展、达成预设的合理的目标的教育发展手段应是能经得起实践检验和理论推敲的合理手段。

3. 合理的结果

结果具有现实性，可测量、可验证。因此，结果是否合理的评判要比目标和手段更为直接。当然，正因为结果的这种现实性，我们对结果的合理性审视没有目标和手段显得意义丰富。如果发现目标或者手段不合理，我们是有机会进行调整的，但是面对不尽合理的结果，我们只能是接受。整体上，我们认为基础教育合理发展的结果应是一个获得多方认可的，符合预期目标的行动结果。基础教育发展是否出现了合理的结果是评判其发展是不是合理发展的最终依据。

(二) 教育合理发展的静态存在形态结构

从静态的教育存在形态来考察教育合理发展的结构是要将教育发展视为一个在纵向上连续不断的过程，我们选择一个时间点对这一纵向连续过程进行一个横切，从获得的这个横切面上来考察教育发展的即时状态。这里我们能够看到的教育发展要素包括反映基础教育供需状况的教育数量规模发展、反映基础教育学校分布的结构布局发展以及反映基础教育阶段学校提供教育服务的学校功能发挥。这三个方面也是影响人民群众对基础教育发展是否满意的核心关切。（见图 1—2）

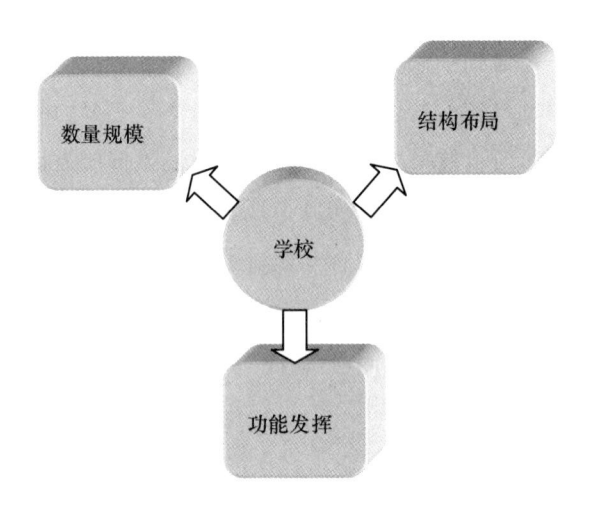

图 1—2　基础教育合理发展的静态存在形态结构

1. 合理的数量规模

教育发展的数量和规模是指一些可以观察和测量的教育发展数据。例如某一学段的学校总数、某一特定地区的学校总数，或者一所学校的在校生数，甚至是一个班级的学生人数等。从发展的本义来看，教育发展显然要包括教育的规模由小到大，学生、学校的数量由少到多的发展过程。但是合理发展并不是简单地进行数量和规模的扩充。学校数量多少要根据教育需求和地区的承受能力来综合确定，一个学校保持在多大规模则要根据教育规律、学校实际等条件来综合确定，显然一个班级的学生人数也是有一个合理的区间的。教育合理发展就是要求这些数量和规模处在一个合理的区间上。

2. 合理的结构布局

教育活动是以学校作为基本的活动单位来组织实施的，各个层次的学校的数量和学校的地区分布就是教育发展要考虑的结构和布局问题。基础教育阶段的学校按照层次可以分为幼儿园、小学、初中以及普通高中四个学段。一个特定地区每个学段设置多少学校，保持多大规模，或者更确切地说提供多少入学机会反映在教育发展的问题上实际是教育层次结构的问题。而这些学校分布在哪些地区，每个学校所覆盖的服务范围则是教育发展的布局问题。教育合理发展的结构和布局要求对学校的层次结构和学校的分布进行科学合理的设计。

3. 合理的学校功能

学校是执行基础教育活动的专门机构，基础教育阶段的学校是基础教育发展活动的直接载体。学校教育活动正在发挥哪些功能、提供什么样的服务，是反映基础教育是否合理发展的最为直观的指标。尤其在人民满意的教育发展阶段，人民对学校功能发挥的评价将成为人们对整个基础教育发展是否满意的重要内容。学校应该发挥的功能有哪些、实际发挥着的功能发挥得怎么样、需要拓展出哪些新功能，这些问题都是基础教育合理发展需要深入探讨的。我们可能还需要思考基础教育阶段的学校功能供给是全由学校来承担，还是可以将部分功能供给的责任分担给其他的机构。也就是要搞明白学校功能发展的问题是要不断扩展学校的功能来满足人民的教育需求，还是限定学校的基本功能，新的功能诉求由其他的机构代为供给。

三 基础教育合理发展的价值

（一）理论价值

基础教育合理发展对如何看待基础教育发展和合理发展标准进行初步探索，赋予合理发展这一日常用语更为严谨的学术内涵。在理论上阐明了基础教育合理发展的内涵、基本的要求和实现策略，尤其指明了合理发展所合的理具体包括规律之理、价值之理和现实之理三个方面，并分析了每种教育发展之理的特征、缺陷和发挥作用的侧重点。这为我们分析教育实践的复杂形势提供了一种简便的理论视角。

合理发展在纵向上主张从起点、目标到过程全方位地关照基础教育发展。合理发展的基本主张是以现实之理关照教育发展的起点，以价值之理关照教育发展的目标和方向，以规律之理关照教育发展的整体设计。这种全方位关照一方面超越了以往仅依赖某一方面进行发展设计的思路，另一方面协调了影响教育发展的三个主要因素，分别为它们找准了自己的定位，在适合的领域和问题上发挥各自应有的作用。

合理发展在横向上主张统筹兼顾地关照基础教育发展。合理发展既要把体制、规模、效率、质量等单一目标作为发展的旨归，也要把基础教育放置于人民群众的多元诉求当中综合地设计其发展指向。合理发展既要求从宏观上关注政策出台和统计数据，更要转向微观领域关照教育发展的各种细节。合理发展既要从群体大局出发做出各种理所当然的取舍，更要统筹兼顾地努力关照每个主体的教育权益。

（二）实践价值

合理发展尝试指明未来基础教育的发展路径。基础教育合理发展尝试回答基础教育在大体实现了均衡发展、公平发展之后应向何处去的发展路径问题。如前所述，改革开放以来，基础教育发展取得巨大成就，教育公平和教育均衡程度显著提高，但是远未实现人民满意的教育发展。合理发展的提出是立足基础教育发展的现实基础和未来发展的前瞻判断，应对国家未来10年提高质量、综合改革的发展观而确立起来的一条现实发展路径。我们预设新的发展路径既能对现在的各种发展进行修复、弥补和完善，解决之前快速发展形成的遗留问题和衍生问题，更能够应对现在发展所面临的新问题，以助力基础教育发展在新的历史时期不断提高让人民满意的程度。

基础教育合理发展倡导综合协调基础教育发展的规律之理、价值之理和现实之理。这种三理协调促进基础教育发展的导向有利于在教育实践中避免仅以一种教育发展之理来指导教育发展的错误倾向，更能帮助人们认清各种打着"合理发展"的旗号所进行的有偏差的教育发展实践。例如仅关注教育发展的规律之理易形成学究主义倾向，割裂教育理论与实践之间的关系。仅关注教育发展的价值之理易形成理想主义倾向，使教育发展陷入不具备可操作性的空想之中。仅关注教育发展的现实之理易形成经验主义倾向，使教育发展僵化保守，缺少创新和时代气息。

四　基础教育合理发展的一种理论分析框架

关于合理发展有很多可选择的分析框架。比如从哲学、社会学中关于合理性的理论认识出发来分析基础教育的合理发展。但是正如本书在综述部分的介绍一样，在哲学、社会学等学术理论中关于合理性的讨论非常多，它本身就是一个极为复杂的问题。本书无力从上述繁杂深奥的理论探讨中摘出一种普适性主张用于分析基础教育发展。本书选择回到合理发展字面本身来进行一种简单的探讨，即从"合"字的本意出发引出一个关于合理发展的分析框架。

（一）基于"合"的认识分析

什么是合理性，合理性的标准有哪些，合理发展又如何界定，这些问题都是牵涉极广的哲学问题，本书决定绕开这种厚重的哲学讨论，转而从"合"字的本义出发建立一种基础教育合理发展的理论分析框架。"合"字本义为器盖和器体相扣合。本书以基础教育发展之理作为"器盖"，以教育发展之实作为"器体"，将两者进行比照扣合，能扣合即为合理发展，不能扣合即为不合理发展。由"合"字的本义出发所形成的这种认识逻辑，能帮助我们对什么是合理和什么是不合理做出最基本的判断。由此，基础教育合理发展的研究工作也就分成了如下四方面：一是探建教育发展之理；二是深描教育发展之实；三是将教育发展之实和教育发展之理相比对，以此判断是不是合理发展；四是以教育发展之理指导教育发展之实，以求实现基础教育合理发展。由此我们就可以建立一个由两个前提和两个环节构成的教育合理发展的理论分析框架。详见图1—3"实理相照问于合"与图1—4"理实相较求于合"。

前提一：探建教育发展之理
前提二：深描教育发展之实
环节一：实理相照问于合——教育发展之实与教育发展之理比对（见图1—3）

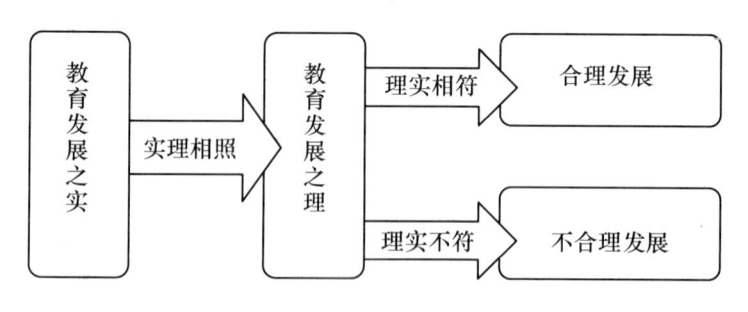

图1—3 实理相照问于合

第一章　上下求索归于合：基础教育合理发展的理论解读

环节二：理实相较求于合——根据教育发展之理展开对教育发展之实的发展设计（见图1—4）

教育发展之理 →据理导实→ 教育发展之实 →求实合理→ 教育合理发展

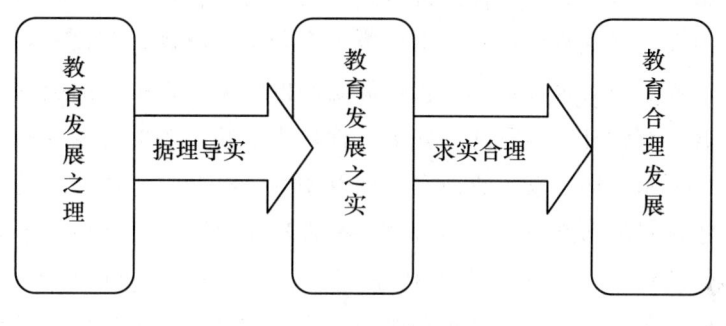

图1—4　理实相较求于合

（二）基于"理"的操作分析

有了这个关于教育合理发展的认识逻辑，我们就可以对基础教育发展进行解释、预测和控制，从而对基础教育合理发展形成一种具有可操作性的指导。首先，通过分析框架中的"实理相照问于合"环节，我们可以判断基础教育发展是不是合理发展。其次，根据分析框架中的"理实相较求于合"的环节，我们可以对基础教育实现合理发展进行周密设计。等经过周密设计的基础教育发展有了结果之后，我们再回到"实理相照问于合"的环节，就又可以对基础教育发展是否实现了合理发展进行判断。由此，基础教育发展就进入一个具有可操作性的不断迈向合理化的循环进程中。

显然在这个理论分析框架下，基础教育发展之理是其中最为关键的部分。没有一个成熟的基础教育发展之理的体系，模型中的两个环节都无法进行。下文将着重对基础教育发展之理进行阐述。在具体探讨之前，需要说明这种探索的一个思想依据。

麦金泰尔梳理了西方世界各历史时期不同种类合理性的流变历程，他指出亚里士多德关于正义和实践合理性的理解始终包括两个方面。一方面，正义和合理性不仅是外在的规则和秩序，而且更重

· 51 ·

要的是人的一种内在能力和品质或美德。另一方面，对这种作为人的美德的理解还应诉诸这种社会的历史性情景。① 这里实际是指出了理解合理性的三个因素：一是指向客观世界的外在规则和秩序，二是指向主观世界的个体的诉求，三是指向社会世界的具体社会背景。哈贝马斯说哲学当中没有形成一个相应的概念，用以建立起与社会世界、主观世界以及客观世界之间的联系。他提出的交往行为理论就是要弥补哲学的这一缺失。他认为交往行为的合理性有三个有效性要求，即客观世界所在意的真实性，社会世界所在意的正确性，主观世界所在意的真诚性。② 基础教育发展也是关涉多个方面的发展活动，在不同的领域中，其发展的核心依据可能也有不同。本书尝试借鉴哈贝马斯这种创立新概念以沟通三个世界之间联系的探索思路来看待基础教育发展问题。

五 基础教育合理发展所合之理

看到基础教育合理发展这个研究主题，又看到还要研究基础教育发展之理，很多人本能地会产生一种对该研究结果的预期，即希望这项研究能够提供一套规范的普遍性标准，人们用这套标准可以轻松地判定基础教育发展是不是合理的，也可以用以去指导基础教育实现合理发展。这样的读者可能要失望了，本书是无力给出这样的答案的。原因是我们对合理性的理解否认了这样一种普适性合理标准的存在。正如麦金泰尔所指出的，启蒙运动有一个主要的志向，那就是寻找到一套为公共领域的争论提高合理证明的标准和方法，通过这些标准和方法，每一种生活领域里的行动之选择性方针都可以评定为正义的或非正义的、合理的或不合理的、开明的或不开明的。合理证明只求助

---

① ［美］麦金泰尔：《谁之正义？何种合理性？》，万俊人等译，当代中国出版社1996年版，第8页。

② ［德］尤尔根·哈贝马斯：《交往行为理论：行为合理性与社会合理化》，曹卫东译，上海人民出版社2004年版，第45、100页。

第一章 上下求索归于合：基础教育合理发展的理论解读

于这样一些原则，它们是任何有理性的人都不可否认的。然而，无论是启蒙运动的思想家，还是他们的继承者们，对于那些所有有理性的个人都不会否认的原则究竟是什么都无法达到一致。[①] 本书关于基础教育合理发展的探索也无法给出一个所谓的"任何有理性的个人都不可否认"的判断标准。

但本书并非无所作为。在承认合理性本身是带有一种历史变迁特性的概念的同时，我们也同意麦金泰尔指出的另一种观点：存在着多种合理性，而不是一种合理性。每一种传统在其内部都有一种与众不同的正义和实践合理性的解释。但是，我们认为，只要是人类的教育活动，尤其近代以来的基础教育活动，它们始终存在着一种标示其所以是基础教育活动而不是其他活动的共性的东西。我们要做的工作就是抓住这个共性，将基础教育合理发展的普适性标准进行放大，放大到接近这个共性的程度时，这样的标准就出现了。只不过，此时的所谓普适性标准因为被放大而损伤了其指导能力和评价能力。为了弥补这种损伤，我们做了以缩小为核心的工作，缩小的是基础教育发展活动本身。当基础教育发展活动被缩小为一个具体的基础教育发展实践时，上述被放大的普适性标准针对这个具体的教育发展实践可以被逻辑地推论出若干的具体标准，这将是对此具有相当的指导能力和评价能力的标准，当然，只是针对这一具体发展实践的标准。

本书对基础教育合理发展之理的探索正是循着这种放大和缩小逐步展开的。本书试图将基础教育存在的时空分为三个基本世界，然后在每一个世界中探索相应的教育发展之理。最后将三个世界的教育发展之理进行整合，从而建构一个基础教育合理发展所合之理的完整体系。

基础教育是一项非常复杂的社会实践活动。这项活动中既有客观自然因素的控制又有主观人为因素的调节。基础教育发展不能违背自

[①] [美]麦金泰尔：《谁之正义？何种合理性？》，万俊人等译，当代中国出版社1996年版，第8页。

然规律和教育规律的制约，也不能不顾人们对教育的期望和需求，当然，一个具体的教育发展还要从它已有的实际状态出发。因此，本书将基础教育发展深陷其中的时空划分为三个世界，即自然世界、期然世界以及实然世界。① 而且认为三个世界各有其发展之理，基础教育合理发展首先是三个世界范围内各自的合理发展，然后才是整体上的合理发展。这里没有提到应然世界，本书认为应然世界可以包含在期然世界里，只不过应然世界是一种冷静而理性的期然世界。即人们按照已经认识到的规律和秩序对教育发展进行畅想和设计，这种畅想和设计虽然也是主观的，但已不是不受限制的自由发挥，它们受到客观规律的制约，甚至可以说它们是客观的，是一种理论推导所形成的必然结果。因此，从某种意义上可以认为应然世界是自然世界在期然世界上的投射。所以本书不将其作为一个独立的世界进行探讨。

需要指出教育发展所存续的世界是一个整体世界，将其分为三个世界只是为了更好地探索教育发展之理。我们之所以能将其分为三个世界，是因为它们相互之间有着鲜明的差异。它们都有着各自的秩序和运行逻辑。教育发展在每个世界中运行时都受到这些特殊秩序和运行逻辑的制约。要了解整体的教育发展之理，首先要对各个世界的教育发展之理进行探讨，分析其基本特征、缺陷和对基础教育发展影响的侧重点。（详见表1—1）

（一）基础教育发展要合乎自然世界的规律之理

自然世界指向的是教育发展环境中不受人控制的因素，主要体现为各种与教育发展相关的客观秩序和规律，最基本的特征是客观性。需要指出的是自然世界对教育的制约要分为两个层面：一是我们认识

---

① 哈贝马斯曾经探讨过不同世界的划分问题，他曾指出过客观世界、主观世界和社会世界，这三个世界里事务的规则不尽相同。中国学者项贤明曾指出过生活世界的教育和自然世界的教育，不同世界的教育有着不同的规则。项贤明：《生活世界的教育与科学世界的教育》，《教育研究与实验》1999年第4期。本书参考哈贝马斯的观点将基础教育存续的时空划分为三个世界。

到的有关教育发展的秩序和规律,二是我们还没有认识到的有关教育发展的秩序和规律。前者已经进入人的主观认识,其对教育发展的制约是我们能够进行解释、预测和在一定程度上调整的,后者则客观地存在于自然界,等待我们的认识和探索,但是其对教育发展的制约则是我们只能被动地承受的。

表1—1　　　　　三个世界里的基础教育发展之理

三个世界	教育发展之理	特征	缺陷	作用侧重点
自然世界	教育规律	客观、唯一	不尽知,难以精确	侧重过程
期然世界	教育价值诉求	主观、多元	不统一,难以协调	侧重方向
实然世界	教育发展现实	稳定、复杂	不均衡,难以批量操作	侧重起点

自然世界教育发展之理的基本秩序和运行逻辑主要体现为教育规律。基础教育发展的规律之理的主要特征是客观性和唯一性。缺陷是我们对它的认识还不充分,还不能使用教育规律精确地指导和控制教育发展过程。不过鉴于人类教育活动的理性依序特征,人们在教育实践中仍然会在对规律认识的现有可能情况下,尽可能地按照教育规律精确地控制教育过程。规律之理对教育发展的作用侧重点主要集中在发展过程层面,教育发展过程中各个因素的相互作用和复杂联系都要依循教育规律的客观规定性。

教育规律是教育学研究的老话题,很多经典的教材中对此都有详细阐述。本书对教育规律的探讨是基于前人丰富研究成果的一种借鉴。鉴于篇幅,简单梳理如下。列宁对规律有过经典的界定,他指出规律是事物"本质的关系,或本质之间的关系"。[1] 按照这一界定,教育规律至少要包括如下四个方面。首先是教育内部各个要素自身发展变化的规律。这主要体现为受教育者身体、心理发展变化的规律,作为教育内容的知识、技能所具有的特殊属性所确定的规律等。其次

---

[1] 《列宁全集》(第二版)第55卷,人民出版社1990年版,第128页。

教育内部各要素之间相互作用所表现出的稳定的、必然的关系。主要体现为教育的内容、手段方法与受教育者的身心发展相适应，教育内容与教育手段方法之间的关系，教育者对教育内容的加工以及对教育方法手段的选择之间的关系等。再次是教育作为一个整体，它与其他社会活动之间表现出的稳定的、必然的关系。主要体现为教育活动发展受到政治、经济、文化等活动的影响以及教育活动对上述活动发展所产生的反作用等。最后就是特定区域内的教育活动在一定历史时期内所表现出来的发展变化轨迹。主要体现为特定地区的教育活动自身体系的完善过程、教育规模的阶段性变化以及教育水平的阶段性提高等方面。

（二）基础教育发展要合乎期然世界的价值之理

期然世界与精神世界相对应，指向的是人们对教育发展的各种期望，这些期望存在于人的主观精神世界，可以不受限制地自由发挥，主要体现为人们对教育发展的价值诉求和为实现这些诉求而进行的发展设计。期然世界的最基本特征是虚幻性，而且由于主观精神世界是以主体而定，教育发展涉及多类主体，每类主体又各不相同，因此教育发展所面临的期然世界是一个混合了多类主体的各种虚幻追求和设计的世界。例如家长的期望、学生的期望、教师的期望、教育管理者的期望、教育主办者的期望等。教育发展受到这些来自不同主体的期望的深刻影响。教育发展从发展方向确定、发展过程中的措施到发展之后的评价都摆脱不了这些期望的影响。

期然世界中基础教育发展的基本秩序和运行逻辑主要体现为人们的教育价值诉求。基础教育发展的价值之理的基本特征是主观性和多元性，它的缺陷是不统一，各种不同的价值诉求之间有时又很难协调。其对教育发展的影响侧重点主要集中在教育发展的方向和结果预期方面。教育发展的价值体现在教育发展能为人所利用，满足人的需要。教育活动是应人类社会需求而产生，教育活动也因能满足人类社会需求而存在与发展。人类社会对教育的价值诉求确认了教育活动的

第一章　上下求索归于合：基础教育合理发展的理论解读

存在与发展方向。因此，期然世界中人们关于教育发展的各种价值诉求成为判断教育发展是否是合理发展的一个基本标准。[①]

需要指出的是，人们的教育价值诉求是一个价值体系，这一体系中的教育价值可分为不同类别，例如教育的社会价值和个人价值、教育的宏观价值和微观价值等。[②] 这些不同类别的教育价值有时会存在一些冲突甚至矛盾。例如社会本位的教育价值诉求和个人本位的教育价值诉求就经常出现一些冲突。另外，社会中不同群体的教育价值诉求可能也不能完全一致。如果这些教育价值诉求不能协调统一，那么简单地说人们的教育价值诉求是否得到满足是判断教育发展合理与否的标准则不具有实际指导意义。因为我们很有可能遇到教育发展满足社会发展需求的同时忽略了个人需求，或者是教育发展满足某几个群体的教育需求时阻碍了另一些群体的教育需求满足。那么面对这种情况，作为评判教育发展合理与否的教育价值之理如何确定呢？

本书认为以往的教育价值供给往往是作为整体而存在的，其供给方向和目标群体比较单一，经常出现满足一部分群体的教育价值诉求而忽略另一部分群体，甚至是牺牲另一部分群体的教育诉求的情况。这显然是有失公平的。那么我们就要思考，教育价值供给一定要以整体的方式存在吗？如果不把教育的价值供给作为一个整体，而是将整体的教育价值供给分为多个方面，分别去满足不同的教育价值诉求，这个问题将得到极大的缓解。从这个意义上讲，我们主张评判基础教育发展合理与否的教育价值之理应是一个教育价值供给体系，这个体系应能够兼顾社会、个人以及社会当中各个不同群体对教育的多元价值诉求，或者说这个体系是一个包括多元价值诉求的，相互之间经博弈形成的一个价值体系。

[①]　部分内容已在作者的论文中发表。杨清溪、刘燕：《三"理"协调统一：教育合理发展的现实路径》，《中国教育学刊》2013 年第 8 期。

[②]　王坤庆：《论价值、教育价值与价值教育》，《华中师范大学学报》（人文社会科学版）2003 年第 4 期。

（三）基础教育发展要合乎实然世界的现实之理

实然世界与物质世界对应，指向的是教育发展现实，就是教育发展当下的样态，可感可知，最基本的特征是具体性和确定性。教育活动中有多种要素，每个要素在一项具体的教育活动中都有一个唯一的确定状态，教育的实然世界就是这些要素的既有状态构成的。一般包括教育规模有多大、教育结构是什么样、教育设施条件有哪些、学生实际发展水平怎么样等。如果将教育发展过程理解为一条线，那么教育发展的既有状态就是这线上的一个个点。对于一次特定的教育发展活动而言，这个点就是教育发展的起点，教育发展必须在由这个起点所确定的范围和程度之内展开。

实然世界的教育发展主要体现为教育活动既有状态的变化，是指教育活动从既有状态向更好状态前进的过程。那么这里教育活动中各个要素所组成的教育现实状况就是教育发展必须遵循的现实之理。例如学生的发展水平、学校校舍的基本情况、在职在岗老师的基本素质等，这些要素的实际状况就在整体上构成了这项具体的教育活动的实际状况。它的基本特征是稳定性和复杂性，缺陷是不均衡，难以批量操作。现实之理影响制约教育发展的侧重点主要体现为对发展起点的制约。任何一个具体的教育发展活动，都要从一个由各种复杂状况所确定的现实起点上开始。

如果将教育发展理解为由 A 到 B 的过渡和变化，那么 A 即是教育发展的既有状态，这一状态下教育发展的实际水平、教育硬件条件、师资状况、学生发展水平都是既定的，由它们所构成的整体决定了教育发展的起点和教育发展的可能性空间。教育发展要实现由 A 状态往 B 状态的过渡与变化，必须尊重 A 状态所既有的现实状况，这个现实状况具体到一个实践节点时，它显然是稳定，同时也是复杂的。因此，设计这个特定的教育发展时，应以 A 状态作为发展的起点，并且关于 B 状态的预期与构想只能在由 A 状态所决定的教育发展的可能性空间范围内展开。

第一章　上下求索归于合：基础教育合理发展的理论解读

（四）实现合理发展应坚持三"理"协调统一

以上分析可见，基础教育合理发展要符合的理不只是一个方面，合理发展的理应是一个协调三个方面教育发展之理的协调统一体系。概括而言，合理发展应是在尊重教育规律的前提下，在教育发展现实所确定的范围内，最大限度地满足人们对教育的价值诉求的一种发展。基础教育发展实践中仅符合一个方面的教育发展之理就被认定为其合理发展是有失偏颇的。

1. 仅注重规律之理容易导致学究主义倾向

在教育发展的问题上仅关注合乎规律之理容易形成学究主义倾向。学究主义倾向往往将教育规律作为指导教育发展的唯一标准，以各种教育理论作为言说和指导教育发展的主要依据。是否符合教育规律被视为判断教育合理发展的唯一标准。持这种倾向的教育相关人员常以理论家的身份居高临下地指挥教育发展，或者对教育发展现实指手画脚，品头论足。但是他们的很多主张往往不能很好地顾及教育发展的现实状况和受教育者群体的多元价值诉求。他们将教育发展过程局限于一系列抽象的概念和范畴演绎推理之中，以对这些抽象概念和范畴所进行的分析比较、批判重建等思维方式来加工描绘教育发展的过程。

在这种倾向影响下，很多教育理论研究人员沉浸在理论文本繁荣的气氛中，理论研究的工作人员活跃于自己的一个圈子，一个与教育实践有很大隔阂的圈子。他们的工作逐渐演化为以发文章、出著作、做课题为工作己任。与之相应的教育实践工作者则埋头于问题丛生的教育实践中，以看教材、上课堂、抓考试为工作己任。学术界不断有"某某论""某某学""某某反思""某某批判""某某对策"等研究成果发表，但实践领域中与之相应的"某某"却未能在这些繁多的"学""论""反思""建议""对策"的指导下实现合理发展。本应相互促进的教育理论与教育实践却出现了理论的文本繁荣和实践的问题丛生并存的局面。

当然，这并不是说教育发展不需要理论研究和理论工作者。大多教育理论工作者都认定自己的社会责任是研究和传播教育理论，通过研究推进教育理论的发展是其共同的理想追求。这本无可非议，如果研究学科基本理论的人都不读书，没有对现有理论思考、质疑、批判的习惯和能力，就不具备发展理论的个人基本素质和可能。[①] 但是如果理论研究者一味执着于教育规律、教育理论体系的构建，而不能关注教育现实和受教育者的真实需求，那么这种理论研究难免流于空疏，导致教育理论、教育规律的解释力下降，指导力弱化。

2. 仅注重价值之理容易导致理想主义倾向

在教育发展的问题上仅关注合乎价值之理容易形成理想主义倾向。这种倾向过于注重对教育活动的预期效果进行理想性的构建，忽视了教育效果的显现要以教育活动的顺利进行为前提，而教育活动的顺利进行必须尊重教育规律，协调教育价值诉求。持这种倾向的教育相关人员仅看到了教育具有各种价值和功能，能够满足社会的多种需求，但是对于教育价值实现的条件、社会教育需求满足的过程没有足够的关注。仅以此作为指导教育发展的标准，不尊重教育发展的规律，往往会导致教育价值诉求流于空想，无法实现。

在这种倾向影响下，一些高校不顾自己的办学实际，将一般意义上的学校发展的价值诉求直接拿来作为自己学校的发展诉求。很多学校将"研究型""学术型"列入发展规划，将"申博士点""上新专业""建新校区""盖大高楼"作为发展追求。更有高校不顾自己的实际情况和社会需求，通过扩招合并等方式扩大办学规模，打造所谓的超级大学，认为规模的扩大就是学校的发展。也有一些学校不能准确认识自己的办学定位，重点大学搞大众化教育，高职高专想挤进精

---

① 叶澜：《思维在断裂处穿行——教育理论与教育实践关系的再寻找》，《中国教育学刊》2001年第4期。

第一章 上下求索归于合：基础教育合理发展的理论解读

英教育行列。① 另外，一些农村学校盲目地将城市学校作为发展的价值诉求，城市学校又盲目地将国外学校作为发展诉求的现象也受到这种倾向的影响。农村学校发展过程中经常以城市学校为模板进行模仿，从学校建设到班级管理，从教学方法到活动设计，甚至连与农村环境密切相关的学校文化建设，农村学校都在努力地以城市学校为目标来发展自己。城市学校则兴起了西方化的发展诉求，动辄就提西方的学校管理多么科学合理、西方学校的校园环境设计多么有思想、西方学校的教学方法多么有艺术感。在学术讨论和教育改革中还形成了一种盲目崇拜西方教育的畸形学术氛围。在这种氛围下，有关学校发展的理论探讨中搬出西方的学校理论就更有说服力，在教育改革上搬出西方学校类似的做法就更有先进性，好像只要这个东西是来自西方的，那它的正确性就是不证自明的，它倡导的做法就是不用接受理性的审视的。

另外，当我们面对一个具体的教育实践时会发现，教育价值诉求并不是一个统一的整体，不同的群体可能会有不同的教育价值诉求。例如学校领导想要政绩、教育管理部门想要社会效益、教学人员想提高待遇、科研人员想获得经费。当面对多种不同的教育价值诉求时，可能会遇到教育价值诉求之间的冲突和矛盾。如果仅让教育发展去实现一种指定的教育价值诉求，其他群体的教育价值诉求不能得到合理的关照，就必然会导致教育的不合理发展。

3. 仅注重现实之理容易导致经验主义倾向

在教育发展的问题上仅关注合乎现实之理容易形成经验主义倾向。这种倾向的视野过于狭窄，仅从教育发展积累下来的既有状态和以往的教育传统出发去设计教育发展，应对教育问题，则会忽视教育规律对教育发展的限制以及教育价值诉求对教育发展的引导。持这种倾向的教育相关人员尊重教育传统，了解教育现实，习惯于依据当下

---

① 潘懋元：《中国当前高等教育发展中的若干问题》，《大学教育科学》2004年第4期。

的形势和过往的经验处理教育问题,指导教育发展。他们对于教育发展需要协调的教育与其他社会活动的相互关系缺少关注,不能将教育发展放在更为宏观的社会背景下进行统筹设计。

近年来基础教育发展实践中出现的"集中化"发展和"标准化"发展跟这种倾向有关。20世纪90年代末以来,我国中西部地区农村的学龄人口出现下降、外流以及分布稀疏的教育现实。面对几个人的班级和几十人的学校,传统的以规模化为基础的学校教育体系无法正常运转。为了解决这个问题,这些地区开始了以撤并小学校、教学点为主要工作内容的学校教育布局调整。一时间各地将基础教育发展的目标锁定为对小学校和教学点的撤并以及撤并后中心学校的标准化建设。对学校的撤并集中迅速带来了家庭教育投入的提高,家庭附近的学校被撤后,很多学生只能到较远的学校上学,随之带来了寄宿的费用或者乘坐校车的交通费用。年龄较小的寄宿生一方面缺少生活方面的照料,另一方面缺少对他们来说更为关键的家庭影响。而被撤学校的村庄失去的不仅是学校,也失去了一个象征知识和文化的重要场所。集中后的学校一般施行标准化建设,这种标准化在形式上保证了学校具有光鲜亮丽的硬件设施,而原本属于每个学校自己的传统和特色则被吞并在这标准化之中。

低龄儿童远离家庭在校住宿是否违背教育规律?集中办学是否符合农村家庭的教育价值诉求?这些都是值得深入思考的问题。教育布局调整不是简单地撤并学校,是要在尊重教育规律和教育现实的基础上调整学校布局,要综合考虑经济社会差异、区域自然地理特征以及学龄人口的变化等因素。①

4. 教育要实现合理发展必须坚持三"理"协调统一

综上可见,教育发展之理的三个方面都不能单独指导教育实践实现合理发展。教育合理发展要合的"理"必须是一个兼顾三个方面的参照体系,即由三"理"协调统一所构成的参照体系。在这一

---

① 何卓:《对我国农村中小学布局调整的思考》,《教育发展研究》2008年第1期。

第一章　上下求索归于合：基础教育合理发展的理论解读

参照体系中，规律之理是教育发展不能抗拒的客观规定性，价值之理是教育得以存在和发展的主观规定性，现实之理则是教育发展的起点和发展的可能性空间的范围规定性。如何实现三"理"的协调统一就成为了基础教育合理发展的关键。对此本书初步探索如下。

第一，要求教育研究者努力将规律之理真正引入教育实践。教育规律之理存在于三个层面：一是类同于天地之序的教育规律，它客观地存在着，等待着教育研究者去发现和认识。二是教育研究者的主观认识层面，是研究者所认识到的教育规律，它也以客观的形式存在于研究者的主观认识之中。三是教育实践主体的认识层面，是教育规律被人们以值得信赖的有用知识和有效工具使用的层面，它真实地指导着教育实践的运转。教育理论研究者承担着发现第一层面的教育规律之理，在第二层面形成对规律之理的主观认识，并将之送入第三层面的使命。然而，现实中教育规律之理的三个层面并没有建立通畅的联系。教育研究者对第一层面的教育规律的认识和发现未能尽如人意，已经认识和发现的教育规律之理也被高高挂在第三层面之上，并未能真正对教育实践形成切实的指导。教育研究者应努力将教育规律之理真正引入教育实践，要认识到自己的责任不仅是发现教育规律，还要将教育规律带入教育实践。教育研究者不是独自拥有对教育规律的认识，而是要和教育实践者分享使用教育规律；不是将规律高悬于自己的精神世界，用文字把它们记录在文章、著作之中，而是将它们送入教育实践，用教育一线工作者的手和脑把它们用在教案里、课堂上、师生的互动中。

第二，要求公权力在多元价值博弈中扮演好监管和调节角色。教育活动的利益主体众多，直接利益主体就包括教育举办者、教育管理者、教师、学生、学生家长等，还有包括用人单位在内的大量间接利益主体。这些利益主体对教育活动的价值诉求不尽相同。教育活动如何才能满足这些多元的价值诉求呢？在不能全面满足的情况下，重点满足哪些价值诉求才是合理的呢？鉴于教育活动的价值诉求已经呈现多元化，那么教育活动最终能够提供的利益供给显然不能作为一个整体来对待了。以政府为代表的公权力主导下的教育活动应首先调整教育活动，丰富教育活动的形式、内容，增加教育活动的可选择性，努力实现教育活动的价值供给多元化。其次是在公权力监管下让各个价值诉求主体充分博弈，本书认为，通晓教育规律的多元价值主体经充分博弈的最终结果应是最接近教育价值供给合理指向的结果。最后，公权力还要做好调节工作，按照公正原则调节教育利益分配，关照弱势群体。

第三，要坚持从实际出发设计教育发展。教育发展的规律之理是教育发展的客观规定性，教育发展的价值之理是教育发展的主观规定性，但是任何一个现实的教育实践都不可能完全按照客观规律或者完全按照主观意愿向前发展。教育发展是在主观意愿和客观规律相互作用下形成的一种综合结果。对于一个特定的教育实践而言，这种相互作用的发生受到其所在的周围环境的影响，这个周围环境便是我们要关注的教育实践场。教育实践场成为连接教育发展的客观规律和教育发展的主观意愿之间的互动平台。因此，坚持从实践出发便能兼顾教育发展的客观规律和主观意愿，在起点上实现教育发展的规律之理、价值之理和现实之理的协调与统一。[①]

[①] 杨清溪、刘燕：《三"理"协调统一：教育合理发展的现实路径》，《中国教育学刊》2013年第8期。

第二章 实理相照问于合：基础教育合理发展的理性追问

本章主要进行前提二和环节一的研究，即明晰教育发展之实，进而以教育发展之理与教育发展之实进行比对，在比对中通过对基础教育发展的目标、手段以及结果诉求等进行理性追问，揭示基础教育发展中存在的主要问题。前提二本是要描述刻画基础教育发展的实际状况，但是限于研究时间和精力，我们只在总体上对改革开放以来的基础教育发展历程进行了回顾，更为细致的基础教育发展现状描画将放在后面三章针对具体发展问题的探讨中予以详细阐述。环节一的操作则是遵循了前文探讨的基础教育合理发展的动态行动逻辑，分别对基础教育发展的目标方向、方式手段以及结果诉求进行了理性追问。

一 改革开放以来我国基础教育发展历程

中国有着世界上最大规模的基础教育实践活动。改革开放以来的30多年里，这项规模庞大的基础教育取得了令世界瞩目的伟大成就。这一发展过程值得所有教育研究者悉心关注。2008年社会各个领域开展改革开放30周年纪念总结时，很多学者对改革开放30年来的基础教育发展做出过总结和概括，出版了《中国教育改革30年·基础教育卷》《风雨兼程30年——改革开放以来中国基础教育的改革与发展评述》等一系列著作和文章，对基础教育发展进行了梳理和概括。①本书在梳理这一发展历程时，发现中国基础教育发展变革与党中央国务院召开的全国教育工作会议存在密切联系。改革开放以来，党中央国务院共召开了4次全国教育工作会议，每次会议前后都对基础教育发展中的核心问题进行了分析和重点关照，以至于基础教育发展的阶段性跃迁与这些会议的召开密切相关。因此，本书结合4次全国教育工作会议召开的背景，以基础教育发展过程中的核心问题为线索，将改革开放以来的基础教育发展历程划分为四个阶段，即理顺体制，激活发展动力的阶段；完成"普九"，扩张发展规模的阶段；提高质量，优化发展结构的阶段；办好人民满意的教育发展新阶段。

（一）理顺体制，激活发展动力阶段（1978—1992年）

1978年12月，党的十一届三中全会胜利召开，中国社会也由此迈向了一个全面改革的新时代。基础教育同样迎来了发展契机，当时基础教育发展几近停滞，百废待兴，需要拨乱反正、需要恢复秩序、需要理顺体制，归根结底是一个需要重新激活发展动力的问题。

教育领域开展的恢复高考、恢复重点学校和恢复专业职称评定"三个恢复"拉开了教育改革与发展的序幕，也为基础教育发展扫清了很多障碍。邓小平同志主动提出主抓教育工作，在其推动和领导下，我国改革开放以后的第一次全国教育工作会议于1985年5月召开。600多名教育系统的代表与党和国家领导人在这个会议上讨论了《关于教育体制改革的决定（草案）》。会后即向全国发布了《中共中央关于教育体制改革的决定》（以下简称《决定》）。《决定》指出，改革管理体制，在加强宏观管理的同时，坚决实行简政放权，扩大学校的办学自主权。在基础教育管理的问题上，明确地指出实行基础教育由地方负责、分级管理的原则，是发展我国教育事业、改革我国教

---

① 杨小微：《风雨兼程30年——改革开放以来中国基础教育的改革与发展评述》，《基础教育》2009年第1期。

第二章 实理相照问于合：基础教育合理发展的理性追问

育体制的基础一环。基础教育管理权属于地方。除大政方针和宏观规划由中央决定外，具体政策、制度、计划的制订和实施，以及对学校的领导、管理和检查，责任和权力都交给地方。省、市（地）、县、乡分级管理的职责如何划分，由省、自治区、直辖市决定。①

在这个文件的指导下，基础教育阶段的办学获得了强劲的发展动力。县、乡，甚至是村获得了教育的管理权之后开始接管地区内的小学和初中，并举办了很多新的学校。基础教育阶段的学校迎来了财力充足、政策灵活的发展机遇，几年的时间里我们国家就逐步形成了"村村有小学，乡乡有初中"的基础教育基本布局形态。教育体制改革，尤其是实行基础教育"分级办学、分级管理"的体制改革，对于调动全社会的力量关心、支持教育的积极性，从根本上改变我国中小学特别是农村中小学的落后面貌，具有极为重要的意义和影响。1985年到1992年，短短7年间，社会各方面集资办教育就达1062亿多元，基本消除了农村中小学的破旧危房，明显改善了办学条件，为推进基本普及九年义务教育和基本扫除青壮年文盲打下了坚实的基础。如果单纯依靠国家投入，完成这些工作则需要100年左右的时间。②

这里需要指出一点，当时的教育管理体制改革得以如此安排其实是体现了合理发展的基本精神的。首先是符合现实之理，当时最大的现实就是中央用于搞教育的财力、物力、人力都很有限，那么还要搞的话，就要吸收其他力量来办学，当然，最主要的力量就是地方上的力量。其次是符合价值之理，人民群众对读书求学的价值诉求空前高涨，但是国家无力举办那么多的学校让大家都能有学可上。把发展基础教育的责任交给地方，提出"人民教育人民办，办好教育为人民"的口号，一方面激发了地方发展基础教育的热情，另一方面也迎合了

---

① 《中共中央关于教育体制改革的决定》，2013年11月，教育部网站（http://www.moe.gov.cn/publicfiles/business/htmlfiles/moe/moe_177/200407/2482.html）。

② 尹鸿祝：《改革开放以来的三次全国教育工作会议》，《人民日报》2010年7月12日。

人民群众读书求学的价值诉求。最后是符合规律之理。没有对活动的操控权，自然活动的积极性以及活动所需要的创造性空间都是受到限制的，这不符合发挥主体创造精神和奉献精神的基本规律。因此，教育管理体制改革提出将教育活动的管理权力下放给地方，地方的积极性得到极大的提高，而且在活动的形式上出现了很多创新的尝试，由此加速了教育的发展。需要注意的是，这样的快速发展也给基础教育发展留下了一些隐患，例如今天我们遭遇的基础教育发展不均衡问题，多少都与这种基础教育的地方管理有关。因为地方管理下的基础教育发展水平显然会受制于地方的整体发展水平。当各地整体发展水平，尤其是经济发展水平出现显著差距的时候，各地的基础教育发展水平也会随之出现差距。因此，我们认为基础教育发展不均衡的问题可算作是当年基础教育管理体制改革造成的衍生问题。

（二）完成"普九"，扩张发展规模阶段（1993—2000年）

理顺了体制，激发了发展动力，必然带来基础教育的大发展，从当时中国基础教育发展的实际看，首要的发展任务就是实现从无到有、从少到多、从不够到够的数量规模发展。让所有人都有机会接受基础教育的"人人有学上"成为基础教育发展要解决的核心问题，基础教育发展也进入了一个扩张发展规模的发展阶段。

1993年2月，中共中央、国务院颁布了《中国教育改革和发展纲要》（以下简称《纲要》），绘制了20世纪90年代和21世纪初我国教育发展和改革的蓝图。1994年6月，中共中央、国务院在北京召开了改革开放以来的第二次全国教育工作会议，进一步动员全党全社会认真实施《纲要》。自此，中国基础教育领域又多了"两基"这样一个独特的说法，即基本普及九年义务教育和基本扫除青壮年文盲。1994年7月，《国务院关于〈中国教育改革和发展纲要〉的实施意见》发布，明确提出到2000年全国要基本普及九年义务教育（包括初中阶段的职业教育），即占全国总人口85%的地区普及九年义务教育。初中阶段的入学率达到85%左右，全国小学入学率达到99%

第二章 实理相照问于合：基础教育合理发展的理性追问

以上，并根据地区实际情况，提出了分地区的"三步走"的实施方法。①

在基本"普九"的任务催动下，中国基础教育发展走向了扩大学校数量和规模，提高小学和初中入学率的发展轨道，让所有孩子都能有学上的梦想催动着中国基础教育的规模不断扩大。教育统计年鉴显示，1993年全国中小学有在校生17979.38万人，到1999年全国中小学在校生人数已升至29566.17万，基础教育规模迅速扩大，6年的时间里增加了近1.2亿学生。2001年1月1日，中华人民共和国国家主席江泽民在全国政协新年茶话会上的讲话中向全世界庄严宣布：我国如期实现了基本普及九年义务教育和基本扫除青壮年文盲的战略目标。以"普九"为核心任务的基础教育发展告一段落。

这个阶段基础教育发展选择以规模扩张为核心也体现了合理发展的基本精神。扩大办学规模，实现人人都有学上，这在客观上符合基础教育发展的价值需求；通过扩大办学规模增加基础教育的总量供给，以扩大供给的方式迎合旺盛的教育需求，符合教育发展的规律之理；当时各地基础教育发展的最大现实就是没有学校，或者学校太小，所以当时发展基础教育的基本起点就是兴办新学校、扩建原有学校，这样的教育规模扩张显然也是符合教育发展的现实之理的。

当然也要看到，这种规模的急速扩张也给基础教育进一步发展遗留下一些问题。例如，为了保证完成"普九"这种带有行政命令性质的发展任务，基础教育发展放松了很多基本要素的规格和要求，这在一定程度上是违背教育发展的规律之理的。比如仓促建成的学校，其基础设施、教学条件都没有得到严格的控制，很多校舍、教学设

---

① 即占总人口40%左右的城市及经济发展程度较高的农村地区在1997年前基本普及九年义务教育；占总人口40%左右的中等发展程度的农村2000年前基本普及九年义务教育；占总人口15%左右的经济发展程度较低的农村到2000年基本普及九年义务教育。

施、教学环境等都没有按照相关规定严格落实，急剧扩大的基础教育师资队伍建设也放松了要求，教师的准入门槛形同虚设，很多没有接受过专业训练的人员进入教师队伍。所以后来我们的基础教育发展就遭遇了学校基础设施不达标的问题、教师队伍素质不高的问题以及代课教师的问题等。

（三）提高质量，优化发展结构阶段（1999—2010年）

基础教育规模迅速扩张的同时也随之产生了一些问题，尤其在规模扩张基本满足了普及需要之后，基础教育发展的核心逐渐转到基础教育本身的健康发展上来。于是，在规模扩张阶段未及解决的发展不均衡问题、布局不合理问题、比拼升学率问题和应试教育倾向严重问题等都浮现出来，成为基础教育进一步向前发展必须跨过的障碍。基础教育发展面临的最大问题在内部表现为教学目标、教学内容、教学方式方法和评价等要素的结构不合理；在外部则表现为根据基础教育发展密切相关的人、财、物分配协调结构不合理，学校的分布、各类型学校的比例结构不合理，由此，优化基础教育发展的结构，提高基础教育质量成为发展面临的首要问题。

1999年6月，改革开放后的全国第三次教育工作会议召开，会议期间发布了《中共中央国务院关于深化教育改革，全面推进素质教育的决定》（以下简称《素质教育决定》）。素质教育成为响彻中国基础教育领域的最强音。在素质教育的总体要求下，基础教育领域中的教师队伍、课程体系、教学模式等主要指标都开始了调整。其中最为集中的调整工作体现为基础教育课程改革。《素质教育决定》中将课程改革作为实施素质教育的重要条件单独提出，并提出了"调整和改革课程体系、结构、内容，建立新的基础教育课程体系"的总体要求。教育部基础教育司决定成立课程改革相关的课题项目攻关小组，经过两年多努力，在反复论证、广泛征求意见的基础上，形成了《基础教育课程改革纲要（试行）》（以下简称《纲要》）这一课程改

第二章 实理相照问于合：基础教育合理发展的理性追问

革的指导性文件。① 2001年6月教育部下发了《关于印发〈基础教育课程改革纲要（试行）〉的通知》。新中国成立后的第八次基础教育课程改革在中国逐步全面铺开。自此，中国基础教育在内部自身调整上进入了实施素质教育和新课程改革为核心的发展阶段。

2001年国务院颁布《关于基础教育改革与发展的决定》，文件要求对农村义务教育管理"实行在国务院领导下，由地方政府负责、分级管理、以县为主的体制"。基础教育发展的重任落在县级政府肩头，在实行"以县为主"管理体制后，县级政府不仅有对所管辖的中小学进行布局调整的权力，而且也有通过布局调整来减轻财政压力、提高资源利用效率的动力。管理上实现了从以乡为主到以县为主，经费投入上实现了县、省和国家多级投入，对于发展滞后、问题较多的薄弱地区和学校设立专项政策和资金支持。随后，地方上基础教育的学校布局调整、标准化学校建设、寄宿制学校建设、教育均衡发展、平衡普通高中和中等职业教育等政策和措施陆续推出，这些政策措施在整体上对基础教育的人、财、物、学校布局、学校类型等各要素和结构进行了有效的优化调整。

基础教育发展激活了发展动力，扩大了办学规模，自然核心的任务就转到了优化发展结果，提高发展质量上来。这其实是从基础教育发展的外围框架逐步转向基础教育内部运作体系的一种发展。布局调整、均衡发展、标准化学校建设，包括素质教育、课程改革等，这些基础教育发展政策措施都是在试图调整优化基础教育的发展结构。

（四）办好人民满意的教育发展新阶段（2010年以后）

早在2003年新上任的教育部部长周济就开始在多个场合阐述"办让人民满意的教育"的基本主张。2008年，温家宝总理在十一届

---

① 《中共中央国务院关于深化教育改革，全面推进素质教育的决定》，2013年11月，教育部网站（http://www.moe.gov.cn/publicfiles/business/htmlfiles/moe/moe_177/200407/2478.html）。

全国人大政府工作报告中再次明确提出"办好人民满意的教育"。此后，学术界和一线教育工作者开始密集地就"办好人民满意的教育"展开研究、探索和尝试。办好人民满意的教育逐步成为中国基础教育发展的核心任务。2010年7月，改革开放后的第四次全国教育工作会议在北京召开，随后发布了《国家中长期教育改革和发展规划纲要（2010—2020年）》（以下简称《规划纲要》），对中国未来10年的教育发展做出了基本规划。温家宝总理在会议中指出，教育发展要顺应人民群众对接受更多、更好教育的新期盼，我们一定要解决好教育领域人民群众最关心的突出问题，办好人民满意的教育。《规划纲要》的制定和实施只是一个新的起点，办好人民满意的教育任重而道远。2012年党的十八大报告更是以"努力办好人民满意的教育"为标题阐述了党的基本教育主张。中国基础教育发展进入了以人民满意的教育为核心的发展阶段。

这一阶段里，基础教育发展面临的首要问题是如何让人民满意的问题。人民群众对基础教育的需求是多元化的，而且是不断增长的，而当下基础教育的总体供给还是相对单调。统观基础教育发展全局，不像以往基础教育发展面临着非常明确的核心矛盾和突出问题，而是面临着关涉方方面面的复杂矛盾和复杂问题。本书认为这个阶段应从人民满意这个大的前提下来看待基础教育发展。什么样的基础教育发展会是人民满意的呢？本书选用了人民群众经常使用的"上学"这个话语来做分析。对人民群众而言，基础教育就是"上学"，可这个"上学"意味着很多。首先是自己的孩子能不能到一个适合他的学校上学。适合的学校并不一定就是名气大的学校、规模大的学校或者建设漂亮的学校，而是一个让人民群众抛开攀比心后觉得适合的学校。其次是自己的孩子能不能更方便地从家到学校去上学。孩子从家出来到学校上学是中国亿万个家庭每天都要面对的事情，上学怎么去？花多少时间？花多少钱？是不是安全？每一个问题都关涉人民群众能否满意。城市里涉及堵车费时间问题，农村里涉及路远和花钱的问题，总之，能否方便地去上学，显然在严重地影响着人民对基础教育的满

第二章 实理相照问于合：基础教育合理发展的理性追问

意度。再次是自己的孩子能不能在一个安全舒适的学校里上学。到了学校后，学校里的环境、提供的教育服务，这些都是真正影响学生发展的核心问题，这个层面的上学是最能影响人民群众是否满意的上学。

回顾改革开放以来中国基础教育的发展路径，我们可以发现，基础教育发展走了一条重点解决突出矛盾、渐次实现阶段式发展的道路。先是通过教育管理体制改革激活地方发展基础教育的热情，为教育发展找到活跃的发展动力，重点关照的是发展动力矛盾。然后是以普及九年义务教育为目标推动基础教育规模扩张，实现基础教育规模化发展，重点解决的是教育总量供给不足的矛盾。随后则以布局调整、均衡发展、素质教育和课程改革为核心优化教育发展结构，提高教育发展质量，重点解决的是从"有学上"转变到"上好学"的矛盾。在重点关照了发展动力矛盾、总量供需矛盾和发展结构矛盾之后，中国的基础教育发展正迈进一个崭新的时代。解决好人民群众不断增长的丰富的多元化教育需求和现阶段相对单调的教育供给之间的矛盾成为今后相当长一个时期教育发展的主题，办好人民满意的教育成为基础教育发展的核心矛盾。解决这样的矛盾也需要中国教育人凝聚更多的智慧、付出更多的努力。在复杂性理论看来，基础教育发展已经到了不能再简单依靠"问题—对策"这样的局部线性思维去应对发展问题的阶段了，基础教育发展要面临的是各基础教育相关要素间呈指数级增长的复杂联系，显然这需要我们对基础教育发展道路有一个新的设计。[①]

二 基础教育合理发展的理性追问

从基础教育发展的流变历程我们可以发现，通过恰当的方式和

---

① Mark Mason, "Making educational development and change sustainable: Insights from complexity theory", *International Journal of Educational Development*, No. 29, 2009, pp. 117 – 124.

措施，基础教育管理体制改革和数量普及的发展任务顺利得以完成，质量的提高已经成为基础教育发展的共识目标。与前面能够量化检验的发展任务不同的是，质量提高的发展任务不能简单地用量化指标来衡量，人民满意的发展标准也不能简单地用量化指标来衡量。面对这种发展形势的变化，基础教育发展的倡导和发展的方式是否出现了不能适应的问题，我们是否应该探索更为先进的发展理念和方式呢？

本书认为，真正办好人民满意的基础教育，需要全面深化对当下基础教育发展的认识。现有的诸多倡导和做法是否还能够引导中国基础教育继续前行？它们存在什么样的问题？这些都应该得到基础教育合理发展理论的理性审视。由此，本书选取了目前基础教育领域较有影响的发展倡导或者是发展做法，通过描述分析大体刻画出当前我国基础教育发展的基本现实。然后将这一教育发展之实与前文中所提的教育发展之理进行比对，实理相照，拷问基础教育发展中存在的问题。

按照基础教育合理发展的动态行动逻辑结构，本书从基础教育合理发展的目标、手段以及结果三个方面展开一些理性的反思。按照这一逻辑架构，我们把基础教育发展中的问题概括为三个方面：一是在目标倾向上存在迷失发展方向的跟风式发展倾向，二是在方法手段上存在简单追逐利益的粗放式发展倾向，三是在结果追求上一些理想发展推进特别困难。

（一）发展方向目标的追问

发展方向正确是发展目标得以实现的基本前提。往错误的方向前进一步可能还不如原地不动离成功更近。反思中国基础教育发展的方向目标，我们发现，基础教育发展在方向和目标上仍然有很多值得的深入思考的问题。对这些问题的忽视导致基础教育发展方向和目标出现偏差，其突出的表现为价值诉求混乱而导致的发展方向不明，或者是放弃对发展方向的适切性设计而盲目跟风发展。

第二章　实理相照问于合：基础教育合理发展的理性追问

1. 农村基础教育的城市化发展

近代以来，农耕时代逐渐地被击溃了，农村几乎成了落后的代名词。新兴的工业文明成为价值体系的主导，由此催生的城市也成为人类新的宠儿，进城生活成为生活的重要目标。在当下的中国农村更是如此。于是任何有意义的活动都不过是为达成"脱离乡村、进入城市"这一最终目的的手段和途径。教育当然也不例外，而且它在形式上最得人追捧，是一种充满荣耀的蜕变正道。上学，作为一种达成蜕变目标的手段有着得天独厚的优势。① 对城市的热切向往迅速与对教育功能的迷恋结合起来。通过农村教育实现"跨农门"而"进城市"的价值预设深深地植根于广袤的中国大地上。这种价值预设至少在三个方面深刻地影响了农村基础教育的发展，导致一种明显的农村基础教育城市化发展倾向。

首先是发展目标上，这种倾向表现为农村基础教育迷失了自己的发展方向，经常在"离农"和"为农"之间痛苦挣扎。"离农"的农村教育发展方向主张农村教育要以城市为中心，培养离开农村、农业进入城市主流文化而不是回归乡土的人才。② "为农"的农村教育发展方向主张农村教育要以服务农村为主要任务，强调农村教育要为农村地区的经济和社会发展培养人才，有时"为农"的教育还被狭义地理解为"务农"的教育。这两种截然不同的发展方向背后其实是农村基础教育如何面对城市的问题。在当代的中国社会，除了政府宣传和文件规定中可以看到"为农"的农村教育的主张外，广大的农村教育实践和农民子弟的教育价值诉求都体现出了强烈的"离农"色彩。③ "离农"的教育显然可以归入城市化的阵营。然而，"为农"

---

① 王剑、冯建军：《对我国农村教育城市化的审视》，《教育发展研究》2005年第8期。

② 张济洲：《"离农"、"为农"——农村教育改革的困境与出路》，《河北师范大学学报》（教育科学版）2006年第3期。

③ 邬志辉、杨卫安：《"离农"抑或"为农"——农村教育价值选择的悖论及其消解》，《教育发展研究》2008年第3—4期。

教育的主张者也不尽然是反对城市化的。"为农"说到底是为了农村地区的孩子们的发展。在当代中国，一个个体的理想发展几乎必然包括对城市生活的适应。从这个意义上讲，即使是"为农"的教育，仍然会体现出强烈的城市化倾向。

其次是发展形式上，这种倾向表现为农村学校一心模仿城市，认为把农村学校办成城市学校的样子就是好的发展。农村基础教育阶段的学校模仿城市学校的校舍、校园，模仿城市学校的管理、制度，模仿城市学校对老师进行管理和考核。最近几年，农村地区的教育投入加大，加之布局调整的影响，很多农村学校都在重建，当重建的资金不是问题的时候，摆在它们面前新的问题是要把学校建设成什么样？多数农村学校解决这个问题的基本思路就是模仿城市学校，它们认为城市学校都是好的，现在重建，那就要照着城市学校的样子建。于是农村学校就有了漂亮的楼房、气派的塑胶操场、大气的学校大门和校园围墙，楼顶的上方还要标几个镀金大字，有的甚至还要做上类似城市景观灯的霓虹灯。笔者在2012年作为顶岗实习指导老师走访了吉林省的九台、伊通、东风、梅河等几个县市农村地区的学校，发现这些地区小学的中心校的硬件建设已与城市学校相差不大，很多乡村以学校为核心的区域都成为了当地最有城市化气息的区域。其实这背后有一个值得思考的问题。学校为什么一定要建成楼房？从教育发展的角度讲，建成楼房是否更有利于教育活动的进行呢？答案是不一定。只要教室窗明几净，安全舒适，功能齐全就可以了。建成楼房反而会额外地增加一些安全隐患和不必要的麻烦，反而不利于教育活动的展开。比如上下楼梯的问题，比如楼层高潜在的坠楼风险，比如上下楼造成的时间和体力的消耗等。那为什么新的学校一定要建成楼房呢？笔者想合理的解释是这样的，在城市里，土地资源宝贵，建成楼房能提高土地资源使用效率，同时也与城市周围的景观比较协调。那农村学校也一定要建成楼房吗？笔者经过理性的思考，认为从农村的实际出发，农村学校不必要建成楼房。农村的土地资源没有城市那么紧张，也不受到城市景观的影响。从提供一种更有利于教育活动进行的

第二章 实理相照问于合：基础教育合理发展的理性追问

场所的角度看，高楼学校真的没有平房学校有优势。因此，农村学校真的没有必要花费高成本去建高楼，修大门，筑围墙。然而，现实却是新建的农村学校几乎没有不是楼房的，究其原因，显然没有经过理性分析只是一方面，最主要的原因还是存在强烈的模仿城市学校发展的倾向。

除了学校的硬件设施建设模仿城市学校以外，学校的管理、制度等软件建设方面也在模仿城市学校。农村学校建立的教学管理、班级管理、学生管理以及食堂和宿舍管理，包括教师考核等方面的制度规范都在大量模仿城市学校。还有地区在大规模地搞"委托管理"，即在保证学校产权属性不变的情况下，把农村学校的管理权外包给城市品牌学校。通过市级层面统筹，将中心城区品牌学校的管理输出到郊区农村学校，促进城市品牌学校文化向农村薄弱学校的主动传播。[①]更令人不解的是农村学校的课程内容和班会主题经常也以严重脱离农村孩子生活的内容为主题，例如，"文明乘坐城市地铁""超市购物指南""公园里的垃圾桶"等经常成为教育活动的主题。还有老师布置的课后作业是"找广告牌上的错别字"，或者是写一篇以"公园游玩""公交车让座""地铁站里的流浪汉"等为主题的作文。试问，农村哪有那么多广告牌，又何来地铁、公园、公交车？这些主题显然离农村孩子的生活比较遥远。这样的课程或者班会要么是在看老师一个人表演，要么是在逼迫孩子们编造各种谎言以应付。

最后就是农村学校的教师工作、培训和评价也是以城市化为背景的。尤其以教学能力为核心的好教师的标准，例如教学基本功、教育技术使用、辅导学生参加各种竞赛、撰写以自己的教学心得体会为主要内容的专著，这些东西离农村教师都比较遥远。当然，这不是说农村就没有被认可的好老师，农村也有。我们家喻户晓、报纸新闻媒体报道称赞的来自农村的好老师也很多，他们有一个共同的特征，那就

---

① 李学容：《警惕农村教育的城市化倾向——对农村教育城市化的审思》，《内蒙古师范大学学报》（教育科学版）2013年第6期。

是他们往往是以师德高尚为核心标准被认可为好老师。跟教学密切相关的教学能力则只有一个统一的城市学校教育的标准，与之相关的教师培训也以城市学校教育的实际需求为主题展开。

原本城市学校才有的封闭式管理、家长接送、课后辅导班、请家教等做法和现象逐渐走入了农村和农村学校。甚至要带领农村学校的孩子"郊游""参观果园、菜园"……我们不得不对农村基础教育阶段学校教育这种几近疯狂的跟风式盲目模仿提出质疑。早在20世纪二三十年代陶行知先生便对农村教育的城市化提出过批评，他说："中国乡村教育走错了路：他教人离开乡下往城市里跑；他教人吃饭不种稻，穿衣不种棉，做房子不造林；他教人羡慕奢华，看不起务农；他教人分利不生利；他教农夫子弟变成书呆子。"① 其实，按照本书所提到的合理发展立场来看，农村基础教育的这种城市化发展倾向显然属于不合理的发展。它违背了农村孩子身心发展所确定的教育规律之理，也违背了农村环境所确定的教育现实之理，在教育发展的价值诉求上又错误地以城市价值取向为中心，不能兼顾农村的教育价值取向。这种迷失方向的跟风式的发展迫切需要教育合理发展理论的指导和关照。

2. 城市基础教育的西方化发展

与中国农村基础教育阶段学校发展的城市化相比，更为严重的是中国城市学校的西方化发展。就像农村学校的发展跟风城市学校一样，城市学校的发展存在跟风西方学校的现象。首先是在观念上形成了西方的尤其西方发达国家的做法总是先进的、好的、值得学习的观念。这样的观念已经深入中国城市学校的管理者内心深处，甚至在普通的家长和学生中间也动辄说人家外国的学校怎么怎么样。教育实践领域一边倒地崇尚西方教育的同时，我们的教育研究人员也对此加了一把火。他们经常以"'西方'的什么什么对中国学校教育的启示与借鉴""'某国'学校教育中的什么什么对我国的启示与借鉴"等为

---

① 陶行知：《中国教育改造》，安徽人民出版社1981年版，第79页。

第二章 实理相照问于合：基础教育合理发展的理性追问

题撰写论文和著作。这样的一唱一和直接让中国的学校教育失去了原本该属于自己的发展方向和特色。

其次是在学校发展的各个层面上跟风模仿西方学校。在学校管理方面，西方学校的管理被冠以先进之名，成为我们教育管理改革模仿的对象；在课程建设方面，西方学校的课程被冠以科学合理之名，成为我们课程改革、校本课程开发模仿的对象；在教学方式方法层面，西方学校的教学方法被冠以创新性、艺术性之名，成为我们教学改革、教师培训模仿的对象；在校园建设方面，西方学校的校园被冠以安全舒适之名，成为我们校园建设规划模仿的对象。甚至西方的学生家长也被冠以民主、和蔼、宽容之名，成为中国学校批评家长的参照系，也成为学校要求家长学习和模仿的对象。甚至连我们的校车都要写上"school bus"，校车侧面指示停车的标牌也要写上"stop"。这是表明我们中国的大部分司机都通晓英语了？还是表明我们的模仿已经到了一种为了模仿而模仿的程度呢？

这样的教育发展同样是迷失方向的跟风式发展。中国学校教育发展前进的方向不是"西方化"，更不是"美国化"，中国学校发展应该有适合中国的合理发展方向和道路。盲目跟风西方学校来规划自己学校的发展不能成就中国基础教育的合理发展。这样的发展存在大量违背教育发展的现实之理、规律之理和价值之理的情况。西方学校面临的教育现实和中国学校面临的教育现实有巨大的差异，同样的做法在西方可能是符合它们的现实需求的，而在中国特殊的教育现实下则不一定是适合的。西方社会的政治、经济、文化与教育相互作用所形成的教育发展规律制约西方学校的变革发展，我们盲目地去学习西方学校的变革与发展而不考虑其背后深刻的社会政治、经济以及文化因素，同样是在以违背教育发展的规律之理发展学校教育。

3. 幼儿教育小学化发展

幼儿教育小学化是指幼儿教育迷失了自己的教育宗旨，变成了小学教育的附庸，有的幼儿教育其实就是简单化了的小学教育。幼儿教育是面向个体发展的一个独立的阶段，它应有自己的教育方式、方法和宗旨。然而，当前的幼儿教育发展显然受到了小学教育的严重影响，幼儿教育小学化的现象日益增多。

小学化的幼儿教育脱离学龄前儿童的身心发展规律与特点，在教育内容、教育方法、教育评价等方面向小学阶段的教育标准看齐。许多幼儿园无视儿童个体身心的实际发展水平，把小学的教育内容提前到幼儿园学习，尤其是在幼儿园的大班，甚至开始选用小学用的教育材料来进行教学。拼音、汉字和计算成为幼儿学习的主要科目。在拼音方面，要求幼儿掌握声母与韵母、能拼读、能书写；在计算方面，要求幼儿进行较大数位的加减运算；在汉字学习上，要求幼儿会读、能写。这实质就是把小学的教育内容提前到了幼儿园的教育中来，有的幼儿园所教内容甚至超过了小学一年级应掌握的水平。[1] 幼儿教育小学化倾向在教学方法上的主要表现就是将小学惯用的课堂教学搬到了幼儿园。在这里，它们模仿小学班级里的情况，进行最初的课堂规范和纪律练习，并借助课堂的形式组织幼儿活动。这种教学方式主导下的幼儿教育通常是只重视知识学习的灌输式教育，教师讲、幼儿听；教师做、幼儿看；教师领读、幼儿复读等死记硬背的传统授课与学习方式成为幼儿园教学常态。[2] 在教育评价上幼儿教育小学化似乎走得更远，它们组织各种与小学学习内容相关的比赛，例如识字、拼写、计算等，它们甚至引入了考试作为评价手段，将得分多少作为衡量幼儿发展健康与否的标准。遗憾的是，很多家长不但不反对质疑，反而对此很支持，这更助长了幼儿教育小学化的倾向。

教育学界曾在个体发展的问题上产生过"成熟优势说"和"学习优势说"的争论。成熟优势说主张个体发展的实现主要依靠个体自身的成熟，个体必须成熟到一定程度才能顺利地掌握相应的知识技能，并且认为一旦成熟程度达到了，个体由不会到会的过程会变得非

---

[1] 李大伟、刘秀丽：《幼儿教育"小学化"倾向的现状与对策》，《东北师大学报》（哲学社会科学版）2006年第6期。

[2] 金日勋：《幼儿教育小学化倾向的表现、原因及解决对策》，《学前教育研究》2011年第3期。

第二章 实理相照问于合：基础教育合理发展的理性追问

常简单，有的时候可能就是简单一点说明和指导，甚至一个暗示，知识技能就可被获得。学习优势说则认为个体发展的实现主要依靠学习和训练，无论个体的成熟水平如何，只要方法得当，花足够的时间和精力，任何知识技能都能通过个体的学习及早获得。因此，发展是不需要等待个体成熟的，可以通过学习来提前实现个体发展。争论的结果就是我们接受了两种观点中的合理部分，认为一个个体的发展受到成熟和学习两种因素的影响，而且这两种因素都是不可忽略的重要因素。幼儿教育小学化很显然是在按照学习优势说来面对儿童的发展，它严重地忽略了成熟优势说所指出的成熟程度对知识技能获取的限制。这样的幼儿教育小学化显然不是我们所说的合理发展。它违背了教育发展的规律之理，迷失了幼儿教育本应有的发展方向。

4. 区域内的基础教育优先发展

教育优先发展的问题在《学会生存——教育世界的今天和明天》中被明确提出后，很多地区都开始提高和保障教育的投入。[1] 理论研究也将其作为一个重要的教育规律来对待，经典的教育学教材一般都会对其进行详细阐释。一般认为教育优先发展有两个内涵：其一是纵向上，社会用于发展教育的投资要适当超越现有生产力和经济发展状态而超前投入；其二是横向上，教育发展要先于或优先于社会上其他行业和部门而先行发展。[2] 在这样的思想倡导下，区域内的基础教育发展也跟风似的倡导优先发展。县或者乡镇一级的政府投入大量资金用于发展教育，有的还要超出当地的承受范围而举债来办教育。同样的做法也出现在家庭层面，家庭的所有支出中优先保障孩子的教育支出，并通过自己借债和国家贷款来保障孩子的教育支出。这是从政府到家庭的彻底的教育优先发展。

其实教育优先发展的预设逻辑是这样的。一个地区的教育发展获

---

[1] 联合国教科文组织国际教育发展委员会：《学会生存》，教育科学出版社2008年版，第35页。

[2] 柳海民：《教育原理》，东北师范大学出版社2006年版，第470页。

得了优先的投入，这种投入保障了该地区的教育能够培养出优秀的人才，甚至是能带来重大发明创造的先进人才，这些人才通过自己的工作服务为这个地区做出贡献，进而促进该地区的快速发展。这样的逻辑表面看没什么问题，但是要保证逻辑结果得以出现，需要确保两个小的逻辑前提：一是获得投入的教育是能够培养出有用的人才的。二是培养的这些人才留在了该地区工作服务，做出应有的贡献。保证第一个前提要求教育要合理发展，用于教育发展的资金投入总量在合理的承受范围内；所发展的教育具有适合的结构，培养的人才在层次和专业分布上能够与社会需求匹配。如果培养出的人才不适合本地区的发展需求，那通过保障教育优先发展来促进本地区发展的预设结果显然无法实现。第二个前提要求培养出的人才不能流失，要留在本地区工作服务，如果经过精心选拔出的地区精英，在接受了本地区投入大量资金的教育培养之后，成为出类拔萃的人才，但是却离开本地到外地去工作服务，那不光促进本地区发展的预设结果无法实现，反而是对本地区原有资源的一种掠夺。

现实世界中的教育优先发展显然没有处理好这样两个前提。区域内的教育优先发展正在面临这样的问题，一些保障教育优先投入的家庭也正遭受着教育投资失败的折磨。县或者乡镇集中财力、物力优先发展教育，但是这种发展并没有给当地带来教育优先发展的预期结果。当地大量的优秀青年通过高考被选拔到各地去上大学，大学毕业后，他们确实成为优秀的人才，但是他们中很少有人会回到当地去工作服务，他们几乎没有为当地的经济发展做出任何贡献，反倒是他们基础教育阶段花费了当地大量的教育资源，他们的大学阶段又从家里拿走了很多钱到上学的地方，甚至他们在城市成家后还要从家中的父母那里拿一部分钱到工作的城市买房买车。因此，从这样通过教育而实现"跃农门"的孩子来看，优先发展教育保障了他们，实现了他们的美好发展，但却变相地掠夺了投入财力、物力和人力兴办基础教育的乡镇和县城，掠夺了他们培养出的人才，也掠夺了他们当地的财力和物力资源。

第二章 实理相照问于合：基础教育合理发展的理性追问

优先发展教育的家庭也存在着教育投资失败的巨大风险。很多农村家庭倾其所有供孩子接受教育，不惜举债让孩子上学。经过基础教育阶段的持续投入后，还要赌高考，高考失败则前面的投入基本上就失败了，高考成功了，虽然意味着教育投资取得了阶段性的成功，但这并不能马上改变家庭的生活状况。有时会让家庭生活变得更糟糕。首先要准备大学的学费，或者接受国家的助学贷款，其次是要持续地每年为家里的大学生准备大量的生活费。一般而言，一个大学生，四年大学下来可能要花费家里大约6万元钱。这对于农村家庭或者普通工薪家庭来说都不是小数目。最后就是大学毕业之后就业的问题。不能顺利就业的话，这个家庭的长达十几年的教育投资就面临着不能收取任何物质回报的局面。很多家庭因此而重新跌入贫困线以下。上完大学的孩子待业在家，基本没有农业劳动能力，也没有面对农业劳动的勇气，家里可能还会因为孩子上学欠着一些债务，甚至可能存在无法偿还国家助学贷款的情况。《南方周末》2010年曾报道了《从"读书改变命运"到"求学负债累累"》的纪实报道，该报道对甘肃省会宁县全县从"教育立县"到"教育破产"，会宁人从"读书脱贫"到"因教致贫""因教返贫"的教育困局进行了追踪报道。[①] 其实，这只是中西部欠发达地区教育困局的一个典型缩影，对这些地方和这里的家庭而言，教育到底是否该优先，真的需要重新慎重思考。

有人将这一切归结为大学生毕业后没有找到工作造成的。那么如果找到工作了，情况就真的会好转吗？我们假定从小学到大学毕业一路顺畅，大学毕业后在城市也找到了工作。即便如此，对中西部的贫苦农村家庭而言，接下来的生活也是举步维艰，因为他们面临着一系列更大的挑战。属于自己子女的小家庭的建设任务摆在了他们面前。在城市里买房、结婚各种大宗消费接踵而至。当然这已经跨出教育投资的范围了，但是我们回望一下，当一个经济条件不是很好的家庭选

---

① 叶伟民、何谦：《从"读书改变命运"到"求学负债累累"》（2010年1月），2015年2月7日，南方周末（http://www.infzm.com/content/40843/）。

择了通过优先发展孩子的教育的决策时，注定他们的家庭要经历一个贫苦、坎坷、多变的过程。而当所有这一切都心想事成地完成时，原来是这个家庭的顶梁柱的父亲、母亲，他们可能已经累倒了，或者已经成了疾病缠身、风烛残年的老人，更可悲的是，他们可能无法进入城市安享晚年，只能拖着老迈的身躯继续徘徊在原有的几近消亡的家庭中。

如此这般的优先发展教育，无论是地区还是家庭，都需要一个更为合理的规划，不顾一切地盲目跟风地优先发展教育，显然不是一种合理的发展，教育中跟风式的优先发展需要合理发展理论的全面审视。

(二) 发展方法手段的追问

党的十七大提出加快转变经济发展方式的号召之后，经济发展方式的问题又成为研究的焦点和热点问题。有关这一问题的基本思考就是现在经济以什么样的方式发展着，转变之后要用什么样的方式继续发展。胡锦涛总书记在十七大报告中提出了经济增长方式的三个转变：要促进经济增长由主要依靠投资、出口拉动向依靠消费、投资、出口协调拉动转变；由主要依靠第二产业带动向依靠第一、第二、第三产业协同带动转变；由主要依靠增加物质资源消耗向主要依靠科技进步、劳动者素质提高、管理创新转变。[①] 在三个转变背后我们可以看到经济增长方式转变在倡导由各自为政的独立发展转变为协调统筹发展，由简单粗放式的发展向内涵集约式的发展转变。

这种发展方式转变的思想也迅速地进入了教育领域。教育发展方式转变的问题迅速被提上日程。然而，教育毕竟不同于经济，教育发展的方式也不能完全借鉴经济增长的方式，诸多发展方式的转变在经济社会领域取得巨大成效的同时，教育领域的模仿和借鉴则遭遇了艰

---

① 《胡锦涛在党的十七大上的报告》，2013 年 11 月，新浪网（http://news.sina.com.cn/c/2007-10-24/205814157282.shtml）。

第二章 实理相照问于合：基础教育合理发展的理性追问

难前行的尴尬局面。一方面我们不能否定这种发展方式转变的正确性，另一方面我们的教育自身又无法找到有效的途径实现这样的转变。

我们不得不反思，教育发展方式的转变是否一定要参考经济增长方式的转变呢？答案显然不是肯定的。教育活动有着自身的特殊属性，这些特殊属性决定了它不能简单地模仿和借鉴经济增长的方式，它要有属于它自己的发展方式。历史上经济领域的分工化发展、标准化发展、规模化发展、市场化发展都深刻地影响了教育发展，但发展的结果是教育逐渐脱离了自身的本真追求，教育是时候反思探索属于自己的发展方式了。本书认为，经济领域中粗放式发展的若干思想就已经深刻地影响了教育发展，在经济领域大力提倡由粗放式发展向集约式发展转变时，教育领域可能也需要一个转变。但是这个转变显然没有及时发生，教育领域中简单逐利的粗放式发展依然存在。

1. 基础教育的分工化发展

分工思想是经济学领域中非常重要的思想，对社会和经济发展起到巨大作用。从亚当·斯密到马克思，很多的思想家都高度重视分工对提高劳动生产力、促进社会发展的作用。马克思甚至认为，物质资料的生产是人类社会存在和发展的基础，而分工的发展史就是生产力的发展史，甚至可以说，分工是生产力发展或劳动生产率提高的必要前提。[①] 在经济学中，亚当·斯密第一次系统地阐述了分工理论。他在自己的代表性著作《国民财富的性质和原因的研究》（简称《国富论》）中对分工的种类、分工的起因、发展和制约因素以及分工所产生的巨大影响进行了详细阐述。

亚当·斯密认为分工有三种基本类型：一是工场手工业内部劳动环节的分工；二是社会上各个产业和行业的分工；三是国际分工，各个国家根据自己的资源、产业和传统所形成的优势产业的分工。而且

---

① 王璐、李亚：《劳动分工与经济增长：从斯密到马克思》，《山西财经大学学报》2007年第1期。

他指出分工不是人为的结果，是一种普遍的社会历史现象，随着人类的发展，分工必然出现，它是个人精明的必然结果。[①] 分工之所以被如此重视还跟它的作用有关。这里我们仅选取经济生产领域中的分工可被教育模仿借鉴的部分加以分析。首先亚当·斯密认为分工是提高劳动生产力，获得报酬递增的重要途径。他曾以制造扣针为例对此进行了形象的说明。工场主雇用了大量工人生产扣针，没有分工的情况下，每个工人自己独立制作一枚扣针，工人之间不进行合作，各做各的。当引入分工后，工场将扣针的制作分成了从抽铁线、拉直、截切、磨尖……一直到包装等18个环节。每个环节安排专人负责，而且只负责做一个环节的工作，由此工场的工作效率大大提高，平均下来，一个工人一天可制作扣针4800枚。分工的引入显然大大地提高了生产的效率。其次，亚当·斯密提出了"优势原理"。因为分工的引入，每个人都可以用自己的劳动来生产他最擅长的东西，然后用它去和别人交换，因为交换的存在，所以大家不用面面俱到地去生产自己需要的各种东西，而是只生产自己擅长的东西就可以了。同样，在一项整体的劳动中，个人的生产劳动就不用覆盖全部的生产过程了，他可以选择做他最擅长的劳动环节，每个人都做自己最擅长的环节，大家组合在一起工作，就可以更高效地完成整个生产。

这里我们可以总结出分工带来的三个重要变化：一是将一个完整的工作分为若干个环节，使原来负责整个工作的人只负责其中的一个环节。二是为每个工作环节安排更为擅长或者适合的人。三是将一项工作原本所受到的时间上继起的限制打破，变成了各个环节可以并行的一种规模化操作。这样的变化极大地提高了经济生产的效率，这种高效的生产方式迅速启发了教育活动。缓慢前行了几千年的教育终于按捺不住对工业生产急速提高效率的好奇，教育活动也开始尝试将分工思想引入自身的发展之中。于是，一个新的教育发展时代来临。

[①] 李永采、张志涛：《亚当·斯密的分工理论及其影响》，《齐鲁学刊》1993年第6期。

第二章　实理相照问于合：基础教育合理发展的理性追问

分工在教育发展上的影响首先表现为教育内容的分类。原本一个学生要学的所有内容被分为若干个类别，然后各个类别安排专门的人员来分别完成。其次表现为教职人员的培养和选拔。鉴于各个类别的教育内容可以选择人员，所以就出现了优势原理所影响的现象，尽量为每个类别都选到最为擅长和适合的人选，而且每个类别的老师的培养过程也会因为省去了其他类别知识的学习而大大简化。最后表现为对学生的规模化教育。教育活动的分工实现了由原来对一个人按部就班的培养转变为可以按照先后顺序分期分批的培养，它使人的培养由个别化走向了规模化。因此，像生产中的分工一样，这样的分工带来了教育效率的极大提高。老师们不需要面面俱到地研习所有知识了，他们只需要选择一门知识来学习，所以他们的工作变得更为轻松，当然，也变得更为熟练和专业。学生们所学的内容因为被分为各个小的模块，也更容易被教授和传播。教育活动也不再只是面向单个个体的个性化活动，它变成了一种可以规模化操作的标准化活动。分工带来的高效率很快被教育接受。于是，教育在分工思想的指导下，越走越远，越分越细。直到今天，我们的课程依然在被精细化的、持续的分割中，我们的教师也在被分门别类地专业化培养和发展着。在对教育效率的疯狂追逐中，基础教育正将课程的精细化分割和教师的专业化养成视为发展的重要标准，基础教育在简单逐利的分工化发展道路上渐行渐远。

2. 基础教育的标准化发展

基础教育的标准化发展主要表现为在基础教育发展上寻求统一的标准。具体表现为标准化学校的建设。这种发展方式的提出有一个复杂的社会历史背景。1993年《中国教育改革和发展纲要》提出的"两基""两重""两全"的总体发展目标，其中的"两重"就是提倡要建设好一批重点学校和重点学科。在这一总体目标的指引下，基础教育阶段也出现了重点学校、示范学校和普通学校的区别，曾经一度出现了"国家重点""省重点""市重点"等的学校名号，而且，普通学校和重点学校之间在资金投入、人才引进和政策扶植方面都有较大差异。加之中国社会不同地区间存在的发展差异，基础教育发展出现了极度不均衡的情况。当基础教育阶段普九的任务基本完成之后，基础教育发展迎来了"公平""质量""均衡"等一系列的新概念。

标准化学校建设正是在这种大背景下出现的一种基础教育发展思路。其基本主张是要在基础教育阶段建立标准化学校，首先设立标准化学校建设标准，然后按照统一的标准，要求所有学校都具有标准化的投入、标准化的硬件建设、标准化的师资配备以及标准化的课程实施。例如有学者对标准化学校的建设进行了系统研究后指出了标准化学校的建设标准。第一，要有标准化的办学规模，主要包括学校占地面积、校舍建筑面积、学校的班级数以及班额等几方面。第二，要有标准化的基础设施，主要包括正常完成教学所必须配备的教学及辅助用房、行政办公用房、教学仪器和音体器械。第三，要有标准化的师资队伍，每个学校都要配备数量相当、素质相当、年龄和专业结构合理的教师队伍。第四，要有标准化的课程，主要包括系统的普遍性知识和与生活息息相关的社会发展需要的新知识和新技能。[①] 还有学者从义务教育的性质出发，认为这种面向全体国民的教育，就其功能、性质而言，本身就应该是平等的、一致的。因此，标准化学校建设又获得了更深层次的理论依据。[②]

一时间，标准化学校成为很多地方政府乃至国家所提倡的实现教育公平发展和均衡发展的重要手段。2010年12月8日，教育部推出了《国家教育体制改革试点全面启动》的专题网站，上面发布了推进义务教育均衡发展，多种途径解决择校问题的试点地区名单，其中北京市部分区县，天津市，山西省，黑龙江省部分县市区，江西省，安徽省，湖南省，四川省成都市，新疆维吾尔自治区等地被列为

[①] 杨兆山、金金：《建设"标准化学校"搭建义务教育均衡发展的操作平台》，《东北师大学报》2005年第5期。

[②] 余少华：《标准化学校建设的若干策略探讨》，《教育导刊》2008年第9期。

第二章 实理相照问于合：基础教育合理发展的理性追问

"推进义务教育学校标准化建设，探索城乡教育一体化发展的有效途径"的试点地区。① 各个地方很快便有了试点地区行动方案，例如天津市就发布了《天津市推进义务教育均衡发展改革试点实施方案》，方案中指出要研究制定《天津市义务教育学校现代化建设标准（2008—2012年）》（以下简称《标准》），针对《标准》，配套实施"校舍加固改造和功能提升工程""图书配送工程""新增教学仪器配送工程""未来教育家奠基工程"和"256农村骨干教师培养工程"五项工程。有研究者梳理了自2000年到2011年有关"标准化学校"的研究文献，以"全文"为内容特征检索的结果多达3528条。可见，无论是在理论研究层面还是在教育实践层面，基础教育标准化发展都产生了巨大影响。② 2013年11月刚刚结束的党的十八届三中全会在《中共中央关于全面深化改革若干重大问题的决定》中指出，要"统筹城乡义务教育资源均衡配置，实行公办学校标准化建设和校长教师交流轮岗，不设重点学校重点班，破解择校难题，标本兼治减轻学生课业负担"。标准化学校建设显然又将获得巨大推力。

本书认为标准化学校引发的基础教育标准化发展确实能在一定程度上促进教育均衡发展，但是本质上讲，标准化发展是"一刀切"的思路，力图把教育发展的问题简单化，也是对教育发展进行方便管理的逐利追求。强行要求基础教育标准化发展有可能会违背教育发展的现实之理。不同地区、不同文化背景下的基础教育都有着自己的发展传统和现实基础，按照统一的标准来发展基础教育首先面临的问题就是统一的标准如何制定，这个问题很容易演变为"消高就低"的平均主义，基础教育原有的传统和基础遭到这个标准破坏的同时也会给"标准化发展"的落实形成巨大的障碍。特色化应是基础教育发展的应有之义，是基础教育在长期的历史演变中逐步生成的规律性结

---

① 《国家教育体制改革试点全面启动》，2015年4月，教育部网站（http://www.moe.edu.cn/publicfiles/business/htmlfiles/moe/s4868/201012/112258.html）。
② 屈青山：《近十年标准化学校研究综述》，《学理论》2012年第9期。

果,强行推行标准化也会伤害基础教育的特色化发展。最应警惕的就是标准化发展违背了教育发展的价值之理,标准化发展会破坏基础教育的多样化发展。基础教育背后有着复杂的教育主体价值诉求,农村的和城市的、发达地区的和贫困地区的、民族地区的和汉族地区的,这些地区不同的教育主体对基础教育发展都有着难以统一的价值诉求,它们会对基础教育发展提出多元化的价值诉求,基础教育也理应提供多样化的发展予以迎合,从而真正造就一个让人民满意的基础教育体系。

3. 基础教育的规模化发展

经济学中有个反映边际成本和生产规模之间关系的 U 形曲线,这条曲线揭示了一项生产活动单位产品的成本和产品规模之间的关系。[①] 成本曲线表现为开始阶段的边际成本递减和在边际收益递减发生之后出现的边际成本递增。[②] 即生产一种产品需要两个方面的生产资料:一是可以重复使用一定次数的机器设备资料,二是消耗性的原材料。一般而言,能够重复使用的机器设备资料都需要大量的投入。因此,当生产一个单位的产品时,因为需要备齐所有的生产资料,所以这一个单位的产品成本就包括机器设备的成本和原材料的成本,这样单个产品的成本就比较高。当继续生产第二单位的产品时,因为生产过程中需要的机器设备等生产资料可以重复使用,因此这部分成本不会再增加,只需要增加相应的原材料即可。因此,新增的这一单位的产品的成本——边际成本就会比第一个产品的成本要低,相应地,整个生产过程中产品的平均成本也会下降。随着产品不断增加,边际成本会持续下降,整个生产过程的平均成本也会持续下降,直到达到图 2—1 中的 B 点,曲线又会开始上升,因为生产过程中的机器设备

---

① 边际成本是指在一项生产活动中每新增一个单位的产品所产生的成本。对于教育活动而言,培养学生的边际成本我们可以简单地类比为每新培养合格一名学生所新增的培养成本。

② [美]保罗·萨缪尔森、威廉·诺德豪斯:《微观经济学》(第十七版),萧琛译,人民邮电出版社 2007 年版,第 105 页。

第二章 实理相照问于合：基础教育合理发展的理性追问

的使用次数是有限的，当产品生产量达到机器设备的生产极值时，如果还要继续扩大生产规模，就要新增一套机器设备，或者需要对机器设备进行新的投入。由此，整体的生产成本又会因新的投入而大幅增加，所有产品的平均成本也会随之增加。

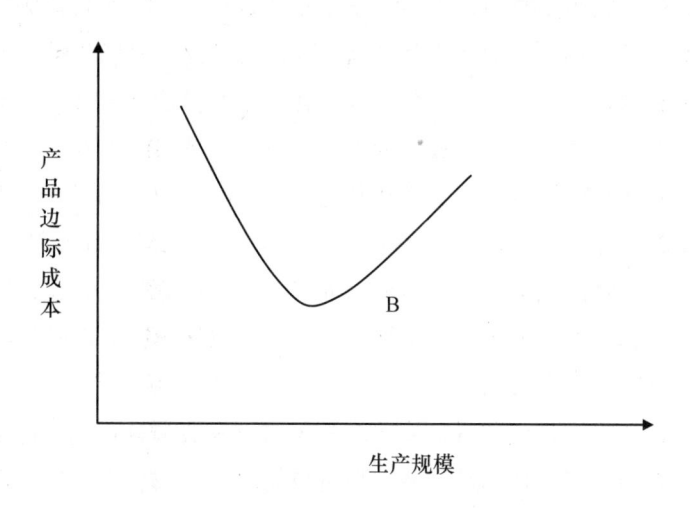

图2—1 单位产品成本和生产规模关系曲线图

这条曲线的存在促使人们在进行一项生产活动时要明智地控制和选择生产规模，以便降低单个产品的成本，从而保证生产具有更高的效率。经济领域的这种通过控制规模而降低成本的做法也被引入教育活动之中。

学校培养一个学生的过程被理解为工厂生产一个产品的过程。按照现代学校教育中常用的班级授课制形式，即使班级中只有一个学生时，这个学生的培养成本也会非常高，因为学校要为这个班级配齐所有老师和所有的教学设备，假设总的投入用 M 表示，这个学生的培养成本就是 M。当班级中有两个学生时，学校只需要新增加很小的一部分消耗性的投入，就可以同时完成两名学生的培养工作。此时，如果忽略新增的那部分消耗性投入，培养每一名学生的平均成本就下降为 M/2。同样，当学生继续增加到 N 时，每个学生的生均成本就会继续下降为 M/N。但是班级人数不能无限制地扩大，当人数达到一定数量时，学校就会将其分为两个班，此时，又要为这个新班级配备老师和教学设备，于是增加了一个新的成本 M（假设两个班的投入一样）。那么这个时候生均成本就变成了 2M/N。因此，我们可以看到，在班级的承受能力范围内，学生数量越多，其生均教育成本就越低，教育投入的使用效率也就越高。同样的情况又可以类推到一个学校所拥有的班级数量，班级数量只要在学校承受能力范围内，班级数量越多的学校，其对教育投入的使用效率也就越高。在这样一种认识下，基础教育资源本就不太宽裕的地方政府，纷纷打起了扩大班级规模和学校规模的牌。因为这样可以提高教育投入的使用效率，或者说，为了完成相同数量的学生的培养任务，他们总是千方百计地保证教育规模，把生均成本降到最低，这样就可以在保证完成学生培养任务的同时尽量降低投入成本。

通过这种分析我们可以发现，学校规模效益与教育成本优化有着十分重要的关系，适当的学校规模可以充分地利用教育资源，有效地利用教育经费，使教育经费发挥更大的效益。上海市浦东新区社会发展局的一项实证研究表明，随着在校生数的增加，生均成本随之降低，当在校生数达到1300人左右时，生均成本达到最低值，之后，随着在校生数的增加，生均成本不降反增，逐步提高。如果仅考虑生均成本，不考虑其他影响学校规模的因素，学校规模的理想值为1311人。[①] 当时浦东区的学校仅有两所是大于这个规模的学校，研究者随后便指出，其他学校有进一步节约成本的潜力。作者通过浦东区的学校对此进行了进一步说明。随着学校规模的扩大，学校生均成本呈现逐渐下降的趋势，凸显规模效益。当学校规模小于400人时，生均成本较高，许多学校超过了7000元；当学校规模处于400—600人区间内，许多学校生均成本处于6000—8000元；当学校规模处于600—800人之间时，许多学校的人均成本处于5000—6000元；而学

[①] 申美云：《教育成本：规模经济与结构效益》，《上海会计》2004年第4期。

第二章 实理相照问于合：基础教育合理发展的理性追问

校规模超过 800 人后，平均生均成本在 5000 元左右。作者随后指出，学校规模超过 800 人，规模效益较为理想。①

基础教育的规模化发展是一种简单逐利的发展方式。尤其是过于追求教育的规模效益而不顾教育发展的现实之理所进行的学校撤并和搬迁。这会导致基础教育阶段的很多学生增加个人的上学成本，例如学校撤并后的交通成本、住宿成本，还有花在上学路上的时间成本。基础教育的规模化发展还会导致人为地制造出巨型学校和超大班级。这种教育环境也会影响教育质量的提高，伤及多元教育价值诉求的实现。不可否认基础教育的规模化发展确实可以提高教育资源的使用效率，但是教育发展不能仅以节省教育资源、提高资源使用效率为出发点。基础教育发展应该考虑教育的实际效果，应该关注教育过程中学生、家长们的价值诉求，努力办成人民满意的教育。

4. 基础教育的市场化发展

基础教育的市场化发展主要表现为教育发展受到市场机制的强烈影响。在全社会推进社会主义市场经济建设的大背景下，教育发展显然会受到市场机制的影响。但是我们的基础教育系统作为具有公共性质的活动并没有正式地引入市场化机制，所以面对市场机制的各种诱惑，基础教育相关的管理和实践人员就应该主动地抵制市场机制对基础教育发展的消极影响，而不是现在正逐步显现出来的对市场机制的放任、默许甚至是私底下的鼓励。

本书关注到的基础教育的市场化发展主要表现在教育在市场机制作用下强化各种选择权，而正是各类教育主体的选择又催动了教育向特定方向的发展。这些选择突出地表现为家长择校而读、教师择校而进、政府择校而奖、学校择生而录、学校择师而用。家长择校而读指向了基础教育的择校现象。这种选择权先被金钱、房产、特权进行了层层的强化。在中国的基础教育中择校成为一种禁而不止的现象。家

---

① 申美云、张秀琴：《教育成本、规模效益与中小学布局结构调整研究》，《教育发展研究》2004 年第 12 期。

长对学校的选择逐渐成为一种市场化需求，学校则循着这种需求进行自身的发展规划，如此则能为学校谋利、为自身谋利。学校本身应有的发展规划被家长的择校需求形成的发展规划所替代。教师择校而进又是通过选择而强化的一种市场化发展。优秀的教师人才对学校的选择也形成了一种引导学校发展的市场需求，很多学校再次忘却了自身应有的发展规划而去迎合这种被教师们选择出来的需求。政府择校而奖同样会形成一种学校发展的导向，为了争取到政府所谓的"奖"，学校再次忘却了自身应有的发展规划而去迎合政府选择所形成的发展需求，于是学校也成了拼"政绩"的舞台。反过来，获得优势地位的学校对学生和教师也形成了一种需求导向，择生而录的招生权强化了学生之间的竞争，也选走了优秀的生源。择师而用的招聘权强化了教师人才之间的竞争，也选走了优秀的教师。对优秀生源和师资的选择导致学校优势地位越来越稳固，也在基础教育的学校之间形成了高低贵贱的学校生态。

本书认为，基础教育市场化发展是对市场逐利行为的放纵和默许。这种逐利的选择有违教育的公益性，是违背教育发展的价值之理的不合理发展倾向。尤其在以质量提高和促进公平为主要任务的基础教育发展新时期，通过市场化导向将学校、学生、教师分为三六九等的做法显然是不合时宜的。如果说教师素质水平的差异无法控制的话，存在着市场化的选择则是可以理解的，但偏偏教师系统就存在着拒绝竞争的铁饭碗制度——编制。与之相反，学校的差异则是可以控制的，我们可以通过资金、师资调配等手段使学校大体处于相同的发展水平，因为同为为国民提供相同的基础教育的学校，它们不应被区分为三六九等。可是我们的学校管理系统却存在放任各种市场化选择的情况，人为地造成了学校间的差异。学生的差异当然是不可控制的，但是如果根据这种差异将他们分成不同的层次分别送入不同的学校、安排不同水平的老师，那么我们的基础教育的基础性何在呢？

第二章 实理相照问于合：基础教育合理发展的理性追问

（三）发展结果诉求的追问

基础教育发展有很多结果诉求，比如公平、均衡、满意等，那么诸如此类的发展诉求是否真实地表达了人民的教育需求，我们有关基础教育发展的各种投入和努力又是否推动着基础教育发展往这些诉求不断地靠近呢？

1. 公平发展缺少对微观教育领域的关怀

教育公平发展是教育的美好理想，也是社会发展的美好理想。限于时间和财力等诸多因素的制约，过去30年来我们在努力实现这个理想时更多的是在宏观层面发力，对于微观教育领域中的教育公平缺少足够的关怀，以至于在教育公平理论研究、教育公平发展政策、措施以及教育发展数据等所彰示的教育公平程度明显提高的同时，处于教育实践中的学生、教师、家长却对教育公平有了更多的埋怨和忧虑。

教育公平发展的学术研究水平不断提高，但对微观教育领域的研究还有很大空间。就内容而言，当前教育公平的研究多集中在教育权利平等、教育机会均等、教育资源配置的平等、差异和补偿原则等宏观、中观层面，缺少对微观教育领域中的课堂教学、师生交往、学生管理等内容的关注。从研究的层次来看，主要是理论研究和经验研究，缺少更贴近微观教育领域的实证研究，2002—2012年发表的教育公平相关研究论文中90%以上都是理论研究和经验研究。无论是研究内容还是研究层次都表明，目前我们对教育公平的研究仍然主要集中在宏观层面，缺乏对研究对象的微观分析和精确探讨。[①]

与教育公平的学术研究一样，推进教育公平发展的实践也明显地集中于宏观层面。2007年党的十七大报告提出"教育公平是社会公平的重要基础"的重要论断，各种促进教育公平发展的政策文件和

---

① 胡洪彬：《我国教育公平研究的回顾与展望——基于2002—2012年CNKI期刊数据的分析》，《教育研究》2014年第1期。

保障措施不断出台，例如在受教育权利方面以政策文件的形式予以保障，在教育资源配置上对基础薄弱地区和弱势学校进行补偿倾斜，在受教育机会方面采取公开考试、招生名额有针对性地分配等措施予以调整等。应该说在这些措施下教育的政策性公平和质量性公平程度都有明显改善，但是具体到微观教育过程中道德性公平问题却逐步凸显出来。[1]例如教师课堂教学中的提问、表扬，对学生考核评价时的打分和评语，学生管理中的分班、教师分配、班级内的座位排定、班干部委任、对学生的奖惩，还有更为细微的师生私下单独交流等，都成为教育公平理论研究和实践探索必须面对和解决的新问题。

2. 均衡发展对症下药难医病根

20世纪末，我们基本实现了普及九年义务教育的目标，实现了人人都"有学上"的伟大目标，但是，大家上的"学"却存在巨大差异，人人"上好学"的基础教育价值诉求日益强烈。因为我国仍处于社会主义初级阶段，各地经济社会发展不平衡，城乡二元结构矛盾突出，基础教育发展在城乡之间、地区之间、学校之间的差距依然存在，在一些地方和有些方面还有扩大的趋势。2005年《教育部关于进一步推进义务教育均衡发展的若干意见》进一步明确地提出了要解决教育发展不均衡的问题。教育均衡发展已然成为基础教育发展中的一个重要口号。2012年国务院又发布了《国务院关于深入推进义务教育均衡发展的意见》，再次将教育发展不均衡的问题作为基础教育发展中亟待解决的重大问题。由此我们可以看出，正是因为基础教育的不均衡发展的现实问题导致了教育均衡发展概念的提出，可以说这种发展倡导是出于为解决问题而提出的。

鉴于教育均衡发展的内涵是由教育发展不均衡的问题倒推而来的，当我们面对这样的教育均衡发展概念时发现它实际上与原本的教育公平和教育平等思想的追求是一致的。例如有学者指出教育均衡实

---

[1] 柳海民、段丽华：《教育公平：教育发展质与量的双重度量——兼论我国的教育公平问题及对策》，《东北师大学报》（哲社版）2002年第5期。

第二章 实理相照问于合：基础教育合理发展的理性追问

质上是指在教育公平思想和教育平等原则的支配下，教育机构、受教育者在教育活动中享受平等待遇的教育理想和确保其实际操作的教育政策和法律制度。在教育公平思想的指导下，结合我国基础教育发展现实，教育均衡发展就有了明确的内涵。它要求在教育机构和教育群体之间平等地分配教育资源，达到教育需求与教育供给的相对均衡，并最终落实在人们对教育资源的分配和使用上。在个体层面，教育均衡指受教育的权利和机会的均等；在学校层面，它要求区域间、城乡间、学校间以及各类教育间教育资源配置均衡；在社会层面，它要求教育所培养的劳动力在总量和结构上与经济社会的发展需求达到相对的均衡。①

因为教育均衡发展的提出是面向非均衡发展的问题的，所以其操作内容指向也比较明确，大体可以分为两个部分：一是为缓解不均衡问题而设计的内容，这部分更多的是手段问题；二是对基础教育均衡发展结果的设计，这部分更多的是理想愿景问题。前者一般包括三个方面：一是教育经费投入的基本均衡，包括大致均衡的生均预算内教育经费、生均公用经费、基本建设与改造资金支出等；二是办学条件的基本均衡，包括学校规模、仪器设备、图书资料、文体器材和信息化水平等诸方面的均衡；三是人力资源的基本均衡，主要是指教师的学历、素质、年龄结构等的大致均衡。②后者则与传统的教育公平和教育平等的理想基本一致，一般都会提到教育机会的均等、教育结果的均等等方面。

然而实践领域的基础教育均衡发展并非一帆风顺，基础教育均衡发展正遭遇着平均主义的误读、重点主义的不屑和特色主义的攻讦。均衡发展在实施上最容易被误解为平均主义。均衡发展一般都提倡要确保学生们有平等的受教育权利和机会；要确保学生在包括教学内

---

① 翟博：《树立科学的教育均衡发展观》，《教育研究》2008年第1期。
② 鲍传友：《义务教育均衡发展：内涵和原则》，《国家教育行政学院学报》2007年第1期。

容、教育经费、教育设备、师资水平等方面在内的教育过程中受到平等的对待；要确保教育成功机会和教育效果的相对均等。① 这些平等对待和相对均等的要求指向基础教育管理时，往往会被操作成给所有学校提供一致的经费、配备标准化的设施和师资队伍。教育均衡发展逐渐被误解为一种削峰填谷的平均主义。均衡发展的倡导遭到重点学校的抵制和不屑。就一个地区有限的教育资源而言，如果资源分配上表现出鲜明的扶助弱势学校的倾向，那么重点学校原本能够获得的较多资源就会受到影响。因此，重点学校往往会对地区教育均衡发展政策进行各个层面的不配合，甚至是公然的抵制。还有重点学校借助业已形成的影响力继续保持并扩大发展优势，鼓励和默许家长们选择已经名声在外的重点、名师和高升学率学校，对管理当局的教育均衡发展政策表现出不屑。均衡发展遭遇特色主义的攻讦。学校发展的特色主义倡导建设特色学校，认为学校和人一样，千差万别。学校在建设和发展上必须保持区别、必须体现个性。唯有建设特色、成就特色，才能更充分地展示学校自身的存在价值，并在竞争中立于不败之地。② 教育均衡发展的这些理想样态包含了很多关于平衡、统一、一致等发展要求，这与学校发展的特色主义显然会有诸多冲突，在实际的教育发展中，均衡发展正遭遇着特色主义的多种攻讦。

从教育均衡发展的提出和其基本内涵与操作内容来看，教育均衡发展属于一种对症下药式的发展倡导，这样的发展不能从病根上治好基础教育发展不均衡的顽疾。它的提出和其基本主张完全围绕基础教育发展不均衡这一病症而展开。它是一剂促进基础教育摆脱问题，实现健康发展的良药。从这个意义上讲，基础教育以均衡发展为指导理念，就成了以一纸药方为指导理念的发展。从发展属性上讲，均衡发展并不是在探索基础教育的发展方向的问题，它只是

---

① 于建福：《教育均衡发展：一种有待普遍确立的教育理念》，《教育研究》2002 年第 2 期。

② 李保强：《试论特色学校建设》，《教育研究》2001 年第 4 期。

第二章 实理相照问于合：基础教育合理发展的理性追问

在努力地调整基础教育出现病态的发展状态，或者说在追求一种健康的发展状态。从发展功能上讲，均衡发展只是一种弥补性的发展倡导，不是建设性的发展倡导。它尝试弥补因为有问题的发展而造成的损失，而不是在倡导一种更有活力的发展构想，为基础教育指明一个新的发展方向。

3. 布局调整被简单化为撤校并点

学校布局调整是教育健康发展的重要手段，在适龄入学儿童总数和人口流动因素的影响下，学校布局要做出适当调整以适应教育发展的需要。这一手段在具体应用上包括对学校如何分布、学校建多大规模的总体规划，也包括要实现这一规划对学校所进行的搬迁、新建、扩建、撤销、合并等具体措施。近些年来，中国基础教育同时遭遇了适龄入学儿童总数下降和人口流动性加剧的双重影响，教育行政部门不得不对中小学校进行较大力度的调整。布局调整成为一项提高农村基础教育质量、推进教育均衡发展、促进教育公平的重要举措。[1]

然而，布局调整在各地基础教育发展的实际过程中被简化为了撤校并点运动。很多地方的学校布局调整实际就是撤校并点，甚至有的教育管理当局还将每年撤并多少所学校作为地区教育发展的目标，将地区内学校控制在多少所以内作为教育发展成果。《农村教育布局调整十年评价报告》显示，2000年到2010年，在我国农村，平均每一天就要消失63所小学、30个教学点、3所初中，几乎每过1小时，就要消失4所农村学校。[2] 学校布局调整简单化为撤校并点问题逐渐得到国家的重视，2012年9月国务院办公厅下发了《关于规范农村义务教育学校布局调整的意见》提出"坚决制止盲目撤并农村义务教育学校"，"在完成农村义务教育学校布局专项规划备案之前，暂停农村义务教育学校撤并"。

---

[1] 柳海民、娜仁高娃、王澍：《布局调整：全面提高农村基础教育质量的有效路径》，《东北师大学报》2008年第1期。

[2] 张灵：《中国农村学校每天消失63所》，《京华时报》2012年11月18日。

· 99 ·

不可否认，在生源减少和生源外流的教育现实条件下，学校布局调整必然涉及撤校并点，但不能就此将布局调整简单化为撤校并点。布局调整作为在中观层面影响基础教育全局发展的重要举措，它还要关照均衡发展的问题、教育效率的问题、就近入学的问题、教育文化的问题等，学校布局调整要思考的问题远不止撤校并点那么简单。

4. 人民满意的教育被误读为完全理想化的教育

关于人民满意的教育如仅从字面出发去设想，确实会勾勒出一套完全理想化的教育体系。其实这是一种误读，将人民满意的教育误读为对教育的完全理想化的设计。这种误读导致了过于悲观和过于乐观的两种极端教育发展预期。

过于悲观的发展预期认为，以当下中国的实际国力和发展水平，要办好人民满意的教育是不可能的。因为目前中国的整体发展水平仍然不高，教育资源，尤其是优质教育资源仍然是非常短缺的，不可能充分满足人民对教育特别是对高水平教育的需求。同时，国家也不可能不考虑社会经济发展和公共需要的其他方面，包括公共卫生、安全、社会保障等方面的要求，而仅仅满足人民的教育需求。持这种倾向的人往往对办好人民满意的教育表现出不屑、没信心，甚至是不支持。过于乐观的发展预期，则把办好人民满意的教育理想化，不考虑中国现阶段的实际而赋予"办好人民满意的教育"许多过于理想化的内容和要求，例如设想所有学校都具有统一的办学条件、师资队伍，所有学校的入学机会应该绝对平等等。[①] 这些超出中国社会实际发展水平的教育需求是不符合教育发展规律的，以此作为人民满意的教育的标准显然不利于落实办好人民满意的教育。

人民满意的教育不能被等同于完全理想化的教育，处于特定历史阶段的教育发展要想成为让人民满意的教育，不是去追求教育的最优化和完美性，而是要去追求教育的合理化和可接受性。

---

① 谢维和：《谈"办好人民满意的教育"的政策含义》，《教育研究》2008年第6期。

5. 城乡统筹发展难于落实

城乡统筹本不是教育学的话语，它是党的十六大提出的统筹城乡经济社会发展战略在教育领域所产生的影响，更是党的十七大提出的落实科学发展观所要求的统筹兼顾的根本方法的影响。这一点可以从中国知网 CNKI 的论文检索中得到证实（见表2—1、表2—2）。

表2—1　CNKI 中文章题目含"城乡统筹"和"教育"的文章数统计

年份	2004以前	2004	2005	2006	2007	2008	2009	2010	2011	2012
文章数	0	1	2	3	4	18	19	33	34	30

表2—2　CNKI 中文章题目含有"统筹"和"城乡"的文章数统计

年份	2002以前	2003	2004	2005	2006	2007	2008	2009	2010	2011	2012
文章数	7	59	143	136	157	279	407	495	599	581	539

作者于2013年11月17日在中国知网上进行了相关的检索。在 CNKI 的期刊检索中检索"篇名"，关键词键入"城乡统筹"和"教育"，不限时间，检索所有文章题目中带有"城乡统筹"和"教育"的文章。检索结果表明：共找到152篇文章，这些文章的分布可以看出两个重要的特征：一个是自2004年开始有第一篇这类文章（2004年1篇，2005、2006、2007年分别是2、3、4篇），二是2008年开始，这类文章迅速增加（2008年18篇）（详见表2—1）。这种现象不难解释，2003年党的十六大报告提出统筹城乡经济社会发展的战略思想，由此，教育领域开始关注城乡教育统筹发展的问题。2008年党的十八大报告中将统筹兼顾作为落实科学发展观的根本方法，基础教育城乡统筹发展的问题真正进入教育研究的视野，成为教育研究的一个热点话题。与此类似，单独的"统筹城乡"或者"城乡统筹"的概念也受到这两次重要会议的影响。作者2013年11月检索 CNKI 的结果显示，2002年之前几乎没有"统筹城乡"或者"城乡统筹"的论文，2003年当年开始大幅增加，2003年有59篇，之后迅速增加

到 2004 年的 143 篇，2008 年的十七大报告中再次强调了统筹发展的根本方法之后，这类文章的总数迅速从 2007 年的 279 篇增加到 2009 年的 495 篇，之后每年文章总数都超过了 500 篇（详见表 2—2）。

　　基础教育城乡统筹发展的这种来历表明它是一种通过强势概念的植入产生的一种发展理念。这种强制的植入性决定了这是一种需要大量探索和尝试的发展，但又是一种缺少自主权的发展。因为教育的城乡统筹一方面它没有历史经验可供借鉴，另一方面它作为整体的城乡统筹发展的一个构成要素必然受到城乡统筹发展全盘设计的制约。在这种情况下，基础教育城乡统筹发展就遭遇了需要厘清发展目标的问题。基础教育的城乡统筹发展到底是为了实现整体的城乡统筹的发展目标，还是要实现基础教育原本应有的价值诉求呢？抑或基础教育的城乡统筹发展是作为整体的城乡统筹发展的目标呢，还是作为实现整体的城乡统筹发展的手段呢？

　　城乡统筹作为经济社会发展的总体设计可能有其合理性，但具体到受到城乡统筹前的各种现实城乡二元格局限制的基础教育发展而言，城乡统筹显然是一个被过度放大了的概念。这种将经济社会发展领域的理念直接植入教育发展的思维模式必然遭遇相互之间的不适切，不能及时认清形势的话将出现毁了美好的理念、误了教育的发展的双重打击。况且，城乡统筹正遭遇着城乡关系在经济方面的不和谐、在政治方面的不和谐、在文化方面的不和谐以及在社会关系方面的不和谐。[①] 城乡统筹本身还正陷于各种障碍和矛盾中无法自拔，哪有余力专门为教育去扫清各种城乡统筹的障碍呢？因此，依木书来看，基础教育城乡统筹发展也好，基础教育统筹城乡发展也罢，若是不能解决当下整体的城乡统筹中的诸多矛盾和障碍，基础教育的城乡统筹发展都难于落实。

　　基础教育发展取得巨大成就的同时，也面临着许多新的问题，当

---

　　① 郭建军：《我国城乡统筹发展的现状、问题和政策建议》，《经济研究参考》2007年第 1 期。

第二章 实理相照问于合：基础教育合理发展的理性追问

我们用合理发展的标准去衡量基础教育发展现状时发现，从发展方向到发展手段和方法，再到发展的结果诉求都存在很多问题。基础教育发展已经发展到了一个需要全面深化认识、提出新的发展路径的节点。

第三章　理实相较求于合之基础教育合理发展的数量规模

前文所述教育合理发展的结构可以从两个方面来考察。即动态的行动逻辑结构和静态的存在形态结构。第二章"实理相照问于合"基本按照动态的行动逻辑结构对合理发展进行了初步考察。这种考察方便我们对我国的基础教育发展形成一种整体性的认识。接下来本书将用主要的篇幅来进行合理发展模型的第二个环节：理实相较求于合。通过这个环节的研究工作我们试图为中国的基础教育实现合理发展勾画一个整体轮廓。基础教育发展对中国来说不是一项从零开始的活动，因此如果按照目标、手段、结果的动态行动逻辑来进行设计难免需要进行多种假设，而很多的假设可能都无法兑现，那么这项研究也就可能成为仅仅存在于纸张和文字中的一项研究，充其量只能为教育理论的文本繁荣增加一篇文字。我们有一个更大追求，我们希望本书能切实地为中国基础教育实现合理发展产生一点作用。因此，我们选择从基础教育合理发展的静态存在形态结构上去考察实现其合理发展的具体设计。

环节二的重点是用前文建构的合理发展之理指导教育发展之实，进而提出一些能够促进基础教育实现合理发展的建议。要全面地给出基础教育实现合理发展的具体建议将是一项浩大的工程，限于研究时间和精力，本书所提的建议显然不能面面俱到。为了让所提建议能够更为合理和紧凑，本书基于办好人民满意的基础教育这一基本立场，选取了"上学"这个对人民群众来说更为亲切的概念。在普通群众

第三章 理实相较求于合之基础教育合理发展的数量规模

的概念里，"上学"对他们来说意味着很多东西。首先是能不能有自己满意的学上；其次是能不能方便安全地去上学；最后就是上的这个学能提供什么样的教育。围绕这三个核心问题，环节二的建议也指向了三个方面：一是影响"能否有适合的学上"的基础教育数量规模的合理发展；二是影响"能方便地去上学"的基础教育学校布局发展；三是影响"能否安全舒适地在学校里上学"的基础教育学校功能发展。下面我们将分节逐个探讨。

一 基础教育合理发展的数量规模要求

从都能有学上到都能到适合自己孩子的学校上学，这种转变是人民群众对基础教育发展满意度的提高的一个重要评判指标。[①] 让所有的孩子都能到适合自己的学校上学背后反映的其实是基础教育总体上的供需平衡问题，反映在基础教育发展方面，主要是基础教育的数量规模发展问题。

本书所指的基础教育的数量规模可以从宏观和微观两个层面理解。宏观的基础教育数量规模可理解为一个地区基础教育阶段的所有学生数量、学校数量，各个学段的学生数、学校数等；微观的基础教育数量规模则是具体到基础教育阶段的一个学校的在校生数量或者是一个班级的人数等。因此，基础教育阶段的数量规模是一个非常复杂的概念。它涉及特定地区的幼儿园、小学、中学、普通高中等学校数量和总的学生数，也会涉及特定学校的在校生数和班级人数。这些数量的形成和确定有些是可以人为操控的，有些则是我

---

① 追求让自己的孩子到最好的学校上学其实是一种集体非理性行为。择校、择班、补课加练，搞得学生和家长都很辛苦，学过一点教育学的家长们虽然都知道这不是一种好的教育方法，但谁也没有停止以这样的方式来规划自己孩子的教育。家长们已经被这个氛围和体制所绑架，在恶性的竞争和盲目的攀比下，把孩子送到所谓的最好的学校成了最简单的选择，当然也是最难办的选择。最好与最适合混淆在一起。但是显然，它们不是一回事，当我们用一种理性的方式来思考时，才发觉最好的不一定就是最适合的。

们无法操控的。基础教育的数量规模要实现合理发展，一定要弄清楚这么几个问题：哪些数量规模是能够人为操控的？哪些是不受人为操控的？能够人为操控的要依据什么来进行操控？不受人为操控的那些数量规模本身又遵循着什么样的发展变化规律？对上述问题的科学回答即是我们对基础教育保有合理的数量规模所提出的总体要求。

（一）受控的总量供给与不受控的总量需求

1. 基础教育数量规模的总量供给是受控制的

就大多数基础教育活动的公益性质看，基础教育的总量供给是一种受到人为控制的结果。公立的基础教育其办学资源一般来自政府，因此，公立基础教育的数量规模受到政府的直接控制。部分民办等非公立的基础教育其数量规模也受到政府的严格管控。整体上，举办能够容纳多少学生的基础教育、基础教育的各个阶段保有多大规模比例、开设多少所学校、一所学校能够容纳多少学生甚至一个班级可以有多少学生，这些数量规模一般都受到政府的行政命令的制约。从这个意义上讲，基础教育数量规模的总量供给是受控的，是可以人为调整的。而且这种调整会对基础教育的发展产生深刻的影响。例如，某个学段的供给量如果不足，那么在这个学段的入学问题上就会出现激烈竞争，这种竞争又会带来学生的学习负担、学校以学生成绩为标准进行排名，进而引发家长们的择校等各种衍生问题。如果某个学段供给量过大，也会引发教育资源闲置、浪费，学校抢夺生源等问题，当然还会有一部分人因为接受本来不需要或者不适合的教育而萌发教育无用论、教育负功能论等。

既然是可以控制和调整的，那么接下来的问题对基础教育发展就至关重要了。即依据什么来进行调整？因为，合理发展的基础教育数量规模显然不能是哪个人随意调整的结果。对基础教育数量规模的调整要有一套科学合理的依据。因此，我们的观点是基础教育的数量规模是可以人为调控的，但是这种调控不是随意进行的，要有一套科学

第三章 理实相较求于合之基础教育合理发展的数量规模

合理的调控依据。

本书认为对基础教育的数量规模进行控制的基本依据应是社会发展对基础教育所提出的客观需求以及基础教育发展的内在规律。人们应根据社会发展程度对学前教育、小学教育、初中教育和高中教育的规模进行适当调控。在社会发展水平不高的时期，处在基础教育两端的学前教育和高中教育规模就会相对较小，而中段的小学教育和初中教育规模则相对较大。随着社会发展程度逐步提高，在完成普及小学和初中的教育之后，学前教育和高中教育也产生了普及的需求，此时整个基础教育的规模在各个层次上就趋于一致。另外，在高中教育阶段，也要根据社会发展而调控普通高中和职业高中的比例。在基础教育内部，学校、班级保有多大规模则要依据教育发展的基本规律。不同的基础教育阶段对学校和班级的规模要求也有不同。此处尤其需要警惕的是简单地将经济学领域中追逐学生培养的低成本和教育资源使用的高效率的经济规律应用到基础教育发展的数量规模调控上来。

2. 基础教育数量规模的总量需求是不受控制的

当基础教育的程度和受教育对象确定后，基础教育的需求总量则是一种可以测算的客观存在，其规模大小不受控制。或者说它是由非人为的生产力发展水平、人口总量和年龄结构等客观实存的数据决定的。生产力的发展水平决定着基础教育供给的广度和深度。生产力发展水平较低的社会对基础教育中需要传递的知识技能的深度要求较低，对基础教育供给的广度也没有太高的要求。因为生产力发展水平低，人民适应基本的生产生活所需要的知识的总量需求相对较少，知识的专业化程度也相对较低，在日常生活中逐步习得的很多普通知识和技能就能够满足基本的生活需要，不需要大规模地组织正规的基础教育活动。相反，生产力发展水平较高的社会则会对基础教育传递的知识技能的深度和传递范围提出更高的要求。社会成员适应基本的生产生活所需要的知识技能需要在正规的学校教育系统中经过若干年的学习才能获得。此时就要求基础教育要保持一定的供给规模才能维持社会的正常运转。因此，一个社会的基础教育数量规模的总量需求是不受人为控制的，它是一个可以根据人口总量、年龄结构以及这个社会的生产力发展水平进行综合测算而得出的总量需求。分清基础教育数量规模的不可控性之后，我们在促进基础教育实现合理发展时就要避免人为地设定基础教育的数量规模，而是要主动地根据特定地区的人口情况、生产力发展情况进行科学的测算。

需要指出的是，一个社会的政治经济制度在一定时期内是可以根据自己的政治统治需要而对接受基础教育机会和资格进行限定的。它可以人为地将一些需要接受基础教育的人排除到基础教育总量需求之外，也就是说通过政治统治能够人为地缩小基础教育数量规模的总量需求。那么此时的基础教育需求总量不就实现了人为控制吗？当然，这是实现了人为的控制，但这可能是一种违背教育发展的规律之理的人为控制。

（二）规模形成的为与不为

基础教育发展的规模和数量的供给是受到控制的，但这并不意味着可以随意调控基础教育的规模和数量。基础教育合理发展除了知道可为与不可为之外，还要在规模的控制的可为方面明确为与不为。本书认为在基础教育规模控制的问题上要坚持常规规模自然形成和极端规模主动调控的原则。[①]

1. 常规规模自然形成原则（不人为设定规模）

本书所指常规规模不是一个严格的学术概念，泛指学校的在校生数和班级的学生数都在一个普通的、常见的范围内。这个范围与我们当前的教育发展实际密切相关，也与教育活动的规律密切相关。例如一个班级的规模形成要受到普通教室大小的限制，如果说教室大小可以重新建设的话，那么班级规模还要受到老师讲话声音传播的远近、学生看黑板的距离等规律性的限制。总之基础教育规模发展的常规规

---

① 傅维利、刘伟：《学校规模调控的依据与改进对策》，《教育研究》2013年第1期。

模自然形成的原则要求我们不要刻意地去设定一个过大或者过小的规模,也不要刻意规定某所学校必须符合一个不能变化的在校生数的要求。也就是说要给予规模形成充分的自由空间,只要在常规规模范围内,就不要对其发展进行人为限制。

2. 极端规模主动调控原则(防止过大和过小)

与常规规模相对,本书所指极端规模也不是一个严格的学生概念,它泛指规模过大或者过小的情况。学校在校生人数过多或者过少,班级学生数过多或者过少都构成这里所说的极端规模。当学校教育中出现了班级或者学校的极端规模时,正常的教学秩序往往会受到影响,教学质量也不能保证,或者是导致教育资源的不合理使用等。极端规模主动调控的原则要求我们当学校或者班级出现极端规模的情况时,要去主动地调控,使其恢复到常规规模。也就是说,基础教育发展中不能放任极端规模的学校和班级肆意发展,要主动地对其进行人为的调控。

(三) 规模形成的影响因素及其影响范围

按照合理发展的理论框架,基础教育规模的合理发展显然也要受到规律之理、现实之理和价值之理的约束。规律之理、现实之理和价值之理背后即是基础教育规模形成的影响因素,准确认识影响因素的性质和影响范围是实现基础教育合理发展的基本要求。

1. 规律之理影响着教育规模、教育成本和教育质量之间的关系

教育发展模仿经济发展的做法,教育学也借用经济学的理论。当将经济学中的一些基本理论套用在教育规模问题上时,我们确实可以得出一些基本的教育规模形成和变化的规律。在一定范围内,学校规模越大,生均成本越低,形成教育规模经济;[1] 超出一定的规模,学校规模如果持续扩大,又会衍生出管理僵化、质量低下、学生参与活

---

[1] 魏真:《学校规模经济研究述评》,《江苏教育研究》2010年第5期。

动积极性不高等问题，产生教育规模不经济；① 在教育规模经济时，虽然生均成本在持续减少，学生和家庭的私人教育成本有可能增加；② 在不能保证教育的基本规模时（规模过小），教育的成本会比较高，但教育的质量可能仍然会比较低。这些演算反映出了教育的规模、成本、质量以及教育资源投入等方面相互作用的基本关系。了解和掌握这些基本关系后，我们就能针对教育规模的某一个方面进行理论层面的解释、预测和控制。例如，如果我们的关注点是降低资源的投入和平均成本，那么就可以根据这些关系调整规模，同时放松对产出的质量要求。相反，如果我们的关注点在产出的质量上，那么也会有相应的方法调整规模、增加投入。

2. 现实之理影响规模和数量形成的基础和发展起点

当下所研究的基础教育发展不是从零开始的，基础教育发展作为一个向上、向前的变化过程，它要有一个起点。基础教育发展的现实之理所包括的某一地区既有的适龄入学儿童的数量、学校数、教师数、教育设备数等数量构成了教育规模和数量形成的起点。与此同时，一个特定地区的基础教育发展又有着一些现实的基础。学生的发展水平、地区的教育发展水平、教育资源投入能力、教育期望传统等，这些是教育发展无法绕开的现实基础，同时也是基础教育发展要面对和改造的对象。规划和设计一个地区的教育发展蓝图，绝不能抛开这个现实的起点和既有的基础进行盲目的凭空设想，当然也不能脱离这个现实的起点和基础进行简单的移植借鉴。因此，要明确，基础教育发展的现实之理在发展起点和发展基础层面影响着基础教育的数量和规模。

3. 价值之理规定了人们需要什么样的学校和班级

基础教育发展的价值之理反映的是人们的教育价值诉求。这些价

---

① 路宏：《关于学校规模经济的研究综述》，《中国农业教育》2006年第3期。
② 雷万鹏、谢瑶：《学校规模经济效应及其政策反思》，《全球教育展望》2013年第5期。

第三章 理实相较求于合之基础教育合理发展的数量规模

值诉求具体到基础教育的规模和数量层面就是人们理想中的学校应该是多大规模、班级应该是多少学生。或者说是保持多大规模的学校是最适宜教育的行政管理、最有利于高效地使用教育资源、最能够有效地降低生均成本。再或者说学校的规模保持在多大可以覆盖一个适合的区域，以便让这个区域的学生能够舒适地上下学。还有就是保持一个班级有多少学生，会让学生觉得满意，教师觉得可控，家长觉得合理。

以上分析可以发现，对于不同的主体来说，教育价值之理所规定的基础教育数量规模会有所不同。因此我们需要明确，讨论价值之理下的基础教育数量规模时，要区分背后的主体是谁。人们期望的学校和班级规模应该是多元主体价值博弈的结果。不同的价值选择将会带来不同的学校布局决策，也会形成不同的基础教育数量规模发展态势。[1] 例如以生均成本为例，扩大教育规模可以显著地降低生均成本，提高教育资源使用效率，甚至降低教育资源投入的总量。那么我们要思考，这个过程中生均成本的降低是谁的价值诉求呢？我们可以明确地回答至少不是学生的价值诉求。对于学生来说，学校如果刻意追求教育规模经济效益，可能会增加学生的上学成本。学校规模大导致覆盖地区扩大，学生上学路上要花费更多的时间成本和路费等物质成本，学校覆盖范围过大还会催生寄宿制，寄宿则将给学生和家庭带来额外的经济负担和不便，增加教育的成本。由此看来，扩大学校规模，在降低教育成本的同时，学生自己承担的教育成本却可能会上升。同样，在大规模的班级中，伴随着生均成本的降低，学生获得的教育影响也会大打折扣。假设教育影响平均地作用于每个学生，如果教育影响总量为 T，对于 60 人的班级来说，每个学生获得的影响是 (1/60) T，如果是 30 人的班级，学生获得的影响则是 (1/30) T。显然，班级人数越少，学生们可以获得的影响就越多。这种分析表明，与教育数量规模密切相关的生均成本背后有着复杂的主体诉求，

---

[1] 傅维利、刘伟：《学校规模调控的依据与改进对策》，《教育研究》2013 年第 1 期。

关照不同主体的教育诉求会有不同的教育数量规模，要回答清楚人们到底需要什么样的学校和班级的问题，显然首先要考虑清楚的是这里的"人们"代表了谁。

4. 三理协调实现基础教育数量规模的合理发展

基础教育数量规模的形成受到多个因素的影响，单独以某个因素为依据来调控基础教育的发展规模，都很难实现真正意义上的合理发展。仅关注基础教育数量规模形成的规律之理，容易陷入脱离实际的学究主义。例如面对学校小而学生多的情况，仍然坚持不能扩大班级数和班额的理论遵循，可能就会导致学生无学可上的更大问题，或者当面对生源分布稀疏的教育现实，很大的学校里只有几个学生，仍然坚持规模化的班级授课制的理论遵循，显然在实践中也不具有可操作性。仅关注基础教育数量规模形成的价值之理，则容易陷入理想主义。不顾现实，也不遵循规律，仅按照理想的设计去管控基础教育数量规模的发展，最后只能是理想落空，教育发展受阻。仅关注基础教育数量规模形成的现实之理，则容易陷入囿于现实的经验主义。没有科学规律的指导，没有合理价值取向的导引，基础教育数量规模的发展同样不能达到预期状态。按照基础教育合理发展的理论分析框架，我们应该坚持三理协调，将影响教育规模形成的规律之理、价值之理和现实之理综合起来，在三理协调统一的基础上实现基础教育数量规模的合理发展。

二　我国基础教育数量规模发展现状

中国的基础教育应是世界上规模最大的基础教育，其规模数量发展影响着亿万中国家庭。日常生活中我们关注的很多教育热点难点问题其实背后就是教育数量规模发展的问题。

（一）基础教育各学段数量规模变动态势

如前所述，本书所关注的基础教育集中于学前教育、小学教育、普通初中教育和普通高中教育。这些学段所对应的学校分别为幼儿园、小学、普通初中和普通高中。根据教育部网站公布的教育统计数据，本书对2000年以来各学段的学校数、在校生数进行了对比，并计算了各年度的平均在校生数，以此粗略地反映基础教育各学段的数量规模的变动态势。通过对比发现，2000—2012年，我国学前教育在园儿童数量正急速扩大，小学和初中阶段在校生数量持续减少，普通高中在校生数量由增长趋于平稳。（详见图3—1）

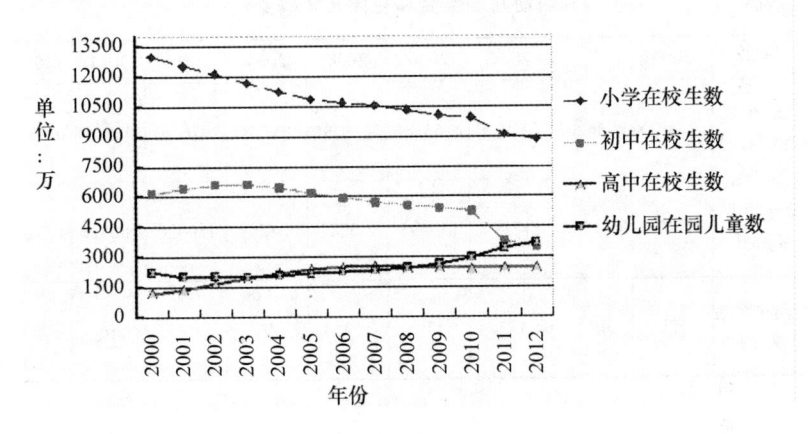

图3—1 各学段在校生数量变化折线图

1. 学前教育数量规模正急速扩大

根据教育部网站公布的统计数据显示，2001年全国有幼儿园11.17万所，之后，逐年小幅增加，自2004年开始，幼儿园数量增速加快，至2012年，全国幼儿园的数量已经达到18.13万所，11年的时间里幼儿园数量猛增了近8万所。与幼儿园总数同步增长的是幼儿园的在园儿童数量，2001年到2003年是逐年小幅增加，自2004年开始，增速加快，2010年开始更是快速增加，到2012年，全国幼儿园在园儿童总数已经达到3685.76万人，2001年到2012年的11年里，幼儿园在园儿童数量增加了近1664万人。平均在园儿童数量也由 2000 年的 128 人增加到 203 人。（详见表 3—1）应该说，进入 21 世纪后，基础教育中的幼儿教育段在整体规模的各个方面都呈现了显著的扩大态势。2010 年《国务院关于当前发展学前教育的若干意见》要求各地编制和实施"学前教育三年行动计划"，很多地区的"行动计划"都提及了扩大学前教育的规模，增办幼儿园，大有普及学前一年教育的趋势，由此，学前教育的数量规模未来可能还会持续扩大。

表 3—1　　　　　　　国幼儿园数量和在园儿童数量

年份	2000	2002	2004	2006	2008	2009	2010	2011	2012
在园儿童数（万人）	2244.18	2036.02	2089.4	2263.85	2474.96	2657.81	2976.67	3424.45	3685.76
幼儿园数（所）	175836	111752	117899	130495	133722	138209	150420	166750	181251
平均在园儿童数（人）	128	182	177	173	185	192	198	205	203

2. 小学教育数量规模持续减少

教育部网站公布的统计数据显示，2000 年小学在校生 13013.25 万人，之后逐年减少，到 2012 年小学在校生数还有 8852.76 万人，12 年的时间减少了 4160.49 万人，降低超过 30%。与此同时，全国的小学学校数量也在快速减少，2000 年全国有小学 553622 所，到 2012 年全国有小学 228585 所，减少了 325037 所，降低近 60%。学校数量的减少速度超过了在校生数的减少速度，所以平均在校生数呈现出增加的趋势，2000—2012 年的 12 年间，平均在校生数由原来的 235 人增加到 387 人。（详见表 3—2）基础教育小学阶段的规模在进入 21 世纪后在校生数和学校数两个方面都持续减少，尤其学校数，减少的速度非常快，进一步的统计数据表明，学校的减少主要发生在农村地区，大量农村小学在学校布局调整中被撤销合并。可以预见，随着我国计划生育政策效果的显现，全国适龄入学的小学儿童在校生数可能还会进一步减少，分布也会越来越稀疏。

表 3—2　　　　　　　　全国小学学校数和在校生数

年份	2000	2002	2004	2006	2008	2009	2010	2011	2012
在校生数（万人）	13013.25	12156.71	11246.23	10711.53	10331.51	10071.47	9940.7	9111.55	8852.76
学校数（所）	553622	456903	394183	341639	300854	280184	257410	241249	228585
平均在校生数（人）	235	266	285	313	343	359	386	378	387

3. 普通初中数量规模持续减少

普通初中的在校生数在过去的 12 年间先是经历短暂的增加之后也进入逐年下降的阶段，下降幅度也比较大，与在校生人数最多的 2003 年相比，2012 年初中在校生数下降为 3503.22 万人，9 年时间减少了 3000 多万人，降低接近 50%。学校数也迅速减少，从 2001 年的 65525 所减少到 2012 年的 39592 所，降低也接近 40%。平均在校生数则始终在 1000 人左右变动。（详见表3—3）整体看，过去的 12 年里，初中在校生数量和学校数也基本呈现出下降趋势，与小学相反，学生数减少的速度要快于学校减少的速度。随着小学学龄儿童的持续减少，初中的生源也会受到影响，所以，初中的在校生规模和学校数未来都可能继续减少。另外，从平均在校生规模看，初中学校的一般规模要比小学大很多，一般是小学的 3 倍左右。

表 3—3　　　　　全国普通初中学校数和在校生人数

年份	2000	2002	2004	2006	2008	2009	2010	2011	2012
在校生数（万人）	6167.65	6604.06	6475.00	5937.38	5574.15	5433.64	5275.91	3769.71	3503.22
学校数（所）	62704	64661	63060	60550	57701	56167	54823	40759	39592
平均在校生数（人）	984	1021	1027	981	966	967	962	925	885

4. 普通高中数量规模由增趋平

普通高中阶段在校生呈现了先增加后趋于稳定的变化态势。2000年到2007年逐年迅速增加，从1201.26万人增加到2522.4万人，增加了一倍多。2008年开始，全国普通高中的在校生规模基本稳定在2400万人。学校数在过去的12年间呈现了先增加后减少的变化趋势，但是增幅和降幅都不是太大，2012年全国有普通高中13509所。平均在校生数呈现出逐年增加的趋势，2000年普通高中评价在校生数为825人，2012年增加到1826人，增加了一倍多，增长幅度较大。（详见表3—4）与小学和初中不一样，普通高中的数量规模呈现了由持续增长到逐步稳定规模的发展态势。高中学校的平均在校生规模也比小学和初中要大，一般是初中学校的2倍左右，小学的6倍左右。

表 3—4　　　　　全国普通高中学校数和在校生数

年份	2000	2002	2004	2006	2008	2009	2010	2011	2012
在校生数（万人）	1201.26	1683.81	2220.37	2514.5	2476.28	2434.28	2427.34	2454.82	2467.17

续表

年份	2000	2002	2004	2006	2008	2009	2010	2011	2012
学校数（所）	14564	15406	15998	16153	15206	14607	14058	13688	13509
平均在校生数（人）	825	1093	1388	1557	1628	1667	1727	1793	1826

（二）教育数量规模发展中的问题

1. 学前教育数量规模急速扩张带来质量隐患

学前教育正在迅速发展已成为不争事实，新办幼儿园、扩建幼儿园纷纷列入各地"学前教育三年行动计划"，但是各地幼儿园频频爆出的虐待、体罚幼儿的新闻给幼儿教育快速发展蒙上了一层阴影。学前教育的数量规模如此急速的扩张给学前教育带来了很多质量隐患。首先是学前教育准入门槛低。为了迎合快速发展的需要，新建和扩建幼儿园的审批变得非常宽松，甚至很多幼儿园审批没办好就已经开园招生，更有一些幼儿园根本没有审批手续也肆无忌惮地招生。一时间，办幼儿园几乎成为一种挣钱的好项目，引来大批投资者和创业者。其次是幼儿教师队伍素质参差不齐。学前教育的迅速发展导致幼儿教师的数量供不应求，一些急于招聘幼儿教师的幼儿园就开始放低要求，将大量没有资格证书、专业不对口，甚至根本没怎么接受过相关教育的人员充实到幼儿教师队伍中来。还有很多教师教育机构看准了学前教育专业的良好发展契机，迅速扩建、新建学前教育专业，甚至一些根本没有教师教育资质的机构也开始办学前教育专业，由此，大量专业素质不过关的学前教育专业毕业生流入到幼儿教师队伍中，导致幼儿教师队伍素质参差不齐。最后是幼儿园的管理不规范。大量涌入的幼儿园使教育部门的相关管理工作应接不暇，其对幼儿园的办园资质审核不严，也无力对幼儿园的办园情况进行监督和检查。这些管理上的疏漏给幼儿园的不规范运转留下了空间。从不合理收费到不规范教学，从不合格场所到不合格教师，幼儿园的管理和运转问题频出。

2. 小学和初中教育发展疲于应对生源缩减的教育现实

前面的数据显示，近10年来，小学和初中的在校生规模连年持续缩小。而且缩小规模比较大，小学在校生规模缩小30%，初中缩小50%。短时间内学生大量减少会给学校带来比较大的冲击，例如校园校舍的空置、教育设施的低使用率、教师的低工作量、学校士气低落、人才流失等。面对生源缩减带来的教育现实，一些中小学在自身发展方面显得疲于应付，由此导致了很多因为教育规模数量变化带来的问题。为了保证学校的生源，撤并学校成为最基本的发展思路。有的是将临近的几所学校合并为一所学校，将学生和教师及各种教育资源都集中到一所学校；有的是以生源较多的村镇为中心新建、扩建中心校，将学生和教育资源都集中到中心校以继续维持规模化办学。本书暂不讨论为维持规模化办学而想方设法地保证学校生源这一做法的合理性，因为我们必须面对的教育现实是这种做法很流行。以至于我们不得不去面对这种做法带来的衍生问题。学生集中后，学校的覆盖范围扩大，原本只需步行就可上学的学生现在遭遇了学校离家远、上学难的问题。于是出现了大量寄宿在学校上学的寄宿生。紧接着就是寄宿制带来的宿舍、食堂安全问题，寄宿费使学生家庭教育负担增加的问题，寄宿需要的食堂和宿舍建设经费问题，低龄寄宿学生的生活照料问题，寄宿制影响学生亲情发展的问题……除了寄宿在学校之外，应对离家远、上学难的措施中还有校车制。安排若干辆校车，接送学生上下学。这同样会引发校车制带来的校车安全问题、校车购买或者租用的经费问题、校车以及校车司机管理的问题、学生校车使用缴费问题……面对这些复杂烦冗的问题，尤其是超出了学校教育系统的范围之外的问题时，中小学校显然已经疲于应付。

3. 极端的学校规模

鉴于人们通常将发展理解为由少到多的变化过程，所以一所学校的发展显然包括学校在校生人数由少到多的变化过程。甚至可以说，学校人数由少变多了，我们往往就判定学校发展了。那么这样的发展

第三章　理实相较求于合之基础教育合理发展的数量规模

有没有尽头呢？学校发展是不是意味着学校的在校生人数要一直增长下去呢？一所学校应该有多少学生？这是一个值得深入研究的问题，而且，对学校教育的价值诉求不同，对学校理想规模的设计可能也会有不同的答案。本书无意讨论一所学校维持多大规模算是合理发展，但是如果一所学校在发展过程中出现了极端规模，那么基本可以判定，这所学校的发展肯定是出了问题。本书所指的极端规模包括两个方面，一是规模极大的学校，二是规模极小的学校。从调查数据看，中国基础教育系统中各个层次的学校规模从一两百人到一两千人不等，但是这些都是常规学校的规模情况。本书所述极端规模学校显然不是在这个区间的学校。

先看规模极大的学校。我们通过网络新闻媒体报道和电话咨询等方式了解到很多超大规模学校的情况。安徽六安市毛坦厂中学就是非常出名的一所超大规模学校。初步调查显示，2012年该校有在校生25000余人，网友戏称其为"亚洲最大的高考工厂"。规模在万人左右的学校被媒体称为"高中航母"，近年来类似学生规模近万人的"高中航母"在山东等地不断出现。例如，山东的寿光现代中学、菏泽一中、新泰一中、潍坊一中、平阴一中等陆续加入了"航母式高中俱乐部"。新泰一中一度每个年级80个班，在校生1.2万人。[①] 河南也有一些县级重点学校规模也超过万人。不仅在人口密集的山东、安徽、河南有规模极大的学校，在内蒙古、贵州等地也出现了万人高中。2011年贵州金沙县一中在争议中开始了大型高中建设项目，预计容纳在校生12000人。其实不独高中有航母学校，在义务教育阶段的小学和初中也有超大规模学校。另外，随着中国城市化进程的推进，很多农村生源不断涌入城市，也在客观上造成了城市学校及班级规模的不断扩大。[②] 应该说，极大规模学校在我国基础教育阶段能够找到很多典型的代表。

[①] 赵仁伟：《高中"虚胖"之忧——透视山东部分高中办学规模过度膨胀现象》，《中国青年报》2010年10月27日。

[②] 傅维利、张森：《论城市化进程对中国义务教育班级、学校规模的影响》，《华东师范大学学报》（教育科学版）2014年第1期。

随着规模极大的学校越来越多,规模过大引发的教育问题也越来越突出。有学者研究指出,规模过大学校至少存在如下四个方面的问题,首先是规模过大的学校加重了教育资源分配的不均衡,大部分规模过大学校都是在原来示范校或者优质校的基础上,通过合并、扩建等方式建立起来的。这种学校在扩大了自身的同时,也拉开了与普通学校的差距,加剧了校际差距,导致普通高中两极分化严重。其次超大规模学校会降低学生享有的教育关照度。所谓教育关照度,有两种含义,从学校层面来说,是指一支教师队伍中每位教师在一定时空范围内关心与照顾学生的程度;从班级层面来说,是指在一个班级单位内,教师对每个学生关心和照顾的程度。[1] 规模过大的学校往往会因为学生过多而导致每个学生享受到的来自教师的关心和照顾相应地减少。这显然不利于学生的发展。再次是规模过大的学校还容易短时间内雇用大量新教师,导致教师队伍结构出现失衡,整体的教师素质下滑,而且容易出现群体性的教师职业倦怠。最后就是规模过大的学校校园安全隐患多。校园内的食堂、宿舍、操场等区域往往会因为学生过多发生各种安全事故,校园周边更是经常出现交通堵塞。有研究对近20位超大规模学校的校长进行访谈,他们一致地回答,最让他们焦虑和紧张的问题就是校园安全问题。[2]

其实规模极大的学校在教育发展上的问题不单体现在学校本身的问题上,更为严重的是有些地区将建成规模较大的航母学校作为教育发展的目标,认为规模越大,就是教育发展得越好。这种错误认识给教育的数量规模发展带来的危害更大。

极端规模学校的另外一个极端就是规模极小的学校。农村地区义务教育正面临生源渐疏的现实。农村地区计划生育政策逐步收到实际效果,农村人口增长率得到有效控制,农村适龄入学儿童数量出现自

---

[1] 和学新:《班级规模与学校规模对学校教育成效的影响——关于我国中小学布局结构的思考》,《教育发展研究》2001年第1期。

[2] 杨海燕:《超大规模学校的现实困境与理性选择》,《教育发展研究》2007年第9A期。

第三章　理实相较求于合之基础教育合理发展的数量规模

然性缩减；城市化进程的刺激下，大批农村人口流向城市，很多本该在农村接受义务教育的儿童随打工父母进城，成为城市流动儿童，从而造成农村义务教育段学龄儿童的社会性缩减。在自然性缩减和社会性缩减两个主要因素的作用下，农村义务教育段学龄儿童数量呈现明显的下降趋势。[①] 2009 年中青在线—中国青年报报道了《一所小学两个娃》的冰点特稿，报道中提到的福建省邵武市大埠岗镇溪上村小学仅有 2 名学生 1 个老师。[②] 衡山县岭坡乡福星村小学，2013 年仅有 10 名学生，而学校的管理、教学、食堂等工作均由 1 名老师负责。作者在 2009 年曾到吉林省东丰县影壁山乡调研，那里当时就有几所小学都是维持在十几个人、几十个人的状态，中国基础教育阶段存在大量的麻雀校和教学点，尤其在偏远山区，"一人两房，三桌四凳，六个学生五个班"，成了当地学校的真实写照。

规模极小学校的问题也比较突出。它们普遍面临着经费短缺、教师整体素质低、教师工资待遇低、办学条件差等突出问题。[③] 例如师资配置的问题，在班级授课制的基本组织形式下，教育活动的运转以班级为单位，为每个班级配备各科教师，同时为每个年级配备相应的管理和服务人员。但是，当一个学校的学生数量极少时，就会出现一个班级几个学生甚至有的年级有的年份没有学生的情况。面对这样的学校，如果保证基本师资配置的话，就会出现学校老师的数量比学生多的情况，一些老师无课可上，无事可做，大量教育资源闲置、浪费。但是如果不保证基本配置，学校的基本教学秩序、学生的教育质量都会受到很大影响。很多地区私下里的做法是让一个老师身兼多职，既要给学生上课，又要从事学校的管理和后勤工作。上课往往是跨好几

[①] 杨清溪、赵慧君：《当前我国农村寄宿制学校建设反思》，《中国农村教育》2010 年第 4 期。

[②] 杨芳：《一所学校两个娃》，2014 年 1 月，中青在线—中国青年报（http://zqb.cyol.com/content/2009-09/30/content_2877051.htm）。

[③] 范先佐、郭清扬等：《义务教育均衡发展与农村教学点建设》，《教育研究》2011 年第 9 期。

个学科，除了最基本的语数外之外还要能上音体美，在管理和后勤方面有的老师既要负责防火、防盗的事情，又要负责卫生、保健的事情，总之，原本需要多人专门负责的大大小小的工作现在都落到了一两个人身上，结果可能就是每项工作的质量和效果都大打折扣。办学经费的问题也比较突出。学校办学经费中的很多款项都是按照学生数量进行拨付的，学生数量过少时，拨付的经费根本无法满足办学需求。经费不足导致学校各项工作的质量和效果都受到影响。以北方学校的供暖为例，无论学校是有一百多人还是仅有十几个人，学校的烧煤供暖都是一样的，但是就按照学生数量下拨的经费而言，当然是规模较大的学校经费比较充足，规模过小的学校所获得的经费几乎无法保证供暖。规模极小的学校还有校园氛围的问题。一所学校的教育活动不单单是课堂教学的问题，还有一个学校整体氛围的问题，建立良好的学校氛围，搞活动、搞竞赛，通过同伴间的对比、竞争激发学生学习的主动性也是一种重要的教育手段，尤其对于小学和初中来说，通过各种活动来提升教育效果显得尤为重要。然而，规模极小的学校常常因为人数不足无法开展各种活动，即使搞了一些活动，学生们在这些活动里也无法真正体验到"第一""冠军""优秀"的味道。

4. 极端的班级规模

班级规模是指在班级授课制的教学组织形式下一个班级的人数。班级规模的极端情况也是两种，一种是人数极多的班级，另外一种是人数极少的班级。一个班级保持在多少人是最合理的，现在的研究还没有给出明确的让人信服的答案。目前关于班级规模的设计基本是遵照行政命令来确定。2001年教育部发布了关于贯彻《国务院办公厅转发中央编办、教育部、财政部关于制定中小学教职工编制标准意见的通知》的实施意见，其中规定：中小学根据教育教学规律和教学要求安排班额，并根据班额组织教学班级。原则上普通中学每班学生45—50人，城市小学40—45人，农村小学酌减，具体标准由各省（区、市）根据实际情况确定。要结合近几年高中、初中、小学各学段入学人口变化情况，综合考虑学校校舍、教师数量等条件适当安排班额和班级数。在入学人口高峰时期可采取过渡办法安排班额，但要采取有力措施解决班额超过55人的现象，遏制部分中小学班额过大的势头。鼓励有条件的地区按照素质教育和教学改革的要求降低标准班额。[①] 2006年《教育部关于进一步加强中小学校校舍建设与管理工作的通知》又进一步指出：各地要严格依据中小学校校舍建设标准，合理确定普通中小学校建设规模，坚决杜绝大班额情况的出现。其中城市普通中小学校的建设规模必须根据批准的学校规模、城市建设规划的要求确定，城市小学、中学每班班额分别不超过45人和50人。农村中小学校的建设规模，应根据学制、学校规模、面积指标，并参照农村经济发展水平、城镇化推进程度和人口发展规划等合理确定，农村非完全小学、完全小学、初中每班班额分别不超过30人、45人和50人。在这些文件的指导下，各地纷纷出台了自己的有关班级规模的班额标准。参照这一标准和中国教育统计年鉴的分类统计标准，本书认为无论是小学还是中学，班级人数在70人以上的就属于人数过多的极端班级规模，超过90人的班级当属于需要重点关注的超大规模班级。班级人数在15人以下的属于人数过少的班级规模，低于10人的班级当属于需要重点关注的超小规模班级。

  人数过多的超大班级在我国比较严重，作者曾去调查过的江苏某高中班级内学生课桌从讲台一直摆到教室的后黑板，满满当当地坐进80多名学生。超大班额对学校教育产生很多负面影响。首先，大班额影响学生成绩，有多项研究指出，小班额要比大班额更有利于学生成绩提高。其次，大班额影响学生课后作业的完成，班额越大，学生课后作业完成的情况越不理想。再次，大班额还会在学生的成就感、自信程度、学习动机以及自我实现的目标和理想方面对学生的心理健康产生消极影响。最后，大班额会降低教师的工作热情，也会降低家长

---

① 教育部关于贯彻《国务院办公厅转发中央编办、教育部、财政部关于制定中小学教职工编制标准意见的通知》的实施意见，2014年1月（http://www.moe.gov.cn/publicfiles/business/htmlfiles/moe/moe_26/200206/316.html）。

对学校办学的满意度。①

人数过少的超小规模班级在我国基础教育阶段也比较常见。尤其近几年小学和初中生源逐渐减少而且在一些地区生源分布也越来越稀疏，加之偏远落后地区的学生流动到外地上学，很多学校的班级里人数越来越少。超小班级规模对学校教育也会产生很多负面影响。比如教师面对仅有几个学生的班级时容易产生敷衍课堂的情况，班级人数过少使得班内无法开展丰富多彩的活动，学生中间也不能形成有效的竞争。与人数充足的班级相比，人数过少的班级容易产生沉闷、消极的氛围，学生缺少活力，教师缺少热情。

三 基础教育数量规模合理发展的建议

按照"理实相较求与合"的基本思路，依循合理发展所合之理的三个方面，即规律之理、价值之理和现实之理，提出基础教育数量规模实现合理发展的建议。

（一）普及阶段的小学和初中按适龄入学人口充分供给

处于义务教育阶段的小学和初中有一个基本特征，它们要求全体适龄儿童必须接受这种教育。这种普及性和强迫性的特征决定了在小学和初中教育的供给上必须按照适龄入学儿童数量进行充分供给，从而保证有充足的教育资源为每个孩子提供接受教育的机会。鉴于这种教育资源供给的强制性，小学和初中的教育规模就需要参考一个客观的基础数据，即适龄入学儿童数量。

所以普及阶段的小学和初中在进行规模和数量设计的时候，首先要参考的是地区内适龄入学儿童的数量规模。这一基本数据应该成为进行一切教育资源配置的基本依据，例如教师数量、学校数量、教育设施、教材教具等。其次是要参考地区内适龄入学儿童的变动趋势。

---

① 马艳云：《班额对基础教育阶段学生的影响》，《教育科学研究》2009年第7期。

在进行教育规模供给设计时不能仅看眼前的教育需求,要有长远的发展眼光。因为很多教育资源都是一次性高投入便可长期重复使用的耐用性固定教育资源。例如新建的校舍能够连续使用30年左右,学校的操场、篮球架,教室里的桌椅、教具等也可多次重复使用,学校新招聘的年轻教师也可以连续工作30年左右。因此,教育规模设计时要考虑适龄入学儿童的变化,如果适龄入学儿童会持续增加,那么新建学校的时候可以考虑比实际的需求规模更大一些,以便为未来学生增加时留有扩充余地。如果预测到适龄入学儿童会持续减少,那么新建学校时则应坚持保证需要即可,还应考虑未来生源减少时如何在现有基础上通过改造提升更为宽松的教育环境。当然,适龄儿童的预测不能只着眼于本地区,还应综合考虑儿童的流动迁移等因素。

(二) 非普及阶段的学前教育和普通高中按社会需求供给

幼儿教育和普通高中教育在我国还未普及,各个家庭的适龄少年儿童和家长可以自由选择是否接受这种教育。这种可选择性的特征决定了这个阶段的教育供给不是按照适龄入学儿童的总数来进行充分供给,而是要按照全社会的实际教育需求进行有针对性的供给。因此,这两个阶段教育数量和规模发展的关键问题就是弄清楚它们实际的教育需求。本书认为在分析各阶段实际教育需求时要把握好两点:一是要警惕社会对普通高中的非理性需求,二是要区分开社会对学前教育的多层次需求。

1. 警惕社会对普通高中教育的非理性需求

在我们国家的教育体系中,普通高中作为基础教育的一个重要阶段一直承担着双重任务:简单来讲就是升学准备和就业准备。这种认识跟我们国家对高中教育的政策规定有关。早在1954年,我们国家就确定了中学教育的双重任务,当年召开的全国中学教育会议上明确指出,中学"不仅供应高等学校以足够合格新生,并且还要供应国家生产建设以足够的具有一定政治觉悟、文化教养和健康体质的新生力量"。其后的政策基本坚持了这一基本定位。1978年1月教育部颁发的

《全日制十年中学计划草案》中,对中学任务的规定仍然是"为国家培养合格的劳动后备力量和为高一级学校培养合格新生"[①]。高考恢复后,普通高中教育的升学准备任务逐步成为人们最关注的任务,社会对普通高中的教育需求逐渐演变成了高考升学需求。在很多家长和学生心目中,读普通高中就是为了考大学。在这种强大的需求面前,高中教育的管理者和实施者们,为了学校自身的发展,也只能口头上应允着国家的"双重任务",行动上努力去迎合社会的升学需求。我们的问题是依循如此的社会需求来发展普通高中是不是合理的发展?

普通高中教育要依照社会需求来综合决定供给的规模和数量,但是必须认识到,很多情况下社会需求并非是理性的合理需求。初中毕业后,成绩好的被选去读普通高中,成绩不好的分去读职业中学。后来成绩不好的拿钱去读普通高中,职业中学不要钱也没几个人愿意去读。再后来,读普通高中已经不是成绩的问题,也不是钱的问题,而是一种对美好未来的寄托。对普通高中的需求被糅进了名牌的大学、理想的工作、幸福的家庭、优越的身份、高贵的阶层等一系列的美好寄托。这种承载着诸多美好寄托的普通高中需求显然已经超出了高中教育所能回报的程度,当代中国社会对普通高中的需求存在着鲜明的非理性倾向。普通高中在依据社会需求设计自身发展时,其发展规模和数量的设计必须警惕这种非理性的社会需求。普通高中的教育目标必须超越传统的人才选拔和就业预备思想,从根基上观照学生良好人生态度的形成、道德品格的塑造、良好个性的培育、社会责任感的养成、创新精神和实践能力的提升等丰富的内容。[②]

2. 区分开社会对学前教育的多层次需求

近年来,随着各地"学前教育三年行动计划"的实施,学前教育呈现出迅速发展的态势。在园儿童数量、幼儿园数量、幼儿教师数量

---

① 崔允漷、周海涛:《试论普通高中的独立价值:性质、任务和培养目标》,《全球教育展望》2002年第3期。

② 黄万飞、孙瑞玉:《普通高中教育目标:政策表述与学校选择》,《教育科学研究》2011年第2期。

第三章　理实相较求于合之基础教育合理发展的数量规模

都大幅度增长。这种迅速增长的背后一方面是国家政策的推动和扶持，另一方面则是社会不断增长的学前教育需求。学前教育不在普及教育范围之内，其发展过程中规模数量的供给跟高中一样，不是依据适龄入园儿童的数量，而是要依据社会对学前教育的入园需求。学前教育数量规模的合理发展显然也要以对社会的学前教育需求的准确把握为前提。

入园难、入园贵已经成为我国学前教育发展的焦点问题，这从侧面反映出我国学前教育的旺盛需求。但是仔细分析可以发现，社会上的学前教育需求并不是一个简单的入园需求，因此通过简单扩大学前教育规模是不能满足学前教育需求的。本书通过调查了解到，学前教育需求大约可以分为三个基本的层次。一是希望儿童得到看护的需求。这种需求多来自没时间照看幼儿的家庭，这些家长希望能把孩子送到幼儿园以便自己能集中精力去工作。他们大多希望幼儿园不要像中小学那样安排寒暑假，甚至也不要安排周六、周日，因为他们没有那么多假期，幼儿园放假对他们就意味着要自己看孩子。这类需求群体的家长对幼儿园的专业性要求不高，最关注的是幼儿园的安全状况。二是希望儿童接受一定程度的幼儿教育，为未来的小学学习奠定一定的基础的需求。有这些需求的家长倾向于将学前教育视为正规的教育系统的组成部分，他们对学前教育的需求集中地表现为希望孩子能够学到一些知识技能，甚至希望幼儿园也能像中小学那样开展规范化的教育。这类需求群体的家长对幼儿园专业性有一定的要求，希望是正规的专业性幼儿教师来教育他们的孩子。三是希望儿童各方面的素质能够得到早期训练和开发，并挖掘和发现儿童的特有天赋的需求。这是一种较高层次的需求，这类需求群体的家长对学前教育机构的要求比较高，希望自己的孩子能在学前教育中获得个性化的训练和指导，发现孩子的天赋，开发他们的潜能。三个层次的不同需求导致简单地增加学前教育整体供给规模根本不能有效满足社会的学前教育需求。有研究就指出学前教育应该根据不同的需求进行差异供给。将学前教育机构的教育服务分为看护服务、教养服务和个性化教育服务，根据社会上不同的教育服务需求进行差异供给。①

区分开学前教育的多层次需求有助于实现学前教育规模和数量的合理发展。倡导学前教育机构针对不同层次的需求分类发展。学前教育在做大供给规模的同时，也要做细供给结构。避免按照某一需求盲目扩大幼儿教育的数量和规模，应按照看护类幼儿园、教育类幼儿园和潜能开发类幼儿园进行分类发展。

（三）区域性学龄人口变动要进行监测

无论是按学龄人数充分供给还是按照需求供给，基础教育要实现规模的合理发展都要对学龄人口规模进行监测。尤其对具有教育规模管控决策权力的地方教育行政管理部门而言，学龄人口变化数据是合理发展教育规模必须参考的基础数据。区域性学龄人口监测主要是两个方面，一是学龄人口总量增减监测，监测结果要为教育性质管理部门提供准确的数据，例如当前各学段适龄入学儿童的数量，未来几年各学段学龄儿童数量的变动趋势和幅度等。二是学龄人口流动监测，监测结果要反映出特定区域内适龄入学人口的流动规模和流动方向。地方教育行政管理部门要根据各学段适龄入学人口流动的规模和趋势对教育供给规模做出合理调整。尤其在国家逐步重视和解决进城务工人员子女教育问题的大背景下，建议学生流动频繁的地方要探索建立一种弹性学校规模机制，以应对学生流动的不确定性给教育规模发展带来的冲击。

（四）极端的学校和班级规模要进行积极干预

极端的学校和班级规模影响基础教育合理发展，我们应对规模的形成进行积极干预，预防极端规模的形成。对于超大规模，干预的基本方向就是控制，对于极小规模，干预的基本方向就是倾斜关照。

---

① 吕武、张博：《不同需求与差异供给：发展学前教育的基本逻辑》，《学前教育研究》2013年第1期。

第三章 理实相较求于合之基础教育合理发展的数量规模

1. 控制规模极大的学校和班级

超大规模的学校和班级往往是人为因素造成的，这就给人为地去控制超大规模提供了可行性。控制超大规模的学校和班级可遵循如下基本思路。首先是明确对超大规模的学校和班级的全方位认识。这些认识包括超大规模对教育效果的影响、对教育资源使用效率的影响以及对地区内其他学校发展的影响。这些影响中有正面的，也有负面的，可以按照合理发展的理论框架对其进行缜密分析，尤其作为有能力调控学校和班级规模的教育行政和管理人员，更是要在这些正面和负面影响中去综合权衡。但是至少应该明确一点，基础教育的发展程度是不能用规模的大小来衡量的，有了这样的认识才能有效地杜绝教育实践中一些人刻意追求超大规模的现象。其次是要注意使用政策工具来限制超大规模的形成。教育行政和管理部门可出台规定，对班级规模和学校规模设置最大限度。目前我们国家有有关班级人数的相关规定，但仅具指导作用，缺少强制性。学校在校生数基本没有规定。本书认为应该通过政策设置班级人数和学校规模的上限，以此来遏制超大规模的学校和班级。但是这种上限的制定要符合教育规律，不能凭空设计。例如，班级规模要考虑老师不用麦克的情况下声音的传播范围，正常视力的学生观看黑板上板书的最远距离和最大斜角。根据这些范围和距离设定教室的空间，然后以这个特定的空间去计算班级规模。去掉教室里必备设施的空间，确定好每个座位所占的空间，我们就可计算教室所能容纳的最多的学生数量。学校规模的最大值也可进行类似的估算。例如根据学生到学校上学所耗费的时间以及交通工具来确定一所学校离学生家庭的最远距离。再根据这个距离计算学校的覆盖范围，然后查找当地适龄学生的分布密度，以此来计算一所学校大约的学生数。当然，本书只是提出初步的设想，具体的政策设定还要综合考虑规律之理、现实之理和价值之理。最后就是做好学龄儿童数量变化的预测工作。地区内适龄儿童的增长和下降都会给教育规模带来较大影响，尤其处在义务教育阶段的小学和初中更是受到适龄入学人口的直接影响。另外，还要关注适龄入学儿童的流动情况，流动儿童对教育数量规模产生的影响更为复杂。做好学龄人口变动的预测工作可以有力地指导教育数量规模的合理发展，但是对于具有很大不确定性的流动儿童还要有单独的应对策略，流入地要在基本规模上为流动儿童预留学位，流出地则要在基本规模上适当控制。

2. 倾斜关照规模极小的学校和班级

考虑到规模极小的学校和班级往往是一些不可抗拒的自然和社会因素造成的，所以通过人为地设定政策限制的操作空间不大。对于规模极小的学校和班级，应该坚持对其进行特殊的倾斜和关照。比如在经费拨付上，按生均拨款明显无法实现规模化使用的经费应该进行额外的专项拨款。在师资配置上也是，不能按照国家的一般政策按生师比正常配备，要根据学校的特殊情况进行有针对性的额外配备。在这些倾斜关照的基础上，还应尝试为这些学校和班级配备具有复式教学和带班能力的教师，通过教师的全面业务素质来弥补规模小造成的资源紧缺。需要指出的是对待规模极小的学校和班级不能简单将其撤销合并，要根据学生和家长的意愿以及学生上学的路程和时间来综合考虑。

（五）既存的规模布局要充分利用

教育发展不是一项可以随时推翻重来的活动，在设计基础教育数量规模发展时应尽量充分利用原有的规模布局。例如面对学前教育迅速发展带来的各种问题，我们还需要配合学前教育三年行动计划迎合普及一年学前教育的需求，此时我们就应将基础教育作为一个整体，考虑充分利用其原有的教育发展规模布局来发展学前教育。即扩大学前教育的规模不要局限于通过新建和扩建幼儿园来实现，在这种常规发展思路遭遇各种问题的时候应该换一种发展思路。

本书建议以现有的小学的规模布局和学校分布为基础来促进学前教育的发展。具体操作上可以将小学的 6 个年级向下扩展 1 个年级，变为 7 个年级。用扩展的这个年级来招收原本应在幼儿园上大班或者学前班的幼儿。在现有小学的基础上，向下扩建出一个单独的学前教

第三章　理实相较求于合之基础教育合理发展的数量规模

育阶段的年级，或者也可以理解为小学变为 7 年制，入学年龄变为满 5 周岁。鉴于小学现有的规模布局是基本满足普及教育的需要的，所以扩展的这个年级应该也可以满足普及学前一年教育的需求。如此则可以在不新建幼儿园的基础上分担大量学前教育的任务。当然对小学来说则需要做一些准备工作，例如准备基本的学前教育设施，配备专业的学前教师队伍等，要做的改变工作可能很多，但毕竟要比新建一所幼儿园要省去很多工作。需要指出的是，要注意这个学前年级的课程学习和教学方式，谨防出现幼儿教育小学化倾向。

第四章　理实相较求于合之基础教育合理发展的学校布局

学校建在哪里是影响学生每天上下学的大事，不断提高学生对上下学的交通和时间方面的满意度是办好人民满意的教育的重要方面。一个地区学校的分布状况是直接影响学生上下学所用的时间、交通的方式和安全舒适程度的最重要因素。基础教育合理发展的学校布局显然要力图使人民群众在上下学的问题上不断提高其满意程度。在一个地区新建学校时布局问题主要是学校的选址问题，但在已经有很多学校的地区，学校布局问题就演化成了学校的新建、扩建、撤销、合并、搬迁等方面的问题。如果基础教育合理发展的数量规模设计是回答办多少学校和多大学校的问题，那么基础教育合理发展的学校布局设计则是要回答这些学校要办在哪里的问题。

一　基础教育合理发展的学校布局要求

仅从理想的学校教育出发，现实社会对基础教育阶段的学校布局可能有诸多要求，例如家长和学生希望学校要离家很近、学校规模要适度，学校里的师生当然还希望学校周围有优美舒适的环境，教育的主管部门可能希望学校分布均衡，资源能够高效利用，而且要便于管理，当然还有乡村和社区的居民，他们可能希望自己村庄或者社区里能有一所学校……类似的学校布局要求还有很多，基础教育作为一种有着复杂利益关切的教育活动，能够促进其合理发展的学校布局面临

第四章 理实相较求于合之基础教育合理发展的学校布局

着非常苛刻的要求。

从操作层面讲,学校布局所涉及的学校选址、扩建、新建、撤销和合并受到很多个因素的影响和制约。如何看待这些复杂的因素,不同的学者有不同的观点。有学者提出以学校为核心从服务半径、服务人口、学校规模、班级规模和班级数量等因素的变化设计学校布局标准的观点,并按照山区、丘陵、平原等不同地理条件分别设计不同的标准。① 也有学者将学校布局的限制性条件分为三个大类,分别为物质性约束条件、社会性约束条件和教育性约束条件。这三类里则罗列了更为细致的影响学校布局的因素。比如在物质性约束条件里提到自然地理条件、交通条件等;在社会性约束条件里提到人口条件、宗教民族等文化条件、社会治安条件、家庭生存形态条件、地方政府资金供给条件以及百姓教育意愿条件等;在教育性约束条件里提到学生的身心发展条件、学校与农村社区关系条件、学校自身历史文化条件以及学校功能发挥条件等12个方面的影响因素。②

本书综合上述研究观点从基础教育合理发展的理论框架出发,认为基础教育合理发展的学校布局要求至少要考虑如下三个方面,即学校布局受到的科学规律制约、学校布局影响的价值诉求满足以及学校布局调整活动的现实起点。也即基础教育合理发展视野下学校布局应该遵循的规律之理、价值之理和现实之理。规律之理包括地理条件、适龄入学儿童数量、经济发展水平等对学校布局的作用和反作用等方面,也包括家校距离、交通方式以及学生上学路上所花费的时间等要素间的稳定演算关系;价值之理包括人们的教育愿景、学校布局调整的价值定位;现实之理则主要指对一个特定地区而言,上述各个方面所处的实际发展水平。设计一个地区的学校布局必须要综合考虑到上述三个方面多种因素。

---

① 王远伟、钱林晓:《关于农村中小学合理布局的设计》,《华中师范大学学报》2008年第3期。

② 邬志辉:《中国农村学校布局调整标准问题探讨》,《东北师大学报》(哲学社会科学版)2010年第5期。

(一)学校布局应遵循的规律之理

学校布局应遵循的规律之理主要体现为一些固定的演绎规范。这些演绎规范规定了与学校布局相关的各种实践要素之间的稳定必然联系。科学地分析学校布局的影响因素是理性面对学校布局的前提条件。作为教育活动的实践者,在活动开始之前,要能够对活动的运转进行解释和预测,如此才能实现对活动的有效控制。要实现对学校布局的解释、预测和有效的控制,首先要弄清影响学校布局的因素有哪些,其次要知道各个因素在什么程度上制约和影响学校布局。明确了影响因素的种类和数量还要能对各个影响因素对学校布局的影响进行理论的推演分析。这种推演分析是进行学校布局设计的基本逻辑依据。本书尝试对地理条件、适龄入学儿童数量、经济发展水平和家校距离、交通方式以及学生上学路上所花费的时间等方面做简要分析。

地理条件主要是指地区内的地理地貌,我国幅员辽阔,地理地貌也比较复杂,有平原、山区、丘陵、草原和海滨,还有林区、牧区、渔区和农区。这些不同的地理地貌直接制约了学校的布局。例如学校布局时需要考虑覆盖和服务范围会因为地理地貌的不同而有差别。一般平原地区的学校覆盖范围大,丘陵和山区的学校覆盖范围小,而在同样的覆盖范围下又因为平原地区人口密度大,山区人口密度小而产生学校服务人口的差别。有学者就在研究中针对山区、丘陵和平原分别设定了不同的合理布局标准。[①] 在极端的情况下,有些学校布局问题还要因为地理地貌问题而突破常规进行规划,例如草原地区马背上的学校,渔区水乡行船上的学校等。当然在自然灾害逐渐增多的环境条件下,不同地理地貌的学校布局还要综合考虑如何避免受到地震、海啸、洪水等易发的自然灾害的影响。

由于教育的长期性,适龄入学儿童数量不能简单地作为一个静态

[①] 王远伟、钱林晓:《关于农村中小学合理布局的设计》,《华中师范大学学报》2008年第3期。

第四章 理实相较求于合之基础教育合理发展的学校布局

的因素来看待，在影响学校布局方面要综合考虑适龄入学儿童的数量、年龄结构、变化趋势、分布区域以及流动性等方面。学校建在哪里、规模多大首先受到学生数量的制约。而适龄学生的数量一般都与人口呈正比关系。一般而言，某一特定地区人口越多、密度越大、分布越均衡、增长速度越稳定，学校的规模、覆盖范围也就比较容易形成规整的正比关系。在具备这种正比关系的地区，学校布局比较容易操作。学校的选址、覆盖范围、服务人口都可进行规范的计算和规划。这种运算规则就是我们需要遵循的学校布局规律之理。但是如果一个特定地区的人口少、密度小、分布不均衡，增长速度不稳定，而且伴有流动迁徙，这时学校布局的问题就比较复杂。如果我们按照国家颁布的基本规定做一个推演的话，就会发现在这些地区学校布局会遇到各种无法克服的矛盾。保证教育质量是学校布局应坚守的底线，所有的学生都应该受到国家规定的最基本的教育。从这个角度出发，各个学校首先应该保证开齐所有课程。根据国家颁布的《基础教育课程改革纲要（试行）》和《义务教育课程设置实验方案》规定，小学需开设品德与生活（品德与社会）、语文、数学、科学、外语、综合实践活动、体育、艺术（或音乐、美术）、地方与学校开发或选用的课程共9门，完成一所每个年级只有一个教学班的小学一年全部课程教学任务的总课时为6020节。[①] 一个小学教师每学年的教学周数为35周，以每周上课20节为标准。一个教师一学年上课700节。这样的话一个每个年级只有一个班的小学需要大约8名教师才能够在理论上完成上述教学任务。我们再按照国家规定的小学1:19—23的生师比的规定计算，那么小学的最低规模推算为152—184人。当然这样的计算非常机械，没有考虑教师的专业、各门课程所需的基本课时，但是我们可以看到要按照国家的基本要求维持一所小学的基本教学运转秩序，显然会有

---

① 根据教育部关于印发《义务教育课程设置实验方案》的通知计算而来，2014年2月（http：//www.moe.edu.cn/publicfiles/business/htmlfiles/moe/moe_711/201006/xxgk_88602.html）。

一个最低的规模限制。在学校布局的时候如果我们遭遇在特定地区内没有那么多适龄入学儿童的问题,学校布局就会出现问题。在适龄入学人口过少的地区,如果强行保证小学的规模,就需要扩大学校的覆盖范围,而覆盖范围过大带来的直接问题就是小学生上学路途遥远,可能违反小学覆盖范围在1.5—3公里的基本规定。在保证基本规模和控制覆盖范围之间就出现了比较难于调和的矛盾。目前我国基础教育领域的学校布局调整、寄宿制学校建设和校车制度等就是人口这个因素所引发的教育问题。

经济发展水平对学校布局的影响和制约可以说是全方位的。比如学校布局调整过程中的财力支持、经济发展水平对目标人群的吸引和留住、农村和城市教育发展水平差异、经济发展水平差异带来的交通便利程度差别等。布局调整中的新建和扩建校舍都需要较大的财力支持,这种财力支持很大一部分来自地方政府,因此,如果地方经济发展水平好,财力支持也就充分,相反在经济发展水平不好的地区,学校布局调整可能就要受到限制。部分省市还规定地方政府要按照一定比例拨付配套资金用于布局调整,配套拿不出,上级拨款就会受到影响。[①] 学校布局还会受到经济发展水平较好的地区对学校的吸引和留住效应的影响。新学校的选址更容易选择经济发展集中的地区,经济发展较好地区的学校也更容易被确定为扩建和撤并集中的学校。另外,交通便利程度也是学校布局的重要影响因素,交通便利,学校的覆盖范围可能就比较大,交通条件不好,学校的覆盖范围就比较小。因此,由较好的经济发展水平带动的便利的交通条件也成为学校布局不得不考虑的重要因素。

家校距离、交通方式以及学生上学路上所花费的时间等要素间的稳定演算关系也是学校布局调整应该遵循的基本规律。一般而言,学

---

① 河北省财政厅教育厅:《河北省中小学布局调整专项资金管理暂行办法》(http://www.chinalawedu.com/news/1200/2201 6/22019/22076/2006/3/zh0336112031192360024725-0.htm)。

生上学路上所花费的时间等于家校距离除以交通方式和条件所确定的行进速度。三个要素中的任何一个发生变化,都会引起连锁的反应。如果我们规定学生花在上学路上的时间不能超过30分钟,那么就相当于给学校布局的覆盖范围和上学的交通方式确定了一个标准。同样,如果当地实际的交通方式和条件属于不可抗拒和改变的条件,那么学校布局的覆盖范围也要随之进行调整。当前很多地区撤并了一些学校之后,学校覆盖范围过大,学生花费在上学路上的时间又不能太长,所以很多地方就尝试以校车来改变上学的交通方式,当然也有学校采用寄宿制将往返学校的次数压缩到一周一次。不管哪个因素如何调整,学校布局都应遵循三者间这种稳定的相互联系。

(二) 学校布局应遵循的价值之理

学校布局调整是人为操控的一种活动,那么这种活动背后显然要有活动的目的和动机,也就是为什么要如此进行学校布局,为什么要对原有的布局进行一种特定方式的调整。这些目的和动机就是我们进行学校布局要遵循的价值之理。然而,由于学校布局涉及多个主体,每个主体对学校布局又有不同的价值诉求,学校规模布局背后至少存在经济效益、教育效益和社会效益等多种不同的价值依据。[①] 所以这套价值之理也就变得比较复杂。我们将根据学校布局所涉及的几个主要价值诉求来分别予以探讨。

1. 方便上学的学校布局诉求

学校建在哪里,学生就要去哪里上学,学校布局会深刻影响到学生上学的便利程度。对于学生和家长来说,能够比较便利地上下学是一种非常强烈的教育诉求。在城市,接送孩子上下学成为家里的一件大事,家长们要考虑孩子上学路上的安全问题、花在路上时间过长的问题,衍生的问题就是由于上下学费时费力中午不回家吃饭,在学校或者学校周边吃饭引发食品营养和安全的顾虑;由于上下学路上花费

---

① 傅维利、刘伟:《学校规模调控的依据与改进对策》,《教育研究》2013年第1期。

时间较多，挤占了早晨休息和下午放学后做作业的时间。在农村当就近方便入学的诉求不能满足时一般会采取乘坐校车或者寄宿予以应对。无论哪种方式都要面临很多额外的问题。乘坐校车的则要担心安全问题和费用问题，而寄宿则要担心校园生活问题和费用问题。总之，如果不能就近方便入学，家长和学生都要面临非常多的问题，为了避免这样的问题，家长和学生们就有非常强烈的就近方便入学的教育诉求。

迎合这种教育诉求的学校布局活动显然应该做如下符合逻辑的推论设计。首先努力将新建学校选址在离学生家庭比较近，往返交通便利的地方。其次可考虑对周边生源密集、交通便利的原有学校进行扩建。再次是要对覆盖范围过大、学生往返路途遥远、交通不便的学校进行拆分。最后在一些生源分布稀疏、交通状况恶劣的极端地区，还要考虑建立教学点。总之，在这种教育价值诉求下，学校布局的显著特点就是保证学生能够就近方便入学。

2. 提高资源使用效率的学校布局诉求

教育是一项需要耗费大量人力、物力、财力的活动，自以班级授课制为主要教学形式的现代教学制度创立以来，提高教育资源的使用效率逐步成为现代学校发展的一种重要追求。对于穷国办大教育的中国来说，教育资源在相当长的一段时间内都是处于急缺和不足的状态，如何高效地使用有限的教育资源始终是中国教育发展需要解决的突出问题。在教育资源逐步丰富的今天，我们又不得不面对市场经济体制对教育领域的逐层渗透，在市场机制的无形影响下，提高教育资源使用效率仍是各级政府举办和管理教育的重要价值诉求。而学校布局正是一种可以调节教育资源使用效率的有效方式，所以大多数教育举办和管理部门都愿意在学校布局方面做文章。

按照规模经济理论，提高资源使用效率的学校布局会要求学校要保证一定的规模，在一定的范围内，这个学校规模越大，教育资源使用效率就越高。根据学校规模和学校覆盖范围之间的稳定关系测算，一所学校的规模越大，这所学校的覆盖范围也就越大。尤其是在适龄入学儿童分布稀疏的地区，要保证学校的规模，可能就要给学校划定一个比较大的覆盖范围。这样就会在地区内形成学校数量少、规模大同时覆盖范围也比较大的学校布局体系。如果不考虑由于学校覆盖范围过大引发学生上学不方便的问题，这样的学校布局体系显然是可以提高教育资源使用效率的。

3. 规范化管理的学校布局诉求

以公立学校为主体的学校教育体系中，教育管理者群体对学校布局会产生规范化管理的诉求。部分教育管理人员需要借助于学校的稳定、规范运行来博取政绩，谋求升迁。而学校布局状况直接影响到学校能否稳定、规范地运行。例如学校布局太分散，则不便管理，有的学校可能还会因为布局分散而无法保证基本办学规模，甚至无法配备标准的教学和管理人员。另外，地区内的学校布局还会影响教育资源分配、教育资源的闲置浪费和低效使用等方面。因此，对于有可能影响学校稳定和规范运行的规模过小的教学点、麻雀校，也包括规模过大的万人学校、航母学校，教育管理人员都倾向于对其进行重新布局调整。

如果不考虑地区内的教育发展实际条件，规范化管理的学校布局诉求可能会要求制造出一种标准化、统一化的学校教育体系。在这种学校教育体系中，地区内的学校选址均匀、规模适中、覆盖范围大体相当，甚至包括学校的软硬件建设也基本一致。依照这种学校布局诉求进行学校布局调整可能会形成一种标准化的学校教育体系。

另外，学校布局还会受到一些来自乡村建设、民族文化、传统习俗、历史传承等方面的价值诉求的影响。例如村民反对撤并他们村子里的学校，不光是为了孩子上学，他们还把学校当成村庄的一部分。还有少数民族地区因为语言、生活习惯等方面的问题而需要保留一些学校。这些诉求一般都是指向了保留和发展特定的学校、反对对特定学校的撤销合并。它们也是学校布局必须慎重考虑的重要方面，是合理发展下学校布局应该遵循的价值之理的组成部分。

上述价值诉求都可以成为学校布局调整的正当诉求。这种情况下容易遇到的问题是不同的诉求所要求的学校布局调整方案不统一,甚至是相互矛盾的。此时,学校布局如何遵循其价值之理呢?基础教育合理发展的理论框架试图避免这样的矛盾。我们认为遵循价值之理的学校布局不是要迎合哪一类主体的价值诉求,而是要尽量迎合多种主体的多元价值诉求。在布局调整之前应提供一个开放的平台,供多种价值诉求之间进行充分价值博弈,最后形成一个协同性的价值诉求联合体,学校布局应遵循的价值之理就是这个经过充分价值博弈的价值诉求联合体。

(三) 学校布局应遵循的现实之理

基础教育合理发展中观层面的学校布局是一种主动的人为活动,是为了实现基础教育合理发展而对学校的选址、撤销、合并等采取的人为干预。一般而言,做这种人为干预有两个极端,一是立即将原有的学校布局体系全部推翻,按照合理发展的要求重新设计一套新的布局体系;另一个极端就是暂时不去改变既有的学校布局结构,只是通过对各个学校提出发展建议,引导它们逐步发展到基础教育合理发展所需要的一种新的布局体系中。基础教育合理发展理论下的学校布局不应走这两个极端。我们倡导在激进和保守之间选择一种渐进主义立场,既要进行有实际动作的调整,但又要尊重原有的发展基础和条件。特定地区的学校布局总是要从一个既有的状态开始,设计和规划这个地区学校布局的第一个任务就是摸清原有的学校布局结构和各个影响学校布局因素的现实状况。学校布局应遵循的现实之理就是这些已经造就了发展起点的既有发展基础和条件。无论是新建学校的选址还是原有学校的撤销、合并与搬迁,都要从这个起点出发,并在由这些基础和条件确定的范围内实施调整。

因此,学校布局应遵循的现实之理不是什么固定的标准,而是一个地区影响学校布局的因素的实际状态。这些因素我们已经在学校布局应遵循的规律之理和价值之理中提到过。这里再作为一个新的要求提出,针对的是特定地区学校布局各影响因素的实际状态。如果说前文提到的合理布局要求是在应然状态下就各个因素进行理论推演，然后根据推演结论对学校布局进行合理设计的话，那么这里的现实之理提出的合理布局要求是在实然状态下把握各个因素。遵循现实之理进行学校布局就是要将规律之理和价值之理所指明的一般性的应然推理变成具体性的实际分析。

由此，遵循现实之理的学校布局要求我们事先要考察特定地区的学校原有布局、地区内适龄儿童的数量和分布情况、地区内的经济发展水平、自然地理环境、交通条件、民族文化习俗、教育管理部门对学校布局发展的价值预期、家长和学生对学校布局的期望等，综合统筹考虑了上述所有因素后的学校布局调整，才是符合现实之理的学校布局调整。

二 我国基础教育学校布局发展的现状

（一）改革开放以来学校布局发展历程

中国的基础教育以公立学校为主，其布局发展主要受到政府调控的影响。本书回顾了改革开放以来基础教育学校布局发展的历程，发现学校布局的重大发展和调整都跟政府的宏观政策调控有关，而这些政策又体现在几个重要的文件上。根据改革开放以来陆续颁布的影响基础教育学校布局的几个重要文件，我们把改革开放以来中国基础教育学校布局的发展历程概括为应激式布局发展阶段、应急式布局发展阶段、逐利式布局发展阶段以及诊断式布局发展阶段。[①]

1. 应激式布局发展阶段

党的十一届三中全会之后，中央连续发布了《中共中央关于经济体制改革的决定》和《中共中央关于科技体制改革的决定》，秉承发展才是硬道理的经济事业发展和科学技术是第一生产力的科技事业

---

① 此处部分内容已在期刊上公开发表。杨清溪、王燕敏：《基础教育学校布局调整的合理性审视》，《东北师大学报》（哲学社会科学版）2014年第6期。

发展迅速带动了其他事业的发展变革，在邓小平同志的积极关照下，1985年《中共中央关于教育体制改革的决定》发布。在全社会改革开放的大背景下，教育事业如何改革发展有了崭新蓝图。《中共中央关于教育体制改革的决定》将发展基础教育的责任，同时也包括权力交给了地方，乡镇一级甚至包括村屯一级的地方政府举办教育的活力被大大地激发起来，基础教育开始了应激式的学校布局发展。有能力的乡镇和村庄纷纷积极筹办学校，每个村庄都应该有一所学校的观念在中国基础教育领域逐步形成。

《中共中央关于教育体制改革的决定》下放了基础教育管理权限，理顺了教育管理体制，激发了地方举办基础教育的热情，这股热情首先导演了改革开放后中国基础教育第一拨学校布局发展。这是一种应激式的学校布局发展，主要特征就是各地都争先恐后地举办学校。因此这是一种"从无到有"的布局，这也是一种"你有我也要有"的布局。这时的学校布局属于基础教育学校布局发展的初级发展阶段，对于布局的科学性、布局效果的长远设计等诸多问题都未做过多涉及。

2. 应急式布局发展阶段

1993年国家颁布了《中国教育改革和发展规划纲要》，提出普及九年义务教育的发展目标。中国基础教育发展走向了扩大学校数量和规模，提高小学和初中入学率的发展轨道，各地为了完成"普九"这一紧迫任务，纷纷展开了应急式的学校布局。其主要表现就是大量开办学校，仓促建成校舍，紧急调配师资，对于学校的选址、学校的规模等具体问题没有进行细致规划。

很多地方政府以普及九年义务教育为目标，新建和扩建了大批学校，为了能使偏远地区的孩子顺利完成九年义务教育，各地还在偏远地区布设了很多教学点。在这些基础教育发展政策的指导下，中国的基础教育学校布局开始真正走向了以村屯为单位的全面布局发展时期。"村屯有小学、乡镇有初中""小学办到家门口"的学校布局可谓当时学校布局的真实写照。

3. 逐利式布局发展阶段

2001年国务院颁布《关于基础教育改革与发展的决定》，文件要求对农村义务教育管理"实行在国务院领导下，由地方政府负责、分级管理、以县为主的体制"。基础教育发展的重任落在县级政府肩头，在实行"以县为主"管理体制后，县级政府不仅有对所管辖的中小学进行布局调整的权力，而且也有通过布局调整来减轻财政压力、提高资源利用效率的动力。县市一级政府发起的基础教育学校布局调整大范围展开，而调整的主旋律就是撤并学校。

逐利式学校布局调整的主要内容就是将规模小、教育资源使用效率低的学校合并成规模较大的学校，如此一方面可以提高教育资源使用效率，节省教育投入经费，另一方面也便于学校管理。这种逐利取向直接地反映在地方政府的文件中。例如湖北省石首市《关于印发〈石首市村办小学并校减员实施方案〉的通知》中就提到"小学布点偏多，经费短缺，资源浪费，有碍教育事业的快速发展，并校减员势在必行……为了全面实施科教兴市战略，充分发挥教育规模效益，优化教育资源配置……特制定本方案"。河南许昌市人民政府同样在《关于调整农村小学布局工作的意见中》提到了"优化教育资源配置，提高办学规模效益和教育质量……现对农村中小学布局调整工作提出如下意见"[1]。相关调查数据显示，2000年到2009年的近10年里全国中小学减少了27.98万所，大约每天都有59所农村中小学被撤并。[2] 这种急功近利的撤并甚至达到了学校还没完全撤销，地方教育管理部门的上报文件就将学校提前除名，以至于一些正在撤销过程中但还没完成撤销的学校无法得到财政拨款，本来就难以维系的学校

---

[1] 郭清扬：《农村学校布局调整与教育资源合理配置》，《教育发展研究》2008年第7期。

[2] 邬志辉、史宁中：《农村学校布局调整的十年走势与政策议题》，《教育研究》2011年第7期。

运转就变得更为艰难。①

4. 诊断式布局发展阶段

在应激和应急发展思维的影响下，我国的基础教育学校布局形成了以村屯为单位的全方位布局态势。一度形成了"村屯有小学、乡镇有初中""小学办到家门口，中学办到镇里头"的基础教育办学格局。后来在提高资源使用效率的逐利发展思维影响下，很多学校又被撤销、合并，或者被扩建壮大。在三种学校布局发展思维的影响下很多地方基础教育阶段的学校经历了从无到有，再从有到无的巨大变革，由此也引发了各种教育现实问题。2012年《国务院办公厅关于规范农村义务教育学校布局调整的意见》发布，文件很有针对性地指出了布局调整中"农村义务教育学校大幅减少，导致部分学生上学路途变远、交通安全隐患增加，学生家庭经济负担加重，并带来农村寄宿制学校不足、一些城镇学校班额过大等问题"②。要求布局调整要进行科学规划，规范操作。由此中国基础教育学校布局开始进入一种针对现实问题的诊断式布局发展阶段。

诊断式布局要求各地在进行布局调整时首先要发现和分析之前布局调整带来的问题，然后再通过重新进行布局调整去应对和缓解这些问题。例如对超小规模的学校，往往会通过改善办学条件、重新划配生源予以充实，实在无法扩充的则考虑进行合并，同时配备校车和发放寄宿补贴。对于超大规模的学校则进行合理分割，通过在附近新建分校或者高低年级分开办学等方法缩小规模。也有针对优质学校布局不均衡带来的择校问题进行的重新布局。例如将附近的薄弱学校合并到优质学校从而扩大优质学校的办学规模，或者是将优质学校分割成多校区办学，还有的地区则是在现有布局基础上均衡地选择若干学校进行重点打造，努力形成优质校的均衡分布。

---

① 范先佐、郭清扬：《我国农村中小学布局调整的成效、问题及对策——基于中西部地区6省区的调查与分析》，《教育研究》2009年第1期。

② 《国务院办公厅关于规范农村义务教育学校布局调整的意见》，2014年1月31日（http://www.gov.cn/zwgk/2012-09/07/content_2218779.htm）。

（二）各阶段学校布局调整类型的理性审视

不同发展阶段的学校布局调整形成了四种主要的学校布局调整类型。如果说基础教育学校布局的伟大成就跟这些不同类型的布局调整有关的话，那么学校布局方面存在的问题肯定也与这些布局类型存在复杂联系。与发展的具体问题相比，发展方式本身的问题更应该接受理性的全面审视。理性审视不同阶段学校布局调整的发展可以发现如下问题。[①]

1. 设计学校布局时行政影响大过教育规律影响

学校布局调整是涉及很多复杂因素的教育实践活动，这些因素之间相互作用所形成的稳定关系构成了有关学校布局调整的基本规律。理论上讲，学校布局调整的设计和实施应该充分尊重这些教育规律。但事实上，在以公立学校为主体的中国基础教育系统中，每一次大规模的学校布局调整受到的都是行政命令的主导。东北师范大学农村教育研究所对全国8个县77个乡镇下辖的村级被撤并学校调查发现，有45.4%的县级教育决策部门在村小学撤并过程中没有进行认真调研，更没有召开村民大会让利益受影响主体参与讨论，领导只是走走过场，开一个会就直接宣布学校被撤并了。在这个过程中教育规律的影响并没有得到充分尊重。[②]

上述四种类型的学校布局调整有一个共同的特征就是受到行政命令的严重影响。应激式学校布局调整是在行政命令给予地方发展教育的权力和责任后，地方举办教育的积极性被激发出来，所以他们能够克服各种困难大力举办教育，形成了最早的学校布局发展。如果没有这样的行政命令刺激，基础教育很难迎来快速发展的全面布局热潮。应急式学校布局调整也是在行政命令确立了基础教育发展的紧迫任务

[①] 此处部分内容已在期刊上公开发表。杨清溪、王燕敏：《基础教育学校布局调整的合理性审视》，《东北师大学报》（哲学社会科学版）2014年第6期。

[②] 邬志辉、史宁中：《农村学校布局调整的十年走势与政策议题》，《教育研究》2011年第7期。

后，各地为了尽快完成任务而进行的被动调整。逐利式学校布局调整的行政命令痕迹也非常明显，很多地方政府都是在有意识地通过布局调整来提高教育资源使用效率，节省教育经费开支。这种有意而为的主动追求充分地反映在学校布局调整的行政命令当中。诊断式学校布局调整虽然引入了大量的有关教育布局调整和教育现实问题之间稳定关系的理性分析，而且利用这些理性认识去有针对性地设计了很多布局调整的修复和弥补措施，但是如果没有行政命令的支持，这些措施只能停留在政策咨询和建议的层面上，根本无法到达教育实践领域。

我们不反对以行政命令的方式推动学校布局调整，但是我们主张有关学校布局的行政命令出台前要充分考虑教育规律，应该在尊重教育规律的基础上制定和下达布局调整的行政命令。

2. 布局调整的利益关切有失偏颇

基础教育是全社会共享的一种教育福利，家长、学生、教师、学校、社区以及各级政府，甚至包括社会上各行各业的用人单位，他们对基础教育都有自己的价值诉求。基础教育的利益关切应该是能够关照多方教育价值诉求的。布局调整作为基础教育发展的一种重要手段，其操作实施也应是能够关照多方利益诉求的，也就是说基础教育的学校布局调整要能够兼顾各方利益。然而上述四种类型的学校布局调整在利益关切方面都显得有失偏颇。

布局调整实质上是对原有的办学格局和利益关系的一种调整，原有的利益格局可能会被打乱，各种利益冲突可能会充斥于学校布局调整过程之中。这些利益冲突主要表现为经济利益冲突、教育利益冲突、政治利益冲突等方面。[1] 上述四种类型的学校布局调整在利益关切方面未能很好地应对这些利益冲突。应激式的学校布局调整显出一种对地方财力、物力的强烈依赖，放松了上级政府发展基础教育的责任，这也为地方经济发展水平差异直接刻画为教育发展水平差异埋下

---

[1] 贾勇宏：《农村学校布局调整过程中的利益冲突与协调》，《教育发展研究》2008年第7期。

第四章 理实相较求于合之基础教育合理发展的学校布局

了发展隐患。应急式学校布局调整重点关照的是政府行政命令能否顺利完成，布局调整过程中要兼顾其他群体利益诉求的发展要求往往不能被充分关照。逐利式学校布局调整重点追逐的是教育资源的使用效率，其背后反映出的是政府希望高效和节约地使用教育资源的利益诉求。布局调整过程中其他群体的利益不光没有得到关照，甚至会因为这种调整而受到伤害。诊断式的学校布局试图弥补和修复各种问题，当然也包括利益受损的问题。然而布局调整所能弥补和修复的利益受损在整个基础教育体系中是极为有限的。依靠"问题—对策"这样的局部线性思维去应对基础教育中复杂的利益诉求纠纷显得有些单薄。

3."一刀切"的宏观设计忽视地区差异

上述几种类型的布局调整在落实上都带有明显的"一刀切"的倾向。应激式和应急式的布局调整在落实上的统一指向就是新建、扩建学校，这两种学校布局的假设都是学校的数量和分布不能满足教育发展需求，各地都需要尽快新建和扩建学校，按照"从无到有"和"从少到多"的思想对全国的学校布局调整进行"一刀切"。其实这种思考忽略了各地的实际差异，在那些学校数量和规模不足的地区当然要新建扩建，但是有些地方不能"普九"不光是没有学校的问题，可能是上学需要缴费的问题，也可能是文化传统中不让女孩上学的问题，还有可能是不同民族不愿意合校上学的问题，各种情况不一而足。因此，"一刀切"地按照总量供需来进行学校布局调整设计，难免会因忽视了地区差异而收不到预期效果。逐利式学校布局调整为了刻意追求学校的规模也存在"一刀切"的倾向，在学校确定学校服务覆盖范围时忽视各地不同的地理环境和交通条件，在确定规模较小的学校的撤并标准时忽视民族、文化传统以及母语方言等影响因素。

4. 布局规划缺少长远和整体关怀

表面上看，基础教育学校布局发展和调整只是新建学校的选址、原有学校的撤销合并或扩建等问题，但实际上，学校布局不仅是基础教育内部的事情，它关系到整个社会的健康有序发展。学校布局调整在横向上需要一种囊括多种因素的整体设计,在纵向上则需要一种考虑持久效应的长远设计。上述四种类型的学校布局调整在这两方面做得都还不够。

应激式和应急式的布局调整都是针对刺激的一种反应,其突出的特征是迅速和直接。反应过于迅速难免缺少深入思考,急于应对眼前的问题往往会忽视长远效果。当活跃的刺激和紧迫的任务压力消失后,布局调整的动力随之消失,而此时则不得不去面对已经在匆忙中形成的学校分布格局。反应直接虽然能够有效回应矛盾,但这种直接通常会囿于局部的若干影响因素,很难做到从整体出发的统筹安排。我们国家在教育管理体制改革和急于完成普九任务时期学校布局过于分散的问题显然跟缺少长远和整体设计有关。逐利式布局调整仅关注教育规模经济效益的做法显然是短视的和狭隘的。在教育经费紧张时通过布局调整实现教育规模经济效益是能够见到成效的,但是当教育经费充足时,已经调整完的学校布局则很难再恢复,调整过程中伤害的其他利益关切也无以弥补。而且,从宏观的社会整体看,即使在布局调整后教育经费投入节省了,但考虑到有一部分教育投入转嫁到家长和学生身上,整体的教育投入也不一定就是减少了。有学者针对特定地区实地调查后就得出结论说,通过布局调整希望实现的合理配置教育资源、提高教育质量和促进教育均衡发展三个目的都未达成。[①]诊断式布局调整的出发点是对已有问题进行弥补和修复,一般都是在针对性特别强的特定问题上展开思考,所以也缺少对学校布局的整体和长远设计。

(三) 布局调整取得的成效

本书无力对各地布局调整后取得的实际成效进行系统调查,我们的主要目的也不是去揭示布局调整都取得了什么样的成效。这里

[①] 范铭、郝文武:《对农村学校布局调整三个"目的"的反思——以陕西为例》,《北京大学教育评论》2011年第2期。

第四章　理实相较求于合之基础教育合理发展的学校布局

对布局调整成效的分析倾向于用成效印证合理发展的理论框架，符合基础教育合理发展理论主张的布局调整实践更容易取得成效。基础教育学校布局调整的研究很多，但是专门研究布局调整成效的相对较少。这类研究主要集中在范先佐主持的《中西部地区农村学校合理布局结构研究》课题组中。[①] 他们从2005年7月至2008年7月，对中西部地区的湖北、河南、广西、云南、陕西和内蒙古6个省（自治区）38个县市的177个乡镇的中小学布局调整情况进行充分调查研究，在此基础上指出布局调整取得的成效主要集中在如下四个方面。

一是布局调整促进了教育资源的合理配置。鉴于教育资源的整体性和不可分割性，如果把一些规模较小的学校各种教育资源都配备齐全，就会出现教育资源闲置和使用效率不高的情况，而如果不配备齐全，又会影响教育质量。布局调整各地将一些规模小的学校和教学点撤并集中，把有限的教育资源集中使用，从而避免了过去分散办学时普遍存在的教育资源利用效率低下的问题。而且在他们的调查中，所有被调查到的教育局局长都认为农村学校布局调整促进了教育资源合理配置。二是提高了农村学校的规模效益。农村中小学布局调整后，学校数量得以减少，每所学校可支配的教育资源大大增加，形成了规模效益，其教育资源利用效率整体得到提高。三是促进了区域内教育的均衡发展。通过布局调整集中后的学校在经费支持、师资配备方面都有更多的投入，这种投入使得大部分的学校都能达到办学的基本标准，也就在最基本的层次上实现了教育均衡。对6省区的调查结果显示，有关各方都认为农村中小学布局调整有助于教育的均衡发展。各方的认同度反映出农村中小学布局调整对于促进教育均衡发展，缩小地区之间、城乡之间、学校之间

[①] 万明钢、白亮：《我国"农村学校布局调整"问题研究述评》，《教育科学研究》2009年第6期。

的差距确实起到了积极作用（见表4—1）。[1] 四是提高了农村学校的教育质量。布局调整后，学校的硬件条件、师资配备、办学经费都得到了有效改善，这为提高教育质量打下了坚实的基础。在调整后的学校工作学习的师生也展现出一种高涨的教育热情，教师有了更强的责任心，学生也因为有了更好的学校和老师而激发出新的学习积极性，所以整体上教育质量得到了提高。

表4—1 不同群体样本对当地农村中小学布局调整的看法（%）

人员类别	有效样本	提高了学校规模效益	实现了教育资源的合理配置	提高了教育质量	减轻了教师的负担	有助于教育的均衡发展	其他
行政人员	178	70.8	95.5	78.7	37.1	70.8	3.2
学校校长	893	57.6	78.7	64.7	28.8	56.1	2.7
中层干部	736	56.0	77.6	52.4	21.6	53.7	3.5
教师	8884	50.3	69.8	47.6	19.1	50.1	3.2
其他	121	49.6	66.9	52.1	19.8	48.8	5.0

资料来源：范先佐、郭清扬《我国农村中小学布局调整的成效、问题及对策——基于中西部地区6省区的调查与分析》，《教育研究》2009年第1期。

仔细分析上述四个方面的成效可以发现，布局调整成效的取得与是否遵循布局调整的规律之理、价值之理和现实之理有关。布局调整带来的资源合理配置和教育规模经济效益都是对布局调整的规律之理的直接反映。前文揭到布局调整的规律之理规定了一些稳定的演绎关系，布局调整中按照这些演绎关系去调整其中的变量，其他变量就会跟着发生预期的变化。布局调整推动了区域内教育均衡发展，提高了教育质量，取得这样的成效与遵循兼顾各种价值诉求的价值之理和现实之理密不可分。在教育发展不均衡的地区，要想通过布局调整实现

---

[1] 范先佐、郭清扬：《我国农村中小学布局调整的成效、问题及对策——基于中西部地区6省区的调查与分析》，《教育研究》2009年第1期。

均衡发展，一定要拿出一个教育发展各方都能接受的综合性方案，对于在原来的不均衡中处于优势和劣势的学校进行区别对待，加强各方的协调沟通，对于布局可能伤害到的群体进行充分解释和适当的弥补，总之，要想真正实现均衡发展，布局调整方案一定要尽可能地兼顾各方利益，如此才能在实施过程中得到最多的支持。成效明显的布局调整一定是充分尊重了当地具体的现实条件，因地制宜地设计了个性化的布局调整方案。

（四）布局调整带来的问题

布局调整取得诸多成效的同时也引发了一些问题。很多问题的原因虽然不全是布局调整，但是多少和布局调整有关，本书在此对这些问题进行梳理，并不是以此去否定批评学校布局调整，而要客观地描述学校布局调整，尝试在问题分析的基础上去建构合理发展下的学校布局调整策略。

1. 寄宿制问题

寄宿制是学校布局调整的一项重要配套措施。布局调整带来了新一轮的寄宿制学校发展，一些地区的学校在布局调整过程中被合并，学生需要到离家较远的学校去上学，这就产生了寄宿的需求，大量合并后的学校被改造为寄宿制学校。

笔者在江苏、安徽、四川、吉林等地的调查中了解到这些布局调整中建成的寄宿制学校多数存在如下问题。第一，食堂就餐和伙食费问题。寄宿制学校食堂的卫生条件不好，有的学校还没有配备齐餐厅，学生只能露天蹲在地上就餐，有的干脆没有食堂，每餐饭都是从校外运来再给学生发放。学生交的伙食费也存在被赢利的情况，有的学校甚至将食堂伙食费作为学校创收的项目。第二，低龄住宿生缺乏生活自理能力和生活教师配备不足问题。小学三年级开始就有学生寄宿，很多学生的个人卫生、衣裤穿戴换洗都处于混乱状态，更有低龄段的寄宿生存在尿床、想家哭闹的问题。按照要求应该配备的生活教师也没有配齐，很多地方都是一个门卫兼任整栋宿舍楼的生活教师。

第三，寄宿生营养不良问题。学生正处在身体发育的关键期，饮食营养问题应该得到特别的重视。学生挑食、厌食等不良习惯无人看管，因为伙食单调和不良就餐习惯造成的学生营养不良现在在很多农村寄宿制学校普遍存在。① 寄宿生在校时间增加，学生学习负担加重，学习时间延长，挤占了学生活动游戏的时间，影响了身体运动能力的发展。另外，寄宿制学校将学生的大部分时间集中在学校，淡化了家庭和社会对学生发展的影响，破坏了学生发展环境的完整性。影响人身心发展的因素理论认为完整的教育环境应该包括学校、家庭和社会三个方面，三方协调作用才能实现学生的健康和谐发展。家庭影响的缺失不利于学生的正常发展，心理学研究表明，家庭是儿童发展最为重要的影响环境，小学阶段的儿童长期不在家庭环境中生活，不能与父母正常交流感情，对学生情感发展、亲情延续都会产生不可预测的影响。② 此外，笔者就读的东北师范大学农村教育研究所在《中国农村教育发展报告2012》中专门对农村寄宿制学校做了详细调查研究，他们对山西、河南、湖北、湖南、浙江、江西、甘肃和重庆八个省市295所农村寄宿制学校进行了调查，发现的主要问题体现在住宿条件比较差，宿舍和食堂面积相对较小，浴室及热水欠缺；学生营养膳食情况还有待改善，体育活动设施缺乏，专门的生活教师和食堂后勤人员需要补充，学生需要教师给予更多关爱等方面。③

2. 校车问题

布局调整后为解决上学距离太远的问题而实施的另一配套措施就是校车制，学校配备校车用以接送离学校较远的学生上下学。校车制的突出问题主要是安全问题和经费问题。

---

① 朱印平、刘斌：《对欠发达地区实行寄宿制的思考》，《教学与管理》2006年第10期。

② 杨清溪、赵慧君：《当前我国农村寄宿制学校建设反思》，《中国农村教育》2010年第4期。

③ 邬志辉、秦玉友：《中国农村教育发展报告2012》，北京师范大学出版社2014年版，第373页。

第四章 理实相较求于合之基础教育合理发展的学校布局

校车接送学生，要求有较高的安全标准，对车本身、司机以及行车制度都有严格的要求，然而现实却是存在着大量不规范的校车。2014年7月《法制晚报》刊登了2010年后的近5年时间里关于校车事故的盘点，报道说近5年的时间里全国至少发生43起校车事故，约八成均有致死情况，死亡人数达到153人，其中多数是幼儿，发生事故最多的2011年就有14起。① 2012年3月国家颁布《校车安全管理条例》，对校车的安全进行了严格规范，校车安全事故有所缓解，但仍时有发生，2014年7月10日湖南湘潭一辆校车翻入水库，造成11人死亡，这次事件再次敲响了校车安全的警钟。校车引发的经费资金问题也比较突出。规范的校车造价比较高，很多学校无力购买养护，地方政府统一配备也存在经费困难和配备标准难统一的问题。校车还涉及司机和陪车人员的雇佣问题，人员经费、校车的维护、保险费用等，另外，学生乘坐校车时交通费的收取也容易引发问题。

东北师范大学农村教育研究所《中国农村教育发展报告2012》中对农村义务教育阶段学生乘车状况的专项调查也指出了校车存在的严重问题。他们对全国11个省市的抽样调查发现了更为严重的问题，他们所调查的学校没有一所配备了正规的校车，20%左右的学生乘坐公交车、私人的面包车或三轮车，而且乘坐过程都比较拥挤，学生所乘坐的车辆安全隐患比较大，大部分都不系安全带，也没有随车人员陪同。②

3. 巨型学校问题

巨型学校也可以叫作航母学校、超级学校等，主要是指规模较大的学校。在布局调整过程中，一些地方大范围地合并学校，经过多方合并之后的学校覆盖范围比较大，学校实力也比较强，对家长和学生都有较强的吸引力。这些学校动辄上万师生。比如在宁夏回族自治区

---

① 李文姬、贾立平：《超载致村镇校车事故多发》，《法制晚报》2014年7月14日第A21版。
② 邬志辉、秦玉友：《中国农村教育发展报告2012》，北京师范大学出版社2014年版，第417页。

撤并南部山区学校，在城市建设几所学生近万人的中学，山区的学生都集中在这些学校就读；甘肃省陇东、河西等地区出现学生人数5000人以上的中学；湖北省一些地区出现超过5000人的中学。2008年秋季入学时，甘肃省会宁县城的小学中，一年级新生一个班的人数最多达到90人，一所小学学生达5000余人。[①] 如此大规模的学校往往面临着更多的问题。

巨型学校往往因为规模太大而遭遇管理松散的问题，同一层面的工作人员过多而无法形成有效的教师协作团队，同年级的平行班过多而丧失健康的竞争环境，学校运动会、主题竞赛等各项学生活动也往往因为规模过大而组织不力，或者干脆为了避免麻烦而不举办。另外，因为学校规模超过了教育规模经济的节点而出现"规模不经济"现象而浪费教育资源。其实对于巨型学校来说，最大的问题就是安全问题，他们在校园踩踏、食物中毒、流行病防治、防火防盗等方面都面临着比小学校更严峻的形势。有研究对近20位超大规模学校的校长进行访谈，他们一致地回答，最让他们焦虑和紧张的问题就是校园安全问题。[②] 此外，巨型学校可能还会引发城乡子女教育从教育起点到教育过程再到教育结果等多个层次的不公平问题。[③]

4. 教育资源闲置问题

布局调整过程中一些学校被撤销合并，我们的关注点往往集中在合并的那所学校如何更好地运转，可是被撤销后的学校如何处置呢？校舍、校产、学校原有的教学设施，也包括原来的教师，这些问题在布局调整中并没有得到恰当的处理，由此导致整体的教育资源出现了闲置和浪费的问题。

---

① 万明钢、白亮：《"规模效益"抑或"公平正义"——农村学校布局调整中"巨型学校"现象思考》，《教育研究》2010年第4期。

② 杨海燕：《超大规模学校的现实困境与理性选择》，《教育发展研究》2007年第9A期。

③ 冯帮、李紫玲：《从超级中学现象看城乡子女教育公平问题——以湖北省D市为例》，《教育发展研究》2014年第2期。

第四章　理实相较求于合之基础教育合理发展的学校布局

笔者在江苏、安徽、四川、吉林等地的调查中了解到很多村屯的小学被撤销后就处于荒废状态。2012年笔者到吉林省九台市下辖的沐石河、其塔木、上河湾、城子街等乡镇中心校考察时了解到，九台市在过去的几年通过布局调整形成了一个乡镇重点打造好一所中心小学来接收全乡镇的小学生，只在人口较多乡村保留若干村小的办学格局。而在其塔木、上河湾这些地区原有的村小基本处于荒废状态，校舍破败不堪，校园杂草丛生，操场上的篮球架倒在一边，乒乓球台上堆满了柴草。还有一所小学干脆成了附近一个收废品的生意人的货场。

5. 教师调配问题

合并学校后，原来分散在各个学校的教师也被集中到一所学校，这些教师集中在一起，他们的岗位分配也经常产生一些问题。合并后的学校教师往往面临教师数量充足但是学科专业结构不合理的问题。专任教师数量突然增多的情况下，一些教师被迫转岗到食堂、宿舍、门卫室等非教学岗位上。语文、数学等主科教师数量突然增多，富余的老师不得不跨学科教社会、科学等课程。在教师们转岗和转科目的过程中就会爆发很多冲突，被迫转完之后，在新的岗位上工作也会遇到很多不适应、不胜任的问题。布局调整对教师队伍建设产生的另外一个重要影响是无法引进新教师。合并之后的学校生师比大幅下降，教师整体数量超编情况比较普遍，学校很难腾出编制招聘新教师。很多学校一方面有大量主科教师无课可上，另一方面音乐、体育等小科又没有专业教师授课，而且学校也拿不出编制去招聘这些急需的教师。我们在吉林省东丰县和九台市调研时了解到，他们当地的学校最近十多年里几乎都没招聘新教师，唯一的新进教师就是"国家教师特设岗位计划"里补充给学校的教师，因为这些教师不占当地的教师编制。

6. 辍学问题

布局调整还引发了新的辍学问题。布局调整后，一部分学生上学路程变远，对于步行走读来说需要花更多的时间精力在路上，对于需要坐车上下学的则多出了交通费这一项开支，也增加了上下学的安全风险，对于太远需要寄宿的学生来说，则增加了寄宿生活的费用，挤占了在家参与农业劳动的时间，凡此种种都成了布局调整后的很多家长和学生不得不面对的上学障碍和困难，这些困难和障碍影响了学生的上学，有的干脆选择了不去上学，由此造成了新的辍学。东北师大农村教育研究所于2008年对甘肃等8省区农村中小学布局调整情况进行了调研，当时就发现了因为布局调整辍学率反弹的问题。2012年，21世纪教育研究院发布的《农村教育布局调整十年评价报告》也指出基础教育学校布局调整过度撤并学校带来了辍学现象加剧、农村教育负担加重等负面效应。2007年后全国小学辍学率大幅度回升，从2008年的5.99‰上升到2011年的8.22‰，这意味着每年约有80万—90万名农村小学生辍学。[①] 2015年中央一号文件发布，文件中再次强调"因地制宜保留并办好村小学和教学点"，这与2012年以来国家强调要"纠正农村学校布局调整过激行为"是一致的。[②]

7. 村民、学生对布局调整的抱怨

基础教育学校布局调整轰轰烈烈地往前推进时，其身后也留下了很多的抱怨和不满。我们在四川、安徽、江苏、吉林等地的走访中了解到，村民、学生对于布局调整还是有很大的意见的，他们没有感觉到这学校布局调整给他们带来了什么好处，反倒是带来了很多麻烦。首先是村民们因为布局调整增加了子女的教育开支。布局调整后的一些学生不得不选择乘坐校车上下学或者是寄宿在学校。无论哪种方式，家长们都要比以前自然的走读上学多花一份钱。所以有学者研究指出，学校布局调整不是节省了教育资源、降低了教育成本，而是将一部分教育成本转嫁给了农民。在11580份学生问卷中，52.7%的学

[①] 21世纪教育研究院：《农村教育布局调整十年评价报告》（2012年12月），2015年3月8日，社会科学报（http://www.shekebao.com.cn/shekebao/2012skb/sz/userobject1ai5012.html）。

[②] 张鹏、王豪：《中央一号文件释放出的教育信号》，《中国青年报》2015年2月4日第1版。

第四章 理实相较求于合之基础教育合理发展的学校布局

生最担心的问题是布局调整后加重家长的经济负担,在学生担心的问题中位列首位。7242份家长问卷中,20.4%的家长最担心布局调整后家庭经济负担加重,在家长担心的问题中居第三位。[1] 对于学生而言,他们切身感受到的就是上学变远了。东北师范大学农村教育研究所2008年对全国8个县77个乡镇的调查表明,经历了学校布局调整的小学生平均家校距离变远4.05公里,其中有10%的学生家校距离变近,有31.14%的学生家校距离没有发生变化,在58.86%的家校距离变远的小学生中,平均变远了9.19公里。[2] 学生要为上下学花更多的时间,付出更多的机会成本。而且最值得关注的是那些发生在"上学路上"的游戏、打闹、交谈也随之消失了,对于学生而言,相当大一部分因上学而有的快乐也随之消失了。村民们的另一种抱怨就是布局调整使得很多学校消失了。其实在农村,学校不仅仅是一个学生上学的场所,它承载着乡村朴实文化的很多内容,学校的撤销也意味着一部分乡村文化的消失。21世纪教育研究院发布的《农村教育布局调整十年评价报告》概括指出,农村学校日益荒芜凋敝,农村教育出现了"城挤、乡弱、村空"的危局。[3]

回顾上述布局调整引发的各种问题,我们发现很多问题的出现就是因为违背了教育合理发展理论所倡导的规律之理、价值之理和现实之理。对这些问题进行合理发展归因可为我们使用合理发展理论框架指导基础教育在中观层面实现更为合理的布局发展提供借鉴。

巨型学校、新的辍学以及合并后教育资源配置和教师调配方面的问题可能跟不合现实之理有关。不考虑实际情况,按照统一的标准合并学校,当遇到人口密集、生源充足的地区时就可能会形成巨型学

---

[1] 贾勇宏:《农村学校布局调整过程中的利益冲突与协调》,《教育发展研究》2008年第7期。

[2] 邬志辉、史宁中:《农村学校布局调整的十年走势与政策议题》,《教育研究》2011年第7期。

[3] 21世纪教育研究院:《农村教育布局调整十年评价报告》(2012年12月),2015年3月8日,社会科学报(http://www.shekebao.com.cn/shekebao/2012skb/sz/userobject1ai5012.html)。

校。布局调整引发新的辍学也是这个道理。布局调整确实会给学生上下学带来一些困难和障碍。有的地区特别重视教育，比较愿意、也有能力去应付这些困难和障碍，这个时候布局调整就不会导致新的辍学。相反，在一些经济条件落后、上学积极性本就不高的地区，强行合并学校给当地孩子上学造成的困难和障碍就成了真正的困难和障碍，当地孩子真的有可能因为不愿意或者没有能力克服这些困难和障碍而放弃上学。教育资源配置和教师调配更需要去从现实之理确定的起点出发来进行调整。以村小合并到中心校为例，布局调整应该综合考虑各个村小的地理位置、学校原有的教学设施条件、周围生源的分布、生源的变化趋势、交通环境等，根据这些现实起点来确定学校是不是要合，合的话都合到哪儿去，撤销哪一所。如果不顾现实条件就以原来的中心小学为中心进行合并，那原有的教育资源和师资队伍就难免会遇到浪费和调配困难的问题。

寄宿制的问题、校车的问题以及巨型学校资源浪费的问题可能与不合规律之理有关。学校要遵循儿童身心发展规律来办学，强行让年龄过小的儿童寄宿在学校就违背了基本的教育规律，生活自理能力都不具备的学生寄宿在学校最大的挑战根本不是学习，而是如何在这个环境中生存下来。低龄学生的寄宿使适应环境的矛盾盖过了获得知识的矛盾，这显然违背了基本的教育规律。另外，以寄宿制的学校环境替代学生原本应有的家庭、社会、学校的复合环境，其实是打破了儿童身心发展环境原有的平衡。对儿童身心发展产生重要影响的家庭和社会两个重要影响源在寄宿制学校教育体系中几乎被完全切断，这对儿童身心发展将产生不可预知的影响。巨型学校出现教育资源浪费的问题则可能是因为布局调整只顾得教育规模经济的规律，却忽略了还有教育规模不经济的规律。随着学校规模的扩大，教育规模不经济就会发生在学校资源使用过程中。

布局调整中的各种抱怨和不满则是布局调整违背价值之理的体现。布局调整涉及的主体众多，学生、家长、老师、教育管理部门和教育举办部门，甚至包括学校周边的居民、企业都对学校布局调整有着各种各样的期望。政府主导下的学校布局调整如果不能充分地了解和协调这些期望，布局调整就会受到多方面的指责和抵制。

三　基础教育学校布局合理发展的建议

学校布局是基础教育中观层面实现合理发展的结构性保障。要实现基础教育合理发展，首先应该有一个合理的学校布局基础，也就是要有学校布局的合理发展。本章在前面系统地阐述了合理发展理论框架下对学校布局的各种要求，也对基础教育学校布局调整的发展历程、调整类型、取得的成效和遇到的问题进行了全面分析，下面要做的就是结合理论分析和实践状态提出促进我国基础教育学校布局实现合理发展的建议。依据基础教育合理发展理论所揭示的基础教育发展所合之理的三个方面各有不同侧重点的观点，我们提出基础教育学校布局调整在调整起点上要尊重现实之理，在调整目标和方向上要尊重价值之理，在调整过程中要尊重规律之理。具体如下：布局调整的设计要遵循教育发展的现实之理，从特定地区既有的现实基础出发进行调整；布局调整方向和目标的确立要遵循教育发展的价值之理，追求更广泛的支持；布局调整的实施方案要遵循教育发展的规律之理，尊重科学规律、教育规律在布局调整中的指导作用。

（一）从实际出发找准发展起点

基础教育学校布局调整的起点要尊重事实是指特定地区的布局调整要从这个地区的教育发展现实出发来进行综合设计。布局调整是在一个既有的基础上所进行的调整，这个既有的基础就成为了布局调整操作实施的固定起点。它是由这个地区内的一系列相关的基本事实构成的。这些教育发展事实具有两个重要的属性，一是稳定，二是复杂。稳定是说这些发展事实是地区教育发展长期积累的结果，在一定时间内是稳定不变的，这一属性确保了我们能够获得一个地区教育发展的真实有效数据。复杂是说这些事实多种多样，我们不仅要关注教育领域内的学生数量、学校数量、学校基础设施、现有的学校布局等基本事实，还要关注到对学校布局产生重要影响的教育领域外的基本事实，例如经济发展水平、地理环境、交通状况、民族文化习俗等。而且不同的地区这些基本事实包括的方面还不完全一样。

　　中国的基础教育发展规模巨大、发展层次参差不齐，其实践样态纷繁复杂，各地区学校布局调整的起点，也就是当地基础教育发展现实差异较大。中国基础教育阶段的学校好的堪比欧美发达国家，差的不及非洲贫民窟，有的学校甚至可以引领国际学校教育发展潮流，而有的则被深深地遗忘在历史的角落艰苦支撑。面对这样复杂的现实情况，学校布局调整要做的第一件事情就是摸清学校布局相关的基本事实。因为不同的发展基础需要有不同的布局调整目标和方案与之配套。布局调整的目标确定得准确合适，方案制定得科学合理，学校布局调整才能收到正面的积极成效。而目标的确定、方案的出台都要以特定地区教育发展现实为基础。因此，只有摸清教育发展现实并尊重这个现实，才能准确地确定学校布局调整的起点。

　　本书认为基础教育学校布局调整的起点要做到尊重事实需从两个方面入手：一是要拿到反映基础教育发展现实的第一手真实数据，二是要在布局调整工作中树立实事求是和因地制宜的工作原则。在布局调整的目标确立和方案出台前一定要进行前期调研，通过调研掌握影响学校布局调整各项相关数据的基本状态。如前所述，这些数据至少要包括如下几个方面，例如这一地区的学校原有布局、地区内适龄儿童的数量、变化趋势以及分别和人员流动情况、地区内的经济发展水平、自然地理环境、交通条件、民族文化习俗、教育管理部门对学校布局发展的价值预期、家长和学生对学校布局的期望等。任何学校布局调整前，这种反映基本状况的调查都是必不可少的。当然了，了解事实并不等于一定会尊重事实。布局调整中罔顾基本事实而进行粗暴调整的案例在过去的学校布局调整中发生过很多起，有的还引起了较大的反响。究其原因，很多都是因为在目标确立和方案制定方面没有尊重基本的事实。布局调整中能够通用的可能就是各种学校布局要素之间稳定的推理关系，在虚拟状态下我们可以按照它们的固定关系对学习布局结果进行各种理论推演，但是在尊重事实的现实状态下，这些理论推演一定要从调查中已知的稳定的基本事实出发来进行。由这些已知的变量去推演布局调整可能带来的各种未知结果。

（二）寻求广泛支持定好发展目标

布局调整的方向和目标是整个基础教育学校布局调整活动需要慎重考虑的关键问题，它描绘了我们希望通过布局调整促使基础教育发展出一种什么样的教育发展样态。由布局调整目标确立的这种发展样态代表了一个前进方向，布局调整一旦开始，各种发展动力都会指向这个前进方向。与此同时，学校布局调整涉及的各个主体自发的发展动力则各自指向自己想要的方向。这种情况下，要想获得最大的合力，无疑要有更为一致的努力方向，也就是要求布局调整的目标要尽可能地获得广泛支持。

布局调整的目标如果能获得广泛的支持，后续布局调整的实施就会比较顺利，预期目标的实现也更有保障。因为布局调整涉及的各群体对布局调整目标的接受和支持，调整过程中需要它们克服困难、做出妥协的地方就比较容易处理。布局调整前各群体对布局调整可能会对自己产生的影响有一种心理准备，有的还会有针对性地提前做好应对变化的准备工作，这都在客观上加快了布局调整各项工作的推进。相反，各地在布局调整中因为一些人的不配合和刻意拖延导致迟迟不能完成的情况也是非常普遍的。另外，布局调整得到更广泛的支持本身还说明一个重要的问题，即这种布局调整是必要而且合理的。得到的支持越多，意味着当地的布局调整越紧迫和必需。

学校布局调整活动获得广泛支持的关键是布局方案能否尽量兼顾各个群体的利益关切。布局调整中涉及多个群体，主要包括学生、家长、教师、教育管理部门、教育举办部门，甚至也包括社会上的用人单位等，他们对学校布局调整的利益关切各不相同。学校布局调整试图通过逐个满足不同群体的利益诉求而获得支持的做法是不现实的，首先是因为这些利益诉求很多，无法一一满足，其次是很多利益诉求之间是相互矛盾的，无法兼顾。而如果学校布局调整重点去关照某个群体的利益而忽视甚至伤害其他群体的价值诉求则更不可取，因为这样肯定无法获得广泛支持，甚至招致激烈对抗。

　　本书认为学校布局调整的目标要获得多方面的支持应从如下两个方面入手。首先要改变过去将学校布局调整的利益供给作为一个单一整体来对待的思维方式。布局调整不是为了哪一个群体而调整，其利益供给也不是只为了满足哪一个群体的价值诉求。布局调整在一开始设计的时候就应该将其价值供给定位为一个可以兼顾多种价值诉求的价值供给体系。其次，要使不同群体对学校布局调整的价值诉求进行充分博弈，在政府主导的公权力引导下明晰各群体对布局调整的具体价值诉求，统筹兼顾，求同存异，在各种不同的价值诉求之间寻找一种大体的平衡。

　　一套能够获得广泛支持的学校布局调整目标的确定需要按照如下流程来操作。首先是把布局调整后我们希望得到的学校发展效果用数字、图片甚至是三维立体模型形象地呈现出来，也就让布局调整目标具体化。同时也把布局调整后可能的成效和担心出现的问题预测出来，然后把这些材料汇总形成一个布局调整的前期参考资料。然后把这份关于布局调整的前期参考资料发放到布局调整涉及的各个主体手中，让它们对布局调整有充分的了解，并留下沟通的渠道，随时解释相关细节。再次，是从对布局调整有充分了解的群体中收集反馈意见，将各种意见汇总。最后就是按照统筹兼顾、求同存异的原则调整和修正布局调整的目标，必要时要召集各群体的代表集中表达各自的意见和价值诉求，通过协商来确定谁在哪方面让步，并承诺对让步所做的补偿。同时展开对负面意见集中的目标群体进行解释和劝导的工作，争取通过配套补偿的方式获得他们的支持。完成这些工作后才能综合确定布局调整的目标。

第四章 理实相较求于合之基础教育合理发展的学校布局

（三）遵循教育规律研制实施方案

布局调整的实施方案要遵循教育规律，具体来说这里的教育规律其实就是合理发展所倡导的教育发展的规律之理。基础教育学校布局调整的过程其实是调整各个要素、理顺它们之间相互关系的过程。以学校布局为核心，它辐射到的各个要素构成了一个庞杂的联动体系，体系中的各个要素之间存在着稳定的影响关系，牵一发而动全身。因此，学校布局调整绝对不是一个可以任由主观意愿随意调整的过程，它受到各种客观、稳定的联动关系的影响，受到教育规律之理的制约。基础教育学校布局调整需要去分析影响学校布局的各个因素，厘清它们之间的相互关系，在尊重它们之间稳定的联动关系的前提下，发挥主体的能动性去实现布局调整的预期变化。前文对影响学校布局的地理条件、适龄入学儿童数量、经济发展水平和家校距离、交通方式以及学生上学路上所花费的时间等所做的分析其实就是布局调整实施中尊重科学的体现。

布局调整实施中如果不尊重科学、不合乎教育发展的规律之理，极容易引发一系列的问题。这些问题轻则招致人们对布局调整埋怨不满，重则可能致使布局调整无法实现预期目标。本书认为基础教育学校布局调整实施方案要实现对科学的尊重应做好以下几点。

首先，要配备一个专业的团队来设计基础教育学校布局调整的实施方案。这个专业团队的成员的专业背景应尽量涵盖布局调整所涉及的各主要领域，以保证团队能够对布局调整各要素的稳定联系进行规范的推演论证。例如提高教育资源使用效率的问题则要由教育经济学背景的团队成员来给出具体建议，规范低龄学生的寄宿制教育的问题则要由具有教育与发展心理学背景的团队成员给出具体建议，对于布局调整中涉及的少数民族、乡村文化、校车交通安全等也需要具有相关知识背景的专业人士提供参考意见。其次，要有当地基础教育发展的基本数据资料，也就是尊重现实之理所要求进行的摸底调研。因为再复杂的理论推演也要从客观、稳定的已知变量出发才能得出结果。

前面配备的专业团队就是要借助于这些反映当地基础教育发展的真实稳定的基本数据来推演布局调整各种可能的变化。再次，是要把握好布局调整的方向和目标。专业团队利用理论和基本数据能够推演出多种布局调整的结果，但是我们要选择的是一种最为接近布局调整要符合价值之理的结果。由以上的分析可知，制定布局调整实施方案的各项要求环环相扣，具有鲜明的先后次序。因此，最后一点是建议布局调整方案的出台应有一套规范的程序。建议将布局调整工作的团队分成三个组，前期调研组负责摸底调查，提供真实有效的地区基础教育发展数据；目标设计组负责准备前面提到的前期准备材料，并修正和确定布局调整目标；专业团队作为方案制定组利用前面两组的材料制定具体实施方案。同时建立一个应急的反馈调节机制，对布局调整中遇到的新问题及时进行修正调整。

第五章 理实相较求于合之基础教育合理发展的学校功能

对人民群众而言，上学的核心问题是孩子们在学校里会接受一种什么样的教育，或者说基础教育阶段的学校能够提供一种什么样的教育服务。这其实是基础教育阶段学校功能发展的问题。本章尝试使用合理发展的理论框架来指导学校功能发展。按照理实相较求于合的基本逻辑思路，首先要做的是分析合理发展理论下学校功能的基本要求，以此为学校功能发展的理；然后对当下基础教育阶段学校功能发挥现状进行剖析，指出学校功能发挥所存在的现实问题；最后提出基础合理发展视野下学校功能拓展的具体建议。

一 基础教育合理发展对学校功能的要求

功能和职能是密切相关的两个概念，这里简单做出区分。一般认为职能是指事物或机构所具有的或所担当的专门职责，如农民要种田，学生要学习，工人要做工，这些都是他们的职能。职能是事物本身所具有的固有属性，是事物的职责和能力，是在应然层面上对事物的一种界定。功能是对事物自身而言的，描述指向的是事物能够干什么的属性，是在实然层面对事物的一种界定。如农民应该种田，但他们也可以以农民工的身份发挥做工的功能。本书在功能的意义上关注学校发展，一方面强调学校基本职能的正常化发挥，另一方面强调拓展学校基本职能之外的其他功能以满足人们的多元需求。

根据合理发展的理论分析框架，基础教育合理发展对学校功能的基本要求也主要体现为三个方面，即要能够回答清楚三个问题。第一是从价值的角度看学校应该为我们提供什么样的功能和服务？回答的是我们想要什么的问题。第二是从规律的角度看学校是否具备那样的功能？回答的是我们想要的东西学校能否提供的问题。第三是从现实的角度看学校是否可以顺利地发挥出那样的功能？回答的是学校功能发挥的条件是否具备的问题。

（一）学校功能供给

基础教育合理发展主张教育发展要符合教育发展的价值之理。在学校功能发展的层面，这个价值之理集中地体现为人们对学校所提供的服务、发挥的功能等抱有的价值预期。学校的功能供给如果能够有效地满足上述价值预期，就是符合价值之理的学校功能发展。在人民满意的教育发展的新阶段，人们对基础教育阶段学校所提供的服务和发挥功能有了更多更复杂的要求。

作为社会机构的学校具有很多的功能潜质，提供哪些服务、发挥什么样的功能是学校发展必须慎重思考的问题。本书认为在学校功能合理发展的问题上应该明确一种立场。不是所有的功能需求都要去努力满足，也不是所有的功能需求都具备满足的条件和能力。学校作为基础教育发展的主要职能机构，应该在尊重教育规律和教育发展现实的基础上尽量满足人们对学校功能的多元价值诉求。

之所以是多元价值诉求，是因为学校教育牵扯到众多利益相关主体，它们对学校的价值诉求不尽相同。这些主体对学校功能的诉求作用到一起必然表现为一套多元化的价值诉求体系。理论上讲，准确地把握这一价值诉求体系应该按照下面的方法来分析。首先按照主体的种类，对每类主体的价值诉求进行细分，然后在多个主体的价值诉求间进行求同存异的合并和妥协，最后达成一种价值共识。这显然是一项浩大的工程，而且这种价值共识能否达成也存在较大的风险。本书决定绕开种种复杂而且结果不确定的工作，转而选择以学校功能供给

第五章　理实相较求于合之基础教育合理发展的学校功能

的发展现状为中心来分析这些价值诉求。由此复杂的学校功能诉求就可以被分为如下三个方面，即新的教育发展形势下出现的各种学校功能诉求；以往的教育发展忽略和无力关照的、现在又被重新提出和需要关照的学校功能诉求；特殊情况下的教育发展对学校功能提出的特殊需求。

新的教育发展形势对学校提出了更多的功能要求。例如，我国基础教育发展正在经历由"有学上"向"上好学"的转变。这一发展形势要求学校在功能供给上要去关注"好学"的具体需求，要从以完成教育普及为主转向以向学生和家长提供一种满意的学校生活方式为主转变。还有我国社会城镇化进程和计划生育等政策带来的生源变动形势。生源稀疏的地区要求学校要提供寄宿服务、接送服务；留守儿童聚集的学校则需要开发弥补家庭教育缺失的功能；流动儿童聚集的学校则要发挥接纳和疏导的功能。当然，面对全社会信息技术的快速发展，学校还应该发挥引导学生对海量的信息进行筛选、鉴别和利用的功能。当然还有面对社会竞争日益激烈的形势，家长们都希望自己的孩子能有更多的才艺和特长，以便获得更多的竞争优势。这种社会发展形势下家长们显然会对学校提出要为学生的特长发展和才艺训练提供更多条件的功能诉求。

以往教育的快速发展忽略或者因无力关照而放弃了的一些功能诉求，现在被重新提了出来。例如，以前是学校紧缺教师，招聘教师时是供不应求的状态，所以那种状态下的学校几乎放弃了在选拔合格合适师资方面的功能。对高校所提供的教师人才基本是照单全收，培养出来什么样的教师中小学就用什么样的教师。现在教师人才的供给相对充盈了，所以学校在招聘教师时开始发挥对教师人才进行质量把关的筛选功能了，同时也开始发挥对高师院校人才培养改革的导向功能。中小学需要什么样的教师，高校就得按照需求去培养什么样的教师。另外，很多学校在完成好教学任务的同时，逐步开始改善学校的环境，力图让学校发挥为学生提供一种安全、优美、舒适的生活场所的功能。

此外，学校功能供给的多元价值诉求还表现为个别学校因为特殊要素的存在而产生的特殊功能诉求。比较常见的是极端地理条件下学生上下学所需要的特殊接送和交通服务功能等；特定文化背景下的风俗习惯、语言使用等特殊功能需求等。

（二）学校功能设计

学校作为一种社会机构，其功能是可以不断被开发出来的。由此，学校的哪些功能应该被开发出来就成为学校发展的一个重要问题。基础教育合理发展理论认为学校功能设计不能仅仅遵循价值诉求的引导而随意设计，学校功能设计还要考虑教育规律的制约。合理发展的学校功能设计应该符合教育规律。

在教育与人这个层面，学校要勇于在培养人的问题上发挥主导作用，并坚持将培养全面发展的人作为学校的功能设计的核心依据。教育基本规律表明，人的发展至少受到遗传、环境、教育三个因素的影响。所以学校教育的功能设计不能试图替换或者忽略其他因素对人发展的影响。然而，教育实践中存在大量过分夸大学校教育的作用，甚至是想建立功能被无限放大的"全能学校"来独当培养人的重任的现象。这样的学校功能设计显然是违背了基本的教育规律。当然，学校是作为社会专门培养和发展人而建立和发展起来的机构，理应承担更多的责任。学校在功能设计上要勇于发挥其对培养人的主导作用，可以尝试开发多种功能去弥补或者加强遗传和环境因素对人发展所产生的影响。

在教育与社会这个方面，学校既要认识到社会对学校功能设计的制约，又要认识到可以利用自身的功能调整来影响社会发展。教育与社会的相互关系规律表明，教育活动受到社会中政治、经济、人口、文化等要素的制约，同时也可以对社会中的各要素产生积极的反作用。因此，学校的功能设计会受到来自社会的生产力发展水平、地理环境、人口状况、政治经济制度以及文化习俗等多种因素的制约。例如在生产力发展水平较低的农耕时代，学校的功能设计

第五章 理实相较求于合之基础教育合理发展的学校功能

从目标到内容都不需要过多地关注生产劳动教育的问题。而到了当今生产力显著发展的知识经济时代，人不接受一定程度的教育几乎无法参加生产劳动，此时学校的功能设计无论如何都不能绕开生产劳动教育的问题。在环境复杂、人口稀疏的地区，学校功能设计要考虑寄宿、接送和校园安全的问题，而在环境优美、人口稠密的地区学校功能设计则无须过多关注此类问题，相反可能还要考虑如何筛选、分流人口的问题。反过来，也应该看到学校的功能设计一旦落实也会对社会产生重要的反作用。例如面对充盈的生源学校所设计的竞争性的筛选功能一方面加重了学生的学习负担，另一方面也可能引发社会不公平。学校的育人功能如果发挥不好，或者育人方向有失偏颇，那就可能出现学校毕业的学生没有能力适应社会，社会发展找不到适合的人才的现象。

学校教育内部也存在一些最基本的规律，比如学校必须以教学工作为主，教学工作必须以课堂教学为主要形式，课堂教学必须以传播间接经验为主。这些逐层具体的教育规律要求学校在功能设计上首先要确保教书育人功能的首要地位，不管学校的功能如何拓展，最基本的还是要通过实施教学实现育人功能。其次是要将课堂教学作为学校功能实施的基本组织形式。我国"文化大革命"时期的学校功能设计就偏离了这一基本规律，学校不重视教学、基本的课堂教学秩序被破坏得形同虚设，学校的政治运动、思想宣讲功能被过度放大。结果给我们国家的教育发展和社会进步造成了巨大的损失。学校功能设计中一定要给教学工作为重点、课堂教学为基本组织形式、间接经验为主等规律诉求留有充分的发展空间，并提供坚实的实施保障。

（三）学校功能发挥

基础教育合理发展的现实之理要求发展活动要尊重已有的现实基础，这是所有发展活动都绕不开的发展起点。学校功能发挥同样也有一个尊重发展现实的问题。学校功能发挥最终要落实到实践层面，学校的功能供给和功能设计能否实现也要看学校是否具备了相应的条件。学校功能发展不是一个从无到有的发展，而是一个从有到好的发展，对一所具体的学校而言，其功能发挥要尊重已有的发展基础和面临的现实条件。

社会学讲结构决定功能，只有结构完善，相应的功能才有可能出现。当我们谈及学校功能时，这里的学校是泛指一所普通意义上的学校，这里默认的前提是这所学校是一所结构完整、构件标准的学校。然而，对于一个具体的学校发展而言，其结构并非一定是完善的，其构件也可能与我们的理性标准存在较大差异。因此，在面对任何一所具体学校的功能发展问题时，首要的工作仍然是摸清这所学校的相关现实条件。这包括整体上学校功能发挥的现状、功能供给的缺口、功能实现的条件等，也包括学校内部基础设施、师资配备、校风学风、生源构成等现实条件的基本状况。由这些单个构件的基本情况组成的学校整体结构是其进一步发展的现实基础。不顾学校发展的现实基础，将很多理想化的学校功能供给能力错误地安插在不适合的学校身上，只会给这些学校的功能发展造成更大的负担。当前普遍存在的中国学校盲目学习西方学校、农村学校盲目学习城市学校的情况就是没有考虑学校发展的现实基础，其结果只能是徒有其形，而无其实。基础教育合理发展所要求的学校功能发挥一定要以一所学校的现实基础为起点。

二　基础教育阶段学校功能发挥现状

目前基础教育阶段的学校功能发挥并不理想。在认识和观念层面，对学校应该发挥什么样的功能这个问题存在很多不同观点。在实践层面，学校功能的指向、功能发挥的形式以及功能品质都存在很多问题。而对于新增的一些学校功能诉求，学校在功能供给上也没有予以很好的应对。

第五章 理实相较求于合之基础教育合理发展的学校功能

（一）学校功能认识存在争议

学校应该发挥什么样的功能历来都是一个多方关注的话题。本书认为两类主体对这一问题的认识能够深刻影响学校教育：一类是学者群体，他们主要在理论层面对学校应该发挥的功能进行分析论证。另一类是教育实践者群体，主要是学校的校长、教育管理者等，他们主要在实践层面对学校应该发挥的功能进行探索和实施。由此，本书先是通过一些学术论文和著作对学界对学校功能的相关认识进行了梳理总结，然后又随机访谈了12所学校的校长和5位教育局局长，以此来了解实践领域的主体对学校应该具有哪些功能的认识。结果发现，不仅在理论研究和实践探索上有不同的观点，即使是在理论研究内部也难于达成一致意见。实践探索方面更是缺少统一的学校功能观。因此，当前我们对学校功能的认识仍然存在着一些争议。

改革开放以来中国教育学发展中有三次大的学术争鸣：第一次是关于教育属性问题的争论，第二次是关于教育功能的争论，第三次是关于教育如何适应社会主义市场经济的争论。在第二次争论中，很多学者也提到了学校功能的问题。

在开始介绍众多观点之前有必要澄清教育功能、学校功能、学校教育功能的概念。本书从概念层次上对三个概念进行排序，认为教育功能可以涵盖学校功能，学校功能又可以涵盖学校教育功能。因此，就我们这里研究的学校功能而言，当谈论学校教育功能时，显然也是学校功能的一部分。但是，当谈到的是教育功能时，其涉及的范围可能就会超出学校功能的范畴了。

关于学校应该发挥的基本功能有哪些，代表性的人物和观点都比较多。例如涂尔干、帕森斯等人都有过相关的论述。涂尔干认为学校教育的功能主要体现在儿童的培养方面，这种培养具体表现为两个方面：一是培养他所属的那个社会要求其所有成员必须具备的某些生理和心理的特性；二是培养特定的社会群体诸如等级、阶级、家庭和职业团体等同样要求其所有成员应该具备的某些生理的和心理的特性。[①]功能主义社会学家帕森斯在他的《作为一种社会系统的学校班级》一书中也提到学校班级具有两种主要功能：一是个体社会化功能，二是选拔功能。[②] 我国学者劳凯声进一步明确指出学校的基本功能体现为两条：一是培养人，二是选拔人。学校对个人发展的促进功能，是指学校根据社会对每一个人的基本素质要求和个人身心发展的基本规律以及不同的个性特征对受教育者所施加的影响。学校的选拔功能，是指学校根据一定社会的价值标准和判断、评价其成员的模式对受教育者所做的鉴别。在现代社会中，学校的这两种功能是缺一不可的。社会发展的不同时期对学校功能的发挥提出的要求不是要哪一个不要哪一个的问题，而是如何在两种功能之间取得一种适度平衡，使教育的作用可以得到最大的发挥。因此学校的这两种功能是不能相互取代的。[③]

除了对学校基本功能的研究外，很多学者还关注了学校的派生功能、泛化功能、再生产功能等相关问题。学校的派生功能研究主要从对学校实体的观察出发，认为学校在社会生活中扮演的角色越来越重要，学校会逐渐派生出类似于托管所的照管功能，后勤保障功能，执法的功能，降低失业率、促进就业的功能，降低人口出生率的功能，拉动经济增长的功能等。[④] 学校的泛化功能研究在宏观层面关注了学校所具有的多方面的功能，如政治功能、经济功能、文化功能以及学校对个人的教化和对社会秩序的维持功能等。学校的再生产功能认为学校的功能是社会再生产，它再生产社会的不平等关系，再生产社会

---

① 王建华：《国外学校教育功能研究的缘起与现状》，《民办教育研究》2006年第1期。
② 李兴洲：《为了学校的名义——学校基本功能辨正》，《当代教育科学》2006年第6期。
③ 劳凯声：《重新界定学校的功能》，《教育研究》2000年第8期。
④ 陈建吉：《论学校的派生功能》，《教育理论与实践》2000年第6期。

第五章　理实相较求于合之基础教育合理发展的学校功能

的共同价值等。①

可以发现，关于学校功能的理论研究观点很多，研究的视角和侧重点也不尽相同。总体上看，如果不考虑具体细节，学校应该发挥的基本功能大约可以形成一致的观点，即可以概括为两个方面：一是人才的培养，二是人才的选拔和甄别。至于学校的派生功能、泛化功能、再生产功能等则很难达成一致认识。

学校教育实践领域对教育功能的认识观点也很多，本书对吉林、山东、河北、江苏、重庆、浙江等地的一些中小学校长和教育局局长做了调查访谈，了解他们对学校功能的认识。调查结果表明，这些校长对教育功能并无明确的认识，他们平时很少思考这样的问题，而且认为学校要发挥什么样的功能不是他们需要思考的问题。12位校长中的7位校长在被问及"您觉得学校应该发挥什么样的功能？"时，他们坦诚地表示自己平时并未思考过这样的问题。4位校长在部分回答问题后表示这不是他们需要思考的问题，这是国家和政府的事情，他们就是按照上级部门的要求管理好学校。而且，有一位校长指出，即使他想让学校发挥一下服务社会之类的功能，也会受到来自教育主管部门的各种限制。调查到的几位教育局局长也表达了类似的观点。我们对他们关于这一问题的回答总结后发现，这些校长和局长对学校应该发挥的功能的看法大约集中在"落实国家的教育政策""教育学生""向学生传播科学文化知识""满足家长需求""为上一级学校输送优秀学生"等方面。从他们的回答中我们几乎看不到教育功能的理论研究领域经常使用到的"社会化""人才培养""人才甄别选拔"等概念，更没有人提及派生功能、泛化功能、再生产功能等概念。理论研究者广泛使用的概念并未进入一线教育工作人员的话语体系。即使在对相同的活动或对象进行描述和表达时，双方也是在各自使用所熟悉的不同概念。

---

① 李兴洲：《为了学校的名义——学校基本功能辨正》，《当代教育科学》2006年第6期。

由此可见，部分工作在一线的教育管理工作者对学校应该发挥的功能并无明确和统一的认识，学校功能的理论研究者和实践探索者对学校应该发挥的功能的认识显然也存在着巨大的隔阂。

（二）学校功能的发挥存在偏差

上述讨论表明，关于学校功能大约存在一个共识，即认为学校，尤其基础教育阶段的学校，存在两个基本功能：一是育人功能，二是选拔甄别功能。然而，在教育实践中这两种功能的发挥都不理想，整体上教育功能的发挥存在偏差。这些偏差既有违背教育规律造成的，也有忽视教育发展现实造成的，还有价值关照不均所造成的。

1. 功能发挥的旨向——瞄错目标违背规律

学校育人和选拔甄别两大功能应不分主次，理想的学校应该保证其双重功能的正常发挥。但是在实际的教育实践中，学校的选拔甄别功能被过分放大，相应的育人功能就被挤压。在现实中，基础教育阶段的学校教育成为以培养和挑选未来社会精英角色为主要甚至唯一目标的实践行动，成为以培养和挑选学业考试成绩好的精英学生——尖子生、"好学生"为主要甚至唯一目标的实践过程。这使学校的选拔功能逐渐成为学校教育的核心功能，这种实践操作将本应是学校教育最基本功能的育人功能排挤到学校教育的边缘，其实质是学校教育选拔功能对其育人功能的僭越。[①] 在学校的选拔功能被过分放大的大环境下，学校因此成了社会对个人进行鉴别和选拔的一个筛选器。而且每一个人都要被迫进入这个筛选器，人们需要通过这样一个机制来证明自己的能力，实现自己的价值。学校赋予学生的标签替代了原本应对学生本人实际知识和能力素养要进行的考察。甚至在社会上还出现了"不看学生，只看学校"，"要看学生，先看学校"的流行观念。学校选拔功能的过分强化使学校在促进个人发展方面的功能难以发

---

① 杨光海：《学校教育角色化：实质、后果及其消解——学校教育现实功能问题反思》，《现代教育管理》2010年第11期。

第五章 理实相较求于合之基础教育合理发展的学校功能

挥,在激烈竞争的环境下,学生的人格遭受扭曲,极大地阻碍了其身心健康发展,这是当前学校教育普遍存在的问题。[①]

其实社会对人才的选拔一般分为两种方式:一是保举性选拔,二是竞争性选拔。前者依据人的家世、门第、身份、种姓等资格来选拔人才;后者依据人所具有的知识、能力、经验、德行、健康等品质来选拔人才。[②] 随着社会进步,竞争性选拔成为社会人才选拔的主要形式,由此导致学校发挥选择功能也成为社会发展的必然。首先,是学校通过对人才进行标定,以学历、学位等形式赋予个人一种标签,这种标签会增加人才在竞争性选拔中的筹码。其次,学校能够通过知识、技能和思想理念的塑造增强人在竞争性选拔中的竞争能力,而学校内部也会通过对学生进行排名和分类进而形成一种初期的人才选拔。由此,学校教育的选拔功能在竞争性选拔的社会中逐步得到重视,以至于成为现代学校的一种基本功能。需要指出的是学校对人才的选拔是伴随着对人才的培养而进行的,因此,选拔结果实际也是培养的结果。从这个意义上讲,学校的育人功能和选拔功能,就结果而言,两者相辅相成,并不矛盾。学校功能设计单纯地瞄准选拔功能,忽视育人功能,显然是学校功能发挥瞄错发展目标,违背教育规律的做法。

除了两种基本功能之间存在偏差外,在育人功能和选拔甄别功能内部也存在偏差。本来学校的育人功能是要兼顾学生全面发展的一种教育设计,即应按照德、智、体、美、劳的全面素质去实施育人功能。但实际上学校教育的全面育人功能经常被简化为智育功能。这一偏差显著地表现在学校各教学科目的地位和课时分配上。例如在基础教育阶段的学校中,语文、数学、英语等被当作主科,而物理、化学、生物、历史、地理、政治被划为副科,而与体育、美育等相对应的体

[①] 劳凯声:《重新界定学校的功能》,《教育研究》2000年第8期。
[②] 鲁洁:《论学校的选择功能》,《教育研究》1986年第10期。转引自瞿葆奎主编《教育学文集:教育与社会发展》,人民教育出版社1989年版,第315页。

育、音乐、美术等课程则形同虚设。课时分配上也存在明显的主科课时多，副科课时少，艺体类课时经常被占用的情况。甚至还有学校在课时分配上采用与考试分值相匹配的方式，按照某门课程在中高考中的分值比例来决定该门课程在总体课时中的课时分配比例。这种主科、副科的区分也影响到了学校的任课教师。三大主科的任课教师在整个学校就有较多的话语权，身份地位似乎也要高过副科教师，从事体育和美育的艺体类教师则严重地被边缘化。一个重要的表现就是很少有艺体类课程的教师在学校任班主任。艺体类老师不是不能当班主任，但是在以智育为育人核心的情况下，主科老师做班主任理所当然，副科老师做班主任勉强可接受，要是艺体类老师做班主任，学校不让，学生不服，家长也信不过，甚至连艺体类老师自己，也觉得自己根本不能胜任。由此可见，由智育功能代替育人功能的学校功能偏差已经到了很深的程度。

学校选拔甄别功能的偏差主要表现为因为过分重视而被异化。首先是对甄别选拔功能理解的简单化，认为学校甄别选拔功能的发挥主要目的是对学生进行分层、选拔和淘汰。简而言之就是要把学生分出优劣，按照优劣程度，优的送进好大学，差一点的送入一般学校，再差一点的送入职业技术类学校，剩下最差的就淘汰掉，不给予其进一步读书求学的机会。这里实际是在按照学生的考试成绩将他们由高到低地进行排队。学校的甄别功能不能简单地理解为分层、选拔和淘汰，不是将学生分为三六九等之后挑选出其中的出类拔萃者，而是对学生的个性特征、能力、气质进行区分，然后根据学生的个性特征、能力、气质进行教育教学，使学生在学校组织中更好地发挥特长，促进学生的发展。[1]

其次学校甄别选拔功能被异化为学校之间比拼升学率的"自我保存功能"。学校能否发展、发展好坏被简单化为升学率高低的问

---

[1] 吴亮奎：《功能、悖论和应有之义：优质学校的社会学分析》，《教育理论与实践》2011年第7期。

题。升学率高的学校就是好学校，就是功能发挥好的学校。升学率和学校的甄别选拔功能挂上了钩，所以有人会大张旗鼓地搞应试教育，拼升学率，而后说是在发挥学校对人才的甄别选拔功能。所以有学者说升学率作为学校的"命根子"已经从"学校的选择功能"变成学校的"自我保存功能"。[①]

再次是学校选择功能发挥的顶端化。在面对日益严重的学校比拼升学率问题时，很多矛盾的焦点都集中到了学校的选择功能身上，甚至认为学校正是因为其具有了人才的选拔和甄别功能才被升学率问题所绑架。其实这种指向学校选择功能的评判也是有失偏颇的。例如南京师范大学的鲁洁老师曾在20世纪80年代就指出，学校教育领域中出现的片面追求升学率的现象从表面看似乎是学校选择功能的过分强化导致的，但实质上却是学校选择功能发挥不够全面和正确导致的。比如学校纵向选择功能顶端化的问题一直是困扰学校选择功能发挥的大问题。学校教育是一个长期过程，选择功能的实现要到了学校教育的顶端，也就是大学之后才能显现出来，这种选择功能显现的顶端化导致低端和中端的学校不得不去力争升学率，一种流行的认识颇能说明这种现象：上学就是为了考上大学，考不上大学上学就无用。[②]

以上都是对学校甄别选拔功能的异化。其实学校对学生的甄别选拔不是给学生排队分优劣，而是对学生的未来发展进行疏导分流，甄别后形成的只是发展方向上的差别，而不是优劣好坏的差别。升入不同的学校所需要的基础应该有差别，毕业后从事不同的社会职业的基础也是有差别的。这些差别背后是社会生活的丰富性，而不是层级性。甄别和选拔也不是以成绩为唯一标准，而是要综合看学生的个性特征、能力素质和气质风貌。学校要通过甄别选

[①] 陈桂生：《"学校自我保存功能"的再认识》，《江西教育科研》2004年第11期。
[②] 鲁洁：《论学校的选择功能》，《教育研究》1986年第10期。转引自瞿葆奎主编《教育学文集：教育与社会发展》，人民教育出版社1989年版，第315页。

拔功能将学生分流到适合的方向上去,而不是镶嵌在充满高低贵贱的固定结构里。

2. 功能发挥的形式——整齐划一忽视现实特性

学校功能发挥的另一偏差表现为过于追求整齐划一,忽视学校教育活动的现实特性。这种偏差导致两种严重后果:一方面导致学校发展平庸化,没有特色,千校一面;另一方面导致学生素质标准化,缺少个性,千人一面。

对学校功能所进行的整齐划一的统一管理导致学校发展具有强烈的逐优性和趋同性。所谓逐优性,指学校发展不是从自身实际出发设计一个适合自己的整体发展规划,而是看同类学校中的优质学校取得了哪些发展成绩,这些成绩是怎么取得的,弄清楚之后各个学校开始追随着优质学校的发展脚印发力学习追赶。这种追逐优质学校的心态在基础教育学校发展时非常普遍。农村普通学校按照农村优质学校的样子发展自己,农村优质学校按照城市学校的样子发展自己,城市学校又按照城市优质学校的样子发展自己,城市优质学校在国内找不到去追随谁,就琢磨开始按照国外学校的样子发展自己。这么走了一圈,我们会发现从最普通的学校,到发展很好的优质学校,无不蔓延着一种找个发展更好的学校的榜样好去模仿的心态,这种学校发展的逐优性思维导致中国学校很难走出一条有自己特色的学校发展之路,更谈不上发展出自己的学校特色。

趋同性是指学校整齐划一的管理体制下,各校发展目标、发展内容和发展措施方面基本相同,趋同性将直接导致学校同质化。有研究指出学校同质化是我国基础教育生态系统的真实写照:许多中小学从办学思想到学校规划、从校训到教学行为都是趋同的;教师沦为解析试题的工具,年复一年重复着机械劳动,教师个人专业发展非常缓慢;学生自由思考被标准化的考试所压抑,心灵受到戕害,毕业的时候呈现千人一面的标准化样态;校长则患了"失语症",往往在服从上级领导和顺应社会舆论中疲于奔命,在本来应该是自己大显治理才能的领域失去了话语权。① 放眼全国的中小学,从追求升学率、重视校园安全、努力扩大招生规模、举办学生竞赛,到学校的新建、扩建教学楼、宿舍、食堂、体育场馆,甚至到学校墙上的宣传标语和校园里的花坛、雕塑设计,再到学校的管理制度、作息时间、师资配置,学校间都表现出了强烈的趋同性,千校一面的局面逐步形成。其实,这种强烈的趋同性可能也是前文所述逐优性的一个结果,大家在发展的问题上都逐层向上学习借鉴,最后的结果就是虽然学校层次不同,实际状况差别显著,但它们都暗自共享着一种关于发展什么和如何发展的逻辑。

学校功能发挥形式的整齐划一也直接影响到学校的毕业生。在统一的课程体系、教学模式、教学环境、评价导向的综合作用下,学生走出校门时所具有的知识结构、能力水平、思想境界基本都在一个相差不大的水平上,他们看待事物的立场,思考问题的方式,做事情的行为模式等也具有强烈的相似性。缺乏个性、千人一面的基础教育毕业生群体由此形成。有人形象地将学校比作生产标准件的工厂,而学生就是学校这条流水线上生产出来的标准件。

3. 功能发挥品质——服务意识淡薄价值缺失

学校功能发挥要立足于受教育者价值诉求的满足。在纷繁复杂的价值诉求体系中,满足学生发展需求、服务学生成长成才应该是最根本的价值诉求。然而,就学校功能发挥的品质而言,服务意识淡薄、价值缺失的情况在基础教育学校中却屡见不鲜。其一是学校模仿"官本位""管"学。"官本位"是一种以官为本、以官为贵、以官为尊为主要内容的思想意识,官僚主义、形式主义、唯上是从就是这种思想意识的外在表现,推诿扯皮、敷衍塞责、官商勾结、权钱交易就是这种思想意识支配下的具体行为。"官本位"的基本特征包括以下几个方面,即以"官"的意志为转移的利益特权、"唯上是从"的

---

① 李旭:《学校声誉制度:学校同质化的制度根源——基于组织社会学的阐释》,《中国教育学刊》2012年第4期。

制度安排、以"官"为本的价值取向、以是否为官和官职大小评价社会地位的衡量标准。①官本位影响高校发展已经是一个不争的事实,中国高校"去行政化"的讨论已经闹得沸沸扬扬,讨论中批判的矛头对准的其实正是学校管理中模仿行政体制里的"官本位",这种思想将学校、教师和学生作为官员管控的对象,淡化了服务,核心价值缺失。基础教育领域中的中小学也存在类似以"官本位"思想来"管"学的现象。校长和各个部门以及教研组潜在运行着严格的上下级关系,甚至在教研组长和普通教师间,班主任和任课教师间也蔓延着上下级的管理关系。更严重的是教师和学生之间、班主任和学生干部之间、学生干部和普通学生之间也去模仿官场特有的上下级关系。

其二是不用、错用专业知识"误"学。学校教育活动本应是在教育专业理论和知识指导下的专业活动,但在实际的学校教育实践活动中,教育专业理论和知识经常被悬置不用,或者被错误地使用。于是就出现了教育理论工作者和教育一线实践工作者之间的隔阂。前者指责后者需要加强理论学习,提高教育活动的专业程度;后者则指责前者的教育理论和教育知识脱离实践,不能改善和指导他们的工作。在相互的指责中,中国基础教育出现了教育理论的文本繁荣与教育实践的问题丛生并存的畸形局面。是中国的教育学者不够努力,他们研究出来的教育理论和知识不科学、不好用吗?还是中国的一线教育工作者太僵化、太顽固刻意抵制这些教育理论和知识?显然都不是。本书认为在教育理论和教育实践之间出现如此巨大的隔阂,跟学校在功能发挥时没有建立好一种理论知识和实践操作间的沟通桥梁有重要关系,也就是说这些理论和知识根本没有真正地走进教育实践。

本书以老师上课之后布置作业为例简单说明这一现象。老师上课

---

① 沈小平:《"官本位"现象的根源与解决之道》(2009年3月),2015年1月6日,新华网理论频道(http://news.xinhuanet.com/theory/2009 - 03/26/content_ 11068545.htm)。

第五章　理实相较求于合之基础教育合理发展的学校功能

后要布置课后作业，这是基础教育中再寻常不过的一件事情。常见的做法是老师告诉学生单词写多少遍，习题做多少道，作文写多少字等。有些家长们也开始模仿老师给自己的孩子留作业，关注点也集中在单词的遍数、题目的道数等孩子做作业的"量"上。老师对作业的检查就是看学生是否拿出了数量足够、文本工整、答案正确的作业，家长督促检查孩子的作业也是集中在数量充足和文本工整等方面。这个过程看起来真的没有什么专业技术含量，以至于学生干部都可以给普通同学布置作业了。布置课后作业、检查作业沦为了谁都可以干的简单工作，本应教师特有的专业话语权力被彻底架空，谁能布置作业看的不是是否具有专业理论和知识，而是是否对学生有管理资格，专业权力被管理权力所取代。然而，布置作业真的不需要教育专业理论和知识关照吗？当然不是，教育实践中不用专业知识并不能证明专业知识没有用，能说明的只是这个教育实践没有使用应有专业知识。从教育专业知识的角度看，课后布置的作业有很多类型，例如巩固型的作业、训练型的作业、体验型的作业、反思总结型的作业、应用拓展型的作业等。不同类型的作业布置和完成要求是不一样的，功能和作用也是不一样的，检查作业完成与否、完成好坏的方式方法也不一样。以巩固型作业为例，我们常见的单词或者汉字词语写多少遍，一般属于这种类型，这种作业主要是为了对抗大脑对单词和汉字的遗忘。人脑的遗忘是有规律的，艾宾浩斯遗忘曲线大约描述了这一过程。从中我们了解到，复习巩固的时间点非常重要，只有在适合的时间复习巩固才能取得良好的效果，不能只看复习巩固的次数和数量。如果以这条专业知识来指导教师布置作业就应该是这样的，除了有单词写多少遍之外，还要有什么时间去写这些单词，检查作业完成好坏时除了要看数量充足、文本工整外，还要看是什么时间完成的。老师要计算好最佳的复习巩固时间，并明确地提出要求学生在特定的时间段来完成这种复习巩固型的作业。有的学生为了放学后能有更多的时间玩耍，在课间的时候就赶紧把作业写完了，回家后家长询问时，学生会理直气壮地说在学校时就写完了。家长可能还会就此对学生进行表扬，老师甚至也觉得这么积极地做作业应该表扬。有的学生则是在上课要交作业前匆忙完成，在老师收缴作业的最后时刻足量写完交上，老师对此一般也不做批评。其实这都是不懂专业知识、不用专业知识的做法，可以说这样的作业根本就没起到作业应有的功效，对学生来说，这样去落实作业，作业就沦为了一件体力活，一项只是做给别人看的作业。即使偶尔有教师认真地要求学生按时间点来完成这种作业，也无法得到家长的配合，甚至是招来家长和学生们的非议。由此看来，学校教育活动并不是没有专业技术可言，而是我们的很多老师和家长不懂、不用教育专业理论和知识，以至于形成了一种学校教育活动没有专业技术性的错误舆论，而这样的错误舆论加剧了教育实践工作者对教育专业知识的抵制和排斥，他们就更加地不用、不学教育专业理论和知识。由此，进入了一个恶性循环，不断地拉大教育理论和实践之间的鸿沟，而最终耽误的是学生的学习与发展。

其三是盲目竞争"苦"学。学校功能发挥本应通过提供场所和师资等多方面的服务和支持来促进学生的学习发展。然而教育实践中学校间的各种竞争、学校内部学生间的各种竞争导致这种功能的发挥出现了较大偏差，学校逐渐由一个服务提供者的中立角色演变成了一个强力管控学生必须接受各种服务和支持以帮助学校在各种竞争中取胜的主动角色，也就是说学校在功能发挥上由提供多种服务和支持让学生自由学习演变为逼迫学校里的学生狠学、苦学的强迫学习。

在家长的期望、高考的竞争面前，学校在功能发挥上逐渐迷失了自己的定位，更多的是在扮演着学生命运的改造者、贫苦底层家庭学生的救世主。有了这样的角色定位，学校就可以站在这个位置上居高临下地指挥家长、告诫社会，进而严厉地管控和逼迫学生。学校甚至言明他们也不想这么做，但是没办法，学生要在这里苦拼才能在高考中胜出，家长求着学校这么做，学生成功后也会感激学校曾经那么严厉地对待他们。学校逼迫学生苦学的逻辑就这样成立了吗？学校要循着这样的逻辑规划自己的功能发挥吗？问题显然没有那么简单。日前

第五章 理实相较求于合之基础教育合理发展的学校功能

网上掀起的一场关于高中教育的讨论恰好反映出这背后的错误推理。①

在高考改变命运的现实面前，高中要办成什么样才能成为人民满意的教育？日前媒体对衡水中学的报道终于引发了"学者派好高中"和"家长派好高中"的激烈对抗。这场对抗中杨东平对包括衡水中学在内的很多高中炼狱式苦学的管理和教育进行了批评，并畅想自己如果做了衡水中学的校长会按照教育理论对其进行多方位的改造。对抗另一方的衡水中学学生家长胡先生则旗帜鲜明地攻击了杨东平，并喊出了要"打杨东平耳刮子"的激烈言辞。胡先生对杨东平诸多不赞同中令人印象最深刻的要数他对衡水中学要求学生苦读、拼搏的方式所做的辩护。他说"作为衡中家长，我承认三年的'疯狂'确实够累，但是，我们必须知道，在一所落后地区的高中里，那些试图改变社会阶层的学生，只有赢得高考，才能改变命运"。言辞中除了有对衡中模式的支持外，也透露出了对自己的孩子在炼狱式的学校忍受痛苦所表现出的无耐。

由此，一个鲜明的逻辑似乎形成了，孩子们要通过高考改变命运，炼狱式高中里的苦学虽然很累、很苦、很疯狂，但是它能帮孩子们在高考时取得一个理想的成绩，于是，炼狱式高中苦学似乎是应了家长和社会的要求而出现，炼狱式高中也变成了承载着大量底层社会青少年改变命运这一美好诉求的神圣机构。于是高中就可以打着为了改变孩子们的命运的旗号大搞炼狱式苦学教育。本书认为，高考确实可以改变命运，但这不应成为鼓励高中搞炼狱式苦学的理由。

第一，全体苦学并不能在高考中制造更多赢家。单就录取而言，

---

① 2014年10月23日《中国青年报》第三版整版刊登了《衡水中学到底哪里不正常》和《不要再妖魔化衡水中学》的报道，随后网上产生多种讨论，著名教育学者杨东平在其博客上发文《假如我是衡水中学校长》（中国青年报2014年11月11日）批评了衡水中学的很多做法，并假想自己如果是衡水中学校长会对衡水中学做出怎样的改造。随后一位胡姓的衡水中学家长发博文《杨东平要是衡中校长就该给他几个耳刮子》，随后杨东平发博文《衡水中学为何如此暴戾》，这位胡姓家长则再发博文《凭什么道歉：我为什么要给杨东平几个耳刮子》《几个耳刮子应该扇醒谁——再谈我为什么给杨东平耳刮子》等博文予以回应。

高考是一个类似零和游戏的活动，高考录取率是固定的，各大名校给一个省份留下的名额也是固定的。每个苦学学生高考成功背后一定是另一个苦学学生的失败。高考不会因为某个省的全体考生都优秀而为这个省多准备一些指标，名校也不会因为全体考生都优秀而多给出一个名额。因此，倡导全体苦学的高中教育并不能在高考中制造更多赢家。所有人都进行高强度的苦学之后去参加高考，跟所有人都进行一般强度的轻松学习之后去参加高考，并不会改变高考的整体录取结果。高中搞炼狱式苦学其实就是让所有学生都在一种高强度下苦学，整体上通过高考改变命运的人并不会因为这样的苦学而增多。

第二，一所学校大搞苦学会胁迫其他学校都搞苦学。一所学校搞炼狱式苦学可能会胁迫其他学校都不得不跟着一起搞。这里可以举个简单的例子。本来电影院里大家都舒服地坐在座位上看电影，突然前面一个人为了更清楚地看到电影而站起来看了，被他挡在后面的人为了要看清电影，也不得不选择站起来看，最后的结果就是电影院里的人都站着看电影了，即使有人想坐下看，也做不到了。本来大家都可以舒服地坐着看电影，但为什么现在都得站着呢？要埋怨的显然是那个第一个站起来看电影的人。争议中的衡水中学可能就是那个第一个站起来看电影的人。它所倡导和建立的高强度逼迫式苦学氛围打破了原来行内适度管控下自觉学习的规范，通过逼迫学生苦学而迅速为自己的学校取得对其他高中中的相对竞争优势。此时，其他的学校如果不加入逼迫学生苦学的行列，就只能忍受竞争的失败。面对着家长和学生高考的强烈诉求，这些学校只能选择也去努力营造逼迫学生苦学的氛围。于是所有的高中和高中学生都陷入了逼迫学生苦学的旋涡中。对第一个搞炼狱式苦学的中学而言，最后它不仅不能把更多的高考胜出机会带给自己的学生，反而是把更多的学习负担带给了全省的高中学生。

第三，被迫苦学和主动奋斗不是一回事。姑且不论高考胜出是否一定能改变命运，单看高考胜出背后的苦学，也是有不同情况的。通过苦学拼搏在高考中胜出的学生可以分为两种：一种是发自内心的愿意拼搏奋斗的主动苦学高中生,一种是在严厉的管控威胁下无意识被动苦学的高中生。虽然最后都是高考胜出,但两者显然不是一回事。主动奋斗的高中生胜出那是个人的品质使然,被迫苦学而胜出的高中生则是他人严厉管控的结果。前者胜出符合高考甄别社会精英的初衷,后者胜出则可能是为社会选出了一个毫无主动精神的听话的学习机器。高中办炼狱式苦学教育是强迫所有学生都苦学,它以制度的方式抹杀了主动奋斗和被迫苦学的差别,阻碍了高中教育和高考社会甄别功能的正常发挥。这样的炼狱式苦学教育在消除少数具备精英潜质学生的优势的同时,也无情地摧残了普通学生的身心健康。

(三) 新增学校功能诉求未得到足够重视

一事物因其基本功能诉求而被创造出来,更因为其有价值的功能供给而存在并发展下去。而当一个事物已经现实地存在着,它的功能也就不再那么确定了,因为它可以被拿来做多种事情。从学校历史发展的过程来看,学校的功能不是一成不变的,不同的社会要求教育承担的角色是不一样的,对学校功能的诉求也有差别。[①] 随着社会的发展,人们对学校的功能诉求会发生变化,当然也会新增加一些功能诉求,由此,学校必须适时调整自身的功能发挥,适应社会发展。如果学校对社会新出现的功能诉求视而不见,不积极主动地调整功能发挥予以应对,那么这样的学校将被淹没在社会发展的大潮中,没有生机和活力,甚至被社会淘汰。

改革开放以来中国的社会发展发生了翻天覆地的变化,中国的基础教育也取得了骄人的发展成就,这对基础教育阶段的学校显然也提出了更多的功能诉求。然而我们的学校在功能供给上,对新增的学校功能诉求重视不足。青少年的生命问题、安全问题、健康问题、品行问题、纪律问题乃至人格问题等,这些林林总总的问题似乎都是教育的失误,进而又都归罪于学校教育的失败。于是学校教育遭受了更多

---

① 庄西真:《论学校功能的变化》,《当代教育论坛》2003年第5期。

的指责，对学校提出了更多的功能诉求。随着社会发展，社会对教育的功能需求呈现多元化的发展态势。在人民满意的教育理念下，很多新的学校功能诉求得不到学校的正面回应，影响了基础教育整体的质量提升，同时还引发了学校功能替代现象，增加了教育发展的复杂程度。

1. 被忽视的新增学校功能诉求

第一是信息素养培养方面的功能诉求。信息素养培养是随着社会发展新增的一种学校功能诉求，但学校教育对此显然不够重视。互联网时代的到来正在冲击着人类社会的方方面面，信息已经打破了时空界限，充斥在人类生活的各个角落。要在这样一个时代生存和发展，人们显然需要更合理的信息观念、更丰富的信息相关知识、更强大的信息处理能力。当这种需要变成一种全民的生存和生活需要时，这种需要也就成了学校必须去迎合的一种合理需要，也就是一种新增的学校功能诉求，我们可以暂且把这种新的功能诉求叫作信息素养培养功能。

学校是保存和传递知识的重要场所，也是一个人求学和社会化的重要场所。但在高度信息化、网络化的社会中，人们将能够通过越来越多的渠道学习获得有用的知识。学校显然已经不是唯一的知识来源和社会化场所，在信息网络化的社会里，各种超文本的知识信息通过各种媒介充斥社会的各个场所，知识学习和技能训练已经打破了原有的学校场域的时空限制，网上的慕课（MOOC）、电脑里的虚拟仿真操作系统，这些新事物的出现、新技术的使用使得知识的获得可以通过学校以外的许多途径完成。另外，借助微小终端设备实现信息无线高速传输的移动互联网使得信息的获取也打破了时空和个体能力的限制。在网络覆盖的世界中，无论你在哪里，无论你具有什么样的知识背景，信息和知识对你来说几乎都是唾手可得。信息和知识对这个时代的学生来说，已经不是如何获取的问题，而是如何筛选、使用的问题。我们不再需要花大量的时间去记忆知识和信息，因为它们已经被分门别类地存储在互联网里，而且我们可以轻易地查阅它们。我们需

第五章　理实相较求于合之基础教育合理发展的学校功能

要的是怎么检索信息和知识、怎么筛选鉴别我们需要的信息和知识。传统学校所发挥的知识传递功能、引导学生在学习过程中对知识的记忆和储存功能显然要做出调整。学校教育将由专注于知识和信息传递功能的发挥转向学生信息素养培养的功能。在这种情况下，学校必须重新审视自己的功能，适时应变地对来自各个方面的影响加以选择，发挥其组织、调控的作用。①

学校可以垄断文化传递的权力，但是再也不能垄断文化传递的能力了。信息时代到来后，信息量呈爆炸趋势增长，信息传播途径也更为便捷，这使得学生可以获得除学校、课堂之外的更多信息。对于处在海量信息包围中的学生而言，如何甄别利用有效信息显然已经成为青少年发展中必不可少的一项素质。学校显然是一个开展青少年信息素养教育，引导青少年甄别和利用有效信息的理想机构。虽然处于信息时代的学校不再是获取知识与信息的唯一渠道和权威渠道，但学校教育有着其他教育机构无法比拟的优势与特色，将发挥越来越重要的作用。学校教育应该对新问题、新情况做出回应，在新的背景下做出抉择。②然而，学校对学生信息素养培养的功能发挥并不理想。

改革开放以来我国中小学计算机教育经历了五个发展阶段，累计制定了四个版本的"计算机教学大纲"，分别是1983年的"高中计算机选修课大纲"、1994年的《中小学计算机课程指导纲要》、1997年的《中小学计算机课程指导纲要（修订版）》以及2012年的《基础教育信息技术课程标准》。这些文件从无到有，由弱到强地推动着基础教育阶段学生信息素养教育。但是受到应试教育的影响，信息技术类的课程在中小学教育实践中并未获得应有的重视，存在着明显被边缘化的现象，甚至有的学校并未意识到自己还要发挥培养学生信息素养的功能。这种现象首先表现在学校对这门课程不够重视，从课时

---

① 劳凯声：《重新界定学校的功能》，《教育研究》2000年第8期。
② 胡一杰：《信息化时代的学校教育功能限度与转型》，《中国现代教育装备》2006年第2期。

安排、师资配备到教学管理，再到设备引进和设备更新，学校并没有真正按照要求重视这门课程的建设工作。其次是信息技术课程的师资配备不齐。在一些条件落后地区的学校，基本没有专门的信息技术教师，通常都由略懂电脑的老师兼任，即使有专任教师，通常也是一名老师负责全校好几百名学生的信息技术相关课程的教学。再次是计算机配备不足。很多学校没有计算机机房，或者是没有保证足够机位的计算机，或者是只有一些落后淘汰的老式计算机，还有的虽然有计算机，但是没有连接互联网，总之，计算机配备无法满足教学需求。最后是课程教学秩序混乱。很多学校的信息技术课存在被占用或者转为自习课的情况，老师的授课也是敷衍了事，学生对待这门课时总是持有"玩电脑"的心态。这门课程并不能按照课程标准实现教学目标。我们在长春市九台地区6所初中的调查显示，仅有一所学校有一名专职的信息技术课教师，我们去调研时还被派去参加"国家教师培训计划"，其他学校都由一些非计算机专业的但是会点电脑的教师兼任。机房内的设备比较陈旧，仅有部分电脑能够联网运行。这样的信息技术教育显然无法达到培养学生具有良好的信息素养的教育目的。

我们没有条件对当下基础教育的学生信息素养培养功能进行系统调查，但是对刚从基础教育系统毕业来到大学里的大一新生做了简单调查。每年笔者都对笔者任教的大一新生班级做调查，调查他们当中有多少人打字的时候会使用标准的键盘指法。结果发现大约有80%的学生不会使用标准键盘指法，他们打字时流行使用"二指弹"。同时，因为信息素养的缺乏，大学生从网络中获取有用信息的能力也比较差，像智能手机这样的移动互联网终端，在很多大学生那里其实就是一条寄生虫，每天用游戏、肥皂剧和娱乐新闻节目吸取学生的时间、精力和金钱，却不能发挥这种设备应有的改善学生信息环境，促进学生学习的功能。中小学信息技术课程教学的混乱现实和学生的信息素养缺乏的表现都有力地说明了基础教育阶段的学校并未能充分重视培养学生信息素养这种新增功能。

第二是生活关照方面的功能诉求。如果说信息时代的到来在教育目标和内容方面对学校提出了新的功能诉求的话，那么人民生活水平的提高和学校布局的调整则在学校教育活动形式方面对学校提出了新的功能诉求。在人民满意的教育发展新时期，孩子们在基础教育阶段接受教育已经不是单纯的读书上课，人人都要"上好学"的价值诉求已将"上学"这件事情扩展为学生从家里到学校的交通问题、学生在学校从喝水吃饭到穿衣洗漱睡觉的生活问题、学生在学校里从人身安全到环境舒适的问题、学生在学校里从文化知识的学习到身心健康全面发展的问题。以前上小学多是学生自己步行，后来城市里开始接送孩子上下学，现在农村也开始用各种车辆接送孩子上下学。前些年基础教育阶段那些"上学路上"的童趣逸闻逐渐从现在的教育体系中消失了。随之而来的是家长们对学生从家庭到学校如何能够更安全便捷地到达的诉求。与家校距离、交通状况、校车等要素相关的上学交通问题成为家长们对学校提出的最新学校功能诉求。随着基础教育学校布局调整和我国基础教育阶段学龄人口缩减和流动的影响，寄宿制学校和校车制学校大量出现。在这样的学校中，学生上学的时间里必然要增加从喝水吃饭到穿衣洗漱睡觉等生活方面的问题，因此，学校在完成教育培养和人才选拔等基本功能的同时，与食堂、宿舍、校车等生活服务设施相关的生活关照功能也得到了越来越多的关注和重视。学校所提供的环境也不再是单纯的学习环境，而是要按照安全、舒适、环保等更高的要求为学生提供一种生活场所，学生在学校这个场域中已经不仅是要学习，更重要的是他们要在这个场域过上一种快乐的生活，并在这个生活中实现身体和心理的全面和谐健康发展。

第三是个性发展方面的功能诉求。在学生发展的问题上，学校所提供的帮助和指导主要集中在常设科目的知识技能方面，在班级授课制的大背景下，老师对学生的指导也多是统一要求居多，个别指导偏少。随着社会发展的提升，个体竞争也更为激烈，为了能在激烈的竞争中保有一定的优势，家长和学生的个性发展诉求越来越强烈。除了学好国家规定的基本课程之外,很多学生还有依据自己兴趣、天赋、未来规划产生的个性化发展诉求,但是我们的学校现在无法提供这样的教育服务,满足不了这种新的教育功能诉求。于是,基础教育阶段各种校外的课后辅导班、特长班、兴趣班的大量存在和快速发展,甚至一个新兴的教育服务产业逐渐成型。这恰恰说明了我们的学校教育没有很好地进行相应的功能供给。学校教育没有能够关照到家长和学生们这些新的功能诉求,所以他们只好到学校外面去找其他的机构来提供相应的服务、满足发展需求。

2. 学校功能替代增加了基础教育发展的复杂性

功能替代（functional substitutes）,又称功能对等（functional equivalents）或功能选择（functional alternatives）。著名社会学家默顿在对传统的功能分析理论进行回顾和评述时提出了这一概念。默顿指出传统的功能分析中所坚持的"不可或缺性假设"是值得反思的。因为"这个假设忽略了下述事实,即其他社会结构,在尚待考察的条件下,可能履行对于团体之存在所必须的功能。……我们必须提出一项功能分析的重要原理:正像同一事物可以具有多种功能一样,相同的功能可以为多种事物所提供"[1]。

学校作为一个专门提供教育的机构,其功能发挥过程中显然也可能存在功能替代现象。当人类学介入教育研究后,产生了两个重大发现:一是学校教育不是教育的全部,而只是教育中的一种主要形式,二是学校教育也不仅发挥教育功能,学校还会发挥许多衍生的功能。学校教育也并不是唯一的履行某些功能的机构,在一定条件下,履行其功能的功能归属事项可以有一个变异的范围。换句话说,当学校教育缺失时,社会的其他机构在一定条件下可以替代它来履行对等的功能,满足社会的功能需求,以维持社会的生存和发展。同理,当学校教育由于某种原因,不能充分履行其功能,满足社会的功能需求时,

---

[1] [美]罗伯特·金·默顿:《论理论社会学》,何凡兴等译,华夏出版社1990年版,第117页。

第五章 理实相较求于合之基础教育合理发展的学校功能

社会的其他机构也会替代性地履行其缺失的功能,以满足社会的功能需求,以维持社会的生存和发展。[①] 本书所述的学校功能替代即是指当人们对学校提出的很多功能诉求没有在学校的功能供给中得到相应的满足时,学校之外的一些机构和活动逐步出现并替代学校去满足这些诉求。

如前文所述,在人民满意的教育发展新时期,一些新出现的教育功能诉求在学校教育中被忽视,人民的教育诉求从学校教育系统中无法得到满足。于是作为学校功能替代的机构开始大量出现。大到辅导学校、小到课后辅导班,形形色色的教育功能替代结构出现并去满足学生的个性化发展诉求。同时,在学校周边的各种小吃摊、盒饭点、伙食包月、私人公寓等作为学校的功能替代机构大量出现去满足学校的生活关照功能。而私人以各种车辆随意提供的学生接送服务则替代了学校的校车服务。这些功能替代机构和活动虽然能够满足一部分学校教育功能诉求,但是它们毕竟不属于教育系统,缺少有效的监管和行业规范,从业人员缺失专业知识和技能。人民满意新时期的学校教育功能新诉求如果依靠它们来满足的话,则会存在太多的安全隐患和不确定性。教育实践中经常发生的黑校车安全事故、食物中毒、私人学生公寓的煤气中毒等问题说明学校教育领域中虽然出现了功能替代机构和行为,但是,这些新的功能诉求并未很好地被替代机构所满足。教育领域大量存在的功能替代现象增加了学校教育发展的复杂性。应该指出,正是学校在这个问题上的不作为才导致了学校教育功能替代现象大量出现。

在教育诉求满足的问题上本就存在两种策略。一是丰富学校的功能供给,通过拓展学校的功能努力满足新出现的学校教育功能诉求。二是放任功能替代现象,通过规范与引导功能替代引发的机构和活动来满足新的学校教育功能诉求。应该说两种策略各有优劣,这里暂且不论哪种策略更为合理,本书仅以学校功能替代催动的教育服务产业

[①] 张行涛:《论学校教育功能替代》,《教育理论与实践》1996年第5期。

迅猛发展为例对此进行简单分析。

　　教育服务产业并无统一通用的内涵，但是很多研究都使用，本书参照著名市场研究公司美国教育风险公司在《什么是教育产业》一文关于"教育服务产业"的论述对教育服务产业做出如下界定：教育服务产业是以提供教育服务为主的行业统称，目前主要包括各级各类教育培训辅导、教育服务咨询与中介、教育教学用品开发设计等收费服务产业。① 据世界银行公布的报告显示，中国从小学到大学的学生人数占世界的17%，但教育市场却只占2%，因而在未来10年内，中国将成为全球增长潜力最庞大的教育与职业培训市场。② 与此同时，中国的教育服务产业市值和规模正在迅猛增加。据不完全统计，2008年教育行业共发生投资案例40余起，涉及投资金额超5亿美元。德勤2009年第四季度发布的《教育培训行业报告》表明，2008年我国教育培训市场总值约6800亿元，预计到2010年，正规市场规模将达9600亿元。③ 继2006年新东方教育成为上市公司后，安博教育集团、环球雅思、学大教育、学而思国际教育集团等纷纷成为上市公司，截至2010年底中国教育服务相关行业已有11家公司在美国上市。作为一个新兴产业，教育服务产业市值正急剧增长，市场规模也急剧扩大。如此庞大的市场肯定需要大量从业人员。每年新东方、安博教育集团等大企业都会在全国各大高校招聘人才，而一些规模较小的地区性质的教育服务产业也会在每年冬季开始在当地最有影响的几所大学里设置招聘地点，聘用校园代理等。

　　表面看，教育服务产业一片繁荣，但是其发展却隐藏多种隐患。由于教育服务产业准入门槛低，行业利润巨大以及竞争激烈，这些机构良莠不齐，鱼龙混杂，过于分散，造成了教育服务产业市场的种种乱象，

---

① 陆璟：《教育服务产业发展的国际比较》，《全球教育展望》2008年第2期。
② 教育部网站：《师范教育》，2011年1月12日（http://www.moe.edu.cn/publicfiles/business/htmlfiles/moe/moe_2745/200905/47618.html）。
③ 《近5亿美元涌入教育培训行业 企业IPO需冷静》，2010年10月，京华时报（http://learning.sohu.com/20101011/n275529736.shtml）。

弄虚作假、乱收费、为签单胡乱承诺、卷款倒闭等现象时有发生，每年都有大量的学生及家长上当受骗。① 近年来接连发生了数起教育服务产业诈骗的大案，更有诸多教育服务产业与学生发生的民事纠纷案件。以至于很多学生和家长对教育服务产业的诚信度和服务质量处于高度敏感的状态，这对整个行业的良性健康发展带来了极大的负面影响。

2009年12月末，包括安博、巨人、学大、新东方在内的多家行业领军者聚首，商讨对策，并倡导加强行业自律，形成教育服务产业的职业道德规范。教育服务产业出现种种问题的原因很多，但是有一点是各大企业一致认同的，即它们需要具有更高专业素质的从业人员。从业人员的素质提高了，教育服务产业的服务质量自然会有提高。当前很多教育服务产业的从业人员来源比较复杂，他们的工作没有教育理论指导，缺少教育精神规约，以致出现种种违背教育基本精神的权益纠纷。教育服务产业虽然不同于公立教育事业，但是毕竟它们从事的是影响人身心发展的教育工作。这个行业的健康发展需要有更多的懂得教育、具有高尚教育情感的专业从业人员。②

应该说教育服务产业的迅猛发展是学校功能替代的一种必然结果。教育服务产业正是瞄准了人们新增的教育功能诉求而发展起来的。与此同时也说明了一个重要的问题：学校教育未能很好地迎合新出现的学校功能诉求。学校功能如果不拓展，新增的学校功能诉求会继续通过学校功能替代来得到满足，教育服务产业这个大盘就会越做越大。然而，初步的分析可以发现，现在这个产业还不成熟，缺少专业的从业人员和行业规范，当人们不得不抛开学校转向教育服务产业寻求教育功能诉求的满足时，这种替代机构和活动所提供的教育功能供给质量成为一个需要慎重审视的问题。学校功能替代现象在满足人们的教育功能诉求的同时，也增加了基础教育发展的复杂性。

---

① 《中国民办教育培训机构扎堆 海外上市被指乱象频出》，2010年12月，凤凰网教育频道（http://edu.ifeng.com/peixun/detail_2010_12/10/3444973_0.shtml）。
② 杨清溪、赵慧君：《高师院校为教育服务产业培养人才》，《教育与职业》2013年第20期。

需要指出的是，除了功能替代的问题之外还有功能重心转移的问题。与教育功能有重心转移特征一样，学校教育功能也经历了由单项向多项功能转变，由突出局部功能向注重整体功能的发展转变过程。人类社会发展到今天，已经到了需要学校去整体协调的发挥各种功能的时候了。① 我们不能再持"学校只管教书上课的问题，吃饭睡觉坐车都跟我学校无关"的心态来办教育了。学校应正视人民新出现的多种学校功能诉求，努力拓展学校功能供给，迎合时代发展需要。

当然，需要指出的是很多学校教育功能处于潜在状态，能否发挥出来取决于学校教育系统所处的环境和其他各种相关要素。学校教育功能供给一般也只是面向一部分主流的教育诉求，这些择定的教育诉求能否转化为学校的教育功能取决于学校教育系统正常运作所需的资源是否得到充分满足，也受到学校本身的宏观结构和微观结构是否合理的影响。②

三　基础教育合理发展视野下学校功能发展建议

学校作为落实基础教育的底层机构，其功能定位是否准确适合、功能发挥是否正常有效会直接影响到基础教育具体发展实效。本章是"环节二——理实相较求于合"在学校功能问题上的一种尝试。拟以前文所述之合理发展对学校功能的发挥的基本要求来分析当前学校功能发挥的问题，并给出改善学校功能发挥的对策。前文于基础教育阶段学校对原有功能发挥存在偏差和对新增功能未能充分重视的情况所做的分析，虽然没有直接套用合理发展所要求的价值之理、规律之理以及现实之理，但这些问题的出现不外是三个方面的原因：一是在学校发展的方向上价值定位没有及时更新，二是在学校功能发挥的设计

---

① 赵连根：《学校教育功能浅论》，《上海教育科研》1994 年第 11 期。
② 唐晓杰：《确保学校教育功能正常发挥的策略》，《江西教育科研》1995 年第 6 期。

第五章 理实相较求于合之基础教育合理发展的学校功能

上没有充分尊重教育规律,三是在学校具体的功能发挥落实上忽视了现实状况。所以仍要以合理发展的视野为"理",将学校功能发挥这个"实"导引到"实理相合"的合理发展道路上来。

(一) 树立全新学校功能观

基础教育发展到现在,其涉及的价值诉求显然已经不是一个单一的价值体系。从"人人有学上"到"人人上好学",从关注普及、关注均衡到关注质量、关注公平,基础教育发展的重心已经实现了多次跃迁转移,而每一次重心转移都会带来学校的发展变化。在现在这样一个人民满意的教育为核心的基础教育发展新高点上,基础教育阶段的学校显然也要完成其自身应有的发展转变。新的基础教育发展阶段需要学校这一基层机构干什么?学校又能为新的基础教育发展干什么?这是基础教育实现合理发展必须理顺的问题。本书认为这其实是一个关于学校功能定位的问题,从合理发展的理论框架出发,本书认为要准确和适合地给学校功能发展进行定位,需要实现如下三个方面的转变。即在学校功能定位上,由单纯的学习场所转为学习生活兼顾场所,提高舒适性;在学校功能发展思路上,由关门办学转为开门办学,增强针对性;在学校功能供给形势上,要由供给方市场转为需求方市场,扩大选择性。

1. 由单纯的学习场所转为学习生活兼顾场所,提高舒适性

在学校的定位上我们一直认为对学生来说学校就是学习的地方,但是随着社会的进步和教育质量的提高,人们对学校有了更多、内涵更为丰富的要求,这些要求下我们就不能再简单地将学校看作是学生学习的场所,还要看到,学校同时还是学生生活的场所。这种现实发展变化导致人们改变了以往对学校教育单纯要求学习条件好、学习效果好的单一诉求,一种包括了提供生活辅助功能和个性化发展功能的多元价值诉求逐渐形成。面对这种多元价值诉求,学校功能发展的定位要从单纯地发挥促进学生学习功能转变为发挥学习和生活辅助多种功能。一般基础教育阶段的学生每天约有三分之一的时间在学校里度

过,若是寄宿制学校,那就是全部的时间都在学校度过。这么长的时间里学生不只是在学习,他们要在学校里吃饭、喝水、上厕所,也要在学校里游戏、玩耍和交流,他们要在学校里哭、要在学校里笑,一句话,学生是在学校里成长、生活。这也许就是杜威所言的"教育即生活"吧。这样的定位转变要求学校除了满足学生学习服务需求之外,还要努力去关照学生在学校里的生活需求。在人民满意的教育下,我们需要的"中国好学校"应该是兼顾学生学习和生活的学校,而且,教育发展到一定阶段后,学习功能的完善将不会再有大的提升空间,学校要想在"中国好学校"的道路上更进一步,显然要更多着眼于生活辅助功能的拓展和完善。

2. 由关门办学转为开门办学,增强针对性

中央集权式的教育管理体制下,中国的学校习惯于不假思索地贯彻来自上级主管部门的意见和要求,实际上形成了一条自上而下的封闭办学思路。学校发展的各个方面都来自教育行政命令,这种形式下形成的学校功能显然更多的是在满足国家对基础教育的各种要求。在教育发展的起步阶段,这样的设计非常有利于在整体上提高教育的质量和水平,但是在基础教育发展逐步进入人民满意的教育发展新时期后,这种从"上面"传递下来的办学要求可能会出现不能很好地关照多种社会需求的问题。这个阶段的学校发展要进一步发力的话,显然应该将功能供给对象从只关注国家需求转向兼顾国家需求和社会普通民众需求。学校发展在坚守办学的政策性的同时,也要兼顾办学的针对性。由原来的自上而下关门办学转为兼顾多元价值诉求的开门办学,学校的功能供给不只是要满足国家对基础教育的需求,更要关注学生、家长、社会机构,甚至是学校里的老师等各个群体的多种价值诉求。

3. 由供给方市场转为需求方市场,扩大选择性

经济学中有卖方市场和买方市场的说法,前者主要是指市场上的商品供不应求,选择权在卖方,消费者没有什么选择,只能是市场上卖方供给什么买方就消费什么,卖方的供给方向决定了买方的消费方

向。后者主要是指市场上的商品供大于求,这个时候选择权就集中于买方,消费者从市场上卖方供给的多种商品中随意选择,选择哪个商品也就激活哪个相应的卖方,买方的选择决定了卖方的发展方向。[①]其实这样的原理也可以类比到学校功能供给形势上来。当学校功能发展处在供给方市场时,功能供给相对短缺匮乏,学校教育就只能满足特定的需求,人民群众的多元价值诉求则无法被关照。当学校功能发展处在需求方市场时,学校功能供给比较丰富,家长、学生、社会机构等都可以通过学校实现他们的功能诉求,而且可以通过他们的多元功能诉求引导学校功能发展的方向。

本书认为在人民满意的教育发展新时期,学校功能发展应该由原来的供给方市场转为需求方市场,让学校提供更多更为丰富的功能供给,让家长和学生获得更多的主动权,扩大他们的选择性。以育人功能为例,学校应由向学生提供标准化的套餐式育人服务改为向学生提供套餐加自助餐的综合性育人服务。改变以往由标准化的套餐打造"千人一面"的标准件的局面,在课程设置上增加选修课的比例,在教学方式方法方面注意发挥学生的主动性,提倡使用丰富多彩的方式方法完成相同的教学任务。

(二) 发挥全面育人功能

育人功能是学校教育的基本功能,面对学校教育实践中育人功能发挥存在各种偏差的教育现实,本书认为要坚持遵循教育规律,发挥好全面育人功能。

对教育规律的遵循不能仅停留在政策、口号中,要让教育规律切实进入教育实践中,在教育实践者的头脑里生根发芽。学校在功能设计上要遵循教育规律、利用教育规律。首先,要求学校教育各级管理人员要成为懂得教育规律,尊重教育规律的人。中国的教育行政管理

[①] 汪建坤:《中国经济卖方市场和买方市场的特征比较》,《浙江大学学报》(人文社科版) 1999 年第 2 期。

上到国务院教育部，下到教育局乡镇中小学校，各个层级上都有主管教育工作的学校管理者。他们对教育的理解，对学校的理解，对教师、对学生等一系列问题的理解是否科学准确，都直接关系到学校教育活动能否健康地运转，也决定了学校功能发展能否找到正确的前进方向、选择适合的方式方法。让懂教育的人去管教育，这是学校功能健康发展的方向前提。其次要求学校教育实践的一线工作人员真的了解教育规律、信任教育规律并使用教育规律。这类人员主要是教师，虽然我们对教师群体的基本假设是他们是具有教育专业知识、通晓教育规律的专业人员，但学校教育实践并非如此。基础教育实现合理发展显然要改变这种局面。各级各类的学校教师都要努力去学习教育规律，在教育观层面重新树立教育规律的最高权威，在教育实践中积极地使用教育规律和教育专业知识，真正成为具有规律底蕴的专业人员。

发挥全面育人功能要求学校以学生培养质量为核心全面审视学校功能供给现状。努力改变学校教育对升学率的追逐、对学校选拔功能的刻意放大。结合正在推行的高考改革和课程改革，通过纠偏补漏系统地调整好学校功能供给。具体而言包括更正学校育人功能和选拔功能的简单对立，努力协调二者之间的关系，在育人和选拔之间建立一种相互促进的健康机制。努力办出学校特色，倡导学校发展由在升学率这个单一标准下竞争排队转为在多元价值诉求中以特色立校，特色强校。同时要建立一个刚性底线要求与弹性个性养成相结合的全面育人体系。该体系下的全面育人要求学校既要赋予学生最基本的知识、技能、情感态度价值观以让他们适应社会，又要赋予每个学生适合其特质的个性发展基础以让其进一步发展。

（三）拓展学校功能

如前所述，面对人民满意时期学校教育的诸多新增功能诉求，基础教育发展本就有两种策略。一是坚守传统的学校功能设计，放任学校功能替代现象的出现，使基础教育呈现一种围绕学校建立多种复杂

第五章 理实相较求于合之基础教育合理发展的学校功能

组织的基础教育发展形态。二是打破传统的学校功能设计，通过拓展学校的功能，迎合新的教育诉求，打压学校功能替代机构和活动，以功能丰富的新型学校为核心打造基础教育发展新常态。本书认为不能放任学校功能替代现象随意发展下去，应该从实际出发，积极地拓展学校功能，通过打造中国好学校来满足人民群众的多元教育诉求。

对学校来说，传统的功能设计并非不可撼动，甚至可以说从社会发展的大趋势看，传统的学校功能设计必须做出改变。现代世界在精神文化方面的一个核心症状就是传统上那种统一的、绝对的、统摄性的价值信仰、精神权威的倾覆崩解。争议而非同意，思想的多样而非思想的一统，成了现代社会中引人注目的文化现象。无论是尼采说的"上帝死了"，还是韦伯说的"世界除魅"、诸神复活，指陈的都是现代文明的同一个主要特征：维系共同价值的神圣源泉已经被切断，相信生命的意义有其客观来源的信念已经被摧毁。[①] 因此，我们不能再从统一的传统观念来看待学校的功能。应该从社会实际、教育实际、生活实际出发去拓展学校的功能。本书以为打造基础教育阶段人民满意的中国好学校至少可以尝试拓展出如下几个方面的功能。

1. 学困帮扶功能

学校发挥学困帮扶功能主要是指由学校出面组织老师对学习困难的学生进行针对性的帮扶，学校成立学困帮扶中心，面向全校征集志愿教师，也面向全体学生家长征集需要帮扶的学生，由帮扶中心统筹安排放学之后和周六周日期间学生的学习辅导工作。其实就是将传统的课后辅导班纳入学校教育系统里来，让学校在放学之后发挥课后辅导班的功能。学校可以光明正大地安排老师为这样的辅导班讲课指导，增强这种辅导班的针对性和专业性。这样一方面可以合理地增加教师的收入，另一方面也能避免老师自己偷偷摸摸地在校外搞辅导班。学校应为学困帮扶工作提供免费的教室、教具等资源，提高教育

---

① 王小章：《从韦伯的价值中立到哈贝马斯的交往理性》，《哲学研究》2008 年第 6 期。

资源的使用效率。同时学校也要对这种校内的课后辅导班进行内容、深度、方向等方面的全面指导和管理，避免学生在其他的辅导班被引向"偏、难、怪"的恶性竞争之中。另外，学困帮扶还可延伸为放学之后的短时看护，对放学之后不能及时回家的学生安排老师看护他们做作业，免去一些因没有时间及时接孩子回家、看孩子写作业的家长到处去请家教或者送托管班的烦恼。

2. 特长养成功能

与学困帮扶功能一样，特长养成功能也是提倡由学校出面组织各种特长训练班。学校成立特长培训中心，下面分设数学、作文、舞蹈、歌唱、乐器、体育运动类等不同的小组，每组都指派相应学科教师，同时也可外聘专业老师组成培训师资团队，面向本校或者临近学校招收学生，利用学校业余时间培训学生的特长。考虑到特长的种类较多，邻近的学校之间可以相互配合，每个学校的特长培训小组不必面面俱到，可根据学校实际情况各自选择擅长的项目重点发展，然后不同的学校间再进行交流共享。如此，每个学校都承担一部分学生特长的培养工作，邻近的学校组合到一起，一个由基础教育各学校亲自参与的学生特长培训体系就建立起来了。

3. 方便上学功能

接送孩子上下学是中国千百万家庭几乎每天都要面对的事情。方便安全省心的上下学显然是人民满意的教育应有之意。本书建议基础教育阶段的学校应正视这种需求，通过校车的形式完成接送学生上下学的工作。学校统一接送学生一方面可以省去家庭特意安排出的用于接送孩子的人力和物力，另一方面也可以缓解城市私家车高峰时段的堵车，节能环保，另外，学校还可以针对校车进行学生交通安全的统一规范管理，而且同学间又增加了一个以校车为平台的交流成长空间。根据学校规模和学生家庭分布情况，学校可在与学生家长协商的基础上选择自己购买校车或者购买有资质的公司提供的校车服务，同时协商好家长们所承担的交通费用和乘车所提供的服务要求。一般规模较大，学生分布集中的学校可选择自己购买校车，成立校车营运部门。如果学校规模小，学生分布也比较散，可选择购买其他学校或公司提供的校车服务。借鉴欧美学区内校车租赁营运经验，还可联合相邻的学校共同购买校车或者租赁校车服务。本书认为在我国基础教育阶段大力推进"就近入学"政策落实的大背景下，各校努力建设覆盖自己学校周边的校车交通体系，同时打造城市学区内校车营运平台都是学校功能拓展的重要方向。

4. 生活关照功能

当我们追求人人都上好学，都能在一个更舒适的环境中接受教育时，学校所能提供的生活关照功能就成为家长们关心的焦点，甚至成为评价学校好差的重要标准。从学生在学校里的生活实际出发，本书认为，学校应尽可能地关照学生的吃饭、饮水、休息、游戏等生活问题。上学时的午饭是非常关键的一顿饭，基础教育阶段的学生正是长身体的时候，而且也是养成良好的就餐习惯的时候。每天以吃从家里带来的冷饭、在路边摊买饭、在小卖铺买零食、在学校周边的小饭店搭伙等方式解决吃饭问题存在很多安全隐患，也不利于学生的健康成长。学校建立食堂和餐厅，成立餐饮部，向学生提供价格合适、营养均衡、卫生安全的伙食，可以杜绝这些安全隐患，让家长和社会省却了很多不必要的关心。饮水也是有着强烈的实际需求的问题。学生每天都要喝水，学校不做具体要求的情况下，购买各种高糖、高热的饮料可能就是学生饮水的主要来源，这些饮料是否影响健康暂且不论，学生每天喝一定量的白开水总是对身体有好处的。学校应该能让学生在校园里随处可以轻松便捷地喝到健康的白开水，有些学校在学校内安置学生温水饮水机的做法就值得借鉴推广。休息、游戏是学生学习之余的重要生活需求，也是调节学习活动的重要手段。学校应努力提供安全、舒适的休息、游戏环境，建立配套设施、制定规章制度，让学生在接受教育的同时能够将生活中的休息和游戏也带进校园，让学校成为学生上学不嫌累、不嫌烦的中国好学校。我们可能无法做到杜威意义上的教育即生活，但要努力做到学校教育关照生活、贴近生活。当然如果是寄宿制学校，要考虑的生活关照功能还要更为细致。

5. 游学交流功能

学校还应为学生的游学交流提供服务。学校成立外联部，负责联系组织学生到企业、到大学、到国外参考考察项目。外联部先向全校师生征集他们有意向参观考察的目的地，对学生和家长反映集中的目的地进行系统的筛选评估，规划出有教育意义的游学交流项目。然后对其进行科学的规划，周密的部署，形成切实可行的活动方案，在自费自愿的原则下为学生安排丰富多彩的游学交流活动。

从学校发展和教育需求满足的相互关系来看，学校可以分为三个层次。好学校是能引导教育需求的学校，一般学校是迎合教育需求的学校，不好的学校则是不顾教育需求的学校。在人民满意的教育发展新时期，教育需求非常旺盛。不好的学校在发展过程中不能满足教育需求，于是学校周围就出现了大量的学校功能替代机构和活动。这些功能替代机构和活动一方面赚取了家长的教育投资，另一方面又牵扯了学生的时间和精力，原本应为学生提供教育的学校只剩下了空壳。一般的学校在发展过程中努力地去迎合教育需求，合理的需求要迎合，盲目不理智的需要也要去迎合，这样的学校只能在教育需求的导控下被动办学，没有自己的发展方向。好的学校在发展过程中应不断地拓展自身的功能，将满足教育需求的权力牢牢地掌控在学校手里。这样的学校在满足社会的教育需求的同时也能通过精心打造好的教育服务来引导教育需求的发展方向，形成一种在学校导控下的教育合理发展。

结　　语

　　中国有着全世界规模最大的基础教育实践场，如果理论确实是来源于实践的话，这个实践场就应该有教育理论创生所需的最肥沃的土壤。身处这个场域的教育学人，显然更应该辛勤耕耘，为教育理论繁荣，更为教育实践健康发展，洒下自己的汗水，献上自己的智慧。带着这样的抱负，本书选择了对基础教育发展的理论和实践展开研究，立志探索出一条新的路径指引中国基础教育向前健康发展。

　　然而，根植于中国社会传统，又面临着时代飞速变化的中国基础教育是如此复杂。基础教育往哪里发展才是好的发展？基础教育怎样发展才能实现好的发展？这是很多教育学者倾注毕生心血都不一定能思考清楚的大问题。一项初步的课题研究显然也根本不能回答清楚这个问题。回答不清楚不代表不能去研究，在探索基础教育发展真理的道路上，正是需要很多的专家学者做出各种研究和探索，如此我们才能一步一步地接近基础教育发展的真理。因此，本书只能算是在这条不断接近真理的探索之路上努力向前迈进所做出的一种尝试。

　　符合教育规律的发展在教育理论工作者那里被认可为合理发展。荒诞的是教育理论工作者写下的文字和说出的话语只有批判力，没有指导力。他们只能用理论指出基础教育实践中哪里有不合理发展，而不能用理论指导基础教育真正实现合理发展。符合行政管理诉求的发展在教育管理者那里被认为是合理发展，但这样的发展又常常招来家长和学生们的抱怨，也常招来学者们严厉的批判。符合教育活动的具体实际的发展被这一活动的实施者认定为是合理发展，然而他们并不知道，这活动背后还有那么多的教育规律在无形地掌控教育活动的成败，有那么多不同的人群期待着教育的不同结果。虽然各不相同，但哪一个在教育发展中都不能被忽略。

面对这样的困惑，研究者的大脑本能地思考到的方案就是能不能找到一种既符合教育规律又符合各种人群的教育价值诉求，还能符合实际状况的发展？能！这就是本书的回答。但这注定只能是一个勇敢而稚嫩的回答。

它勇敢在提出了基础教育发展脱离不了自然世界、期然世界和实然世界，所以教育发展摆脱不了自然世界的教育发展规律之理、期然世界的教育发展价值之理以及实然世界的教育发展现实之理的束缚。于是我们提出用合理发展的概念去协调三个方面，建立基础教育合理发展的理论分析框架，用教育发展的价值之理去找准基础教育发展的方向，用规律之理去调控基础教育发展的过程，用现实之理去定位基础教育发展的起点。这似乎是解决了基础教育发展的困惑，消除了各种发展的隔阂。

但当它从理论设计转向教育实践，面对基础教育发展的复杂现实局面时，才发现它是稚嫩的。无论是基础教育数量规模的发展，还是基础教育学校布局发展，抑或是学校功能的发展，我们都无法真正做到对三者的协调。所谓的合理发展更多的仍是在分门别类地探讨各种发展之理的发展要求，指出发展问题，提出发展对策。三者的协调只能行进到不能忽视任何一方的文字表述上，无法再向前进。所以，在基础教育发展理论上，有关如何构建关涉基础教育发展的规律、价值和现实的教育发展之理体系的工作仍有很大的探索空间。即使是在三个独立世界中的基础教育发展之理的探索也仍有很多需要完善的地方。教育规律之理我们的揭示还不充分，各种不同的教育价值诉求之间怎么统筹协调？关于教育发展现实的刻画又如何能够准确？这些问题都值得再进行深入系统研究。在基础教育发展的实践上，从数量规模发展、到学校布局发展、再到学校功能发展，都仍有很多悬而未决的问题，也存在大量可以改进和必须改进的空间。

结 语

　　就像哈贝马斯所说，千百年来各路哲人的无数思考都没有很好地找到一个沟通客观世界的真实性、主观世界的真诚性和社会世界的正确性的概念。刚刚起步的基础教育发展，又怎么能那么轻松地就找到那个真正能沟通三界的合理发展之路呢？

　　我们只能说，裹挟着规律、价值和现实的基础教育发展，始终在路上。

参考文献

【著作类】

[1] [印] 阿马蒂亚·森：《以自由看待发展》，任赜、于真译，中国人民大学出版社 2002 年版。

[2] [法] 埃德加·莫兰：《复杂性理论与教育问题》，陈一壮译，北京大学出版社 2004 年版。

[3] [英] 安德鲁·韦伯斯特：《发展社会学》，陈一筠译，华夏出版社 1987 年版。

[4] [英] 包威：《合理化要义》，王抚洲译，上海商务印书馆 1933 年版。

[5] [美] 保罗·萨缪尔森、威廉·诺德豪斯：《微观经济学》（第十七版），萧琛译，人民邮电出版社 2007 年版。

[6] [英] 查尔默斯：《科学究竟是什么？》（第 3 版），鲁旭东译，商务印书馆 2007 年版。

[7] 陈桂生：《回望教育基础理论——教育的再认识》，北京师范大学出版社 2008 年版。

[8] 樊永、高筱梅：《理性之光——论发展的合理性及西部地区合理发展》，云南大学出版社 2011 年版。

[9] 傅维利：《教育功能论》，辽宁教育出版社 1990 年版。

[10] 范先佐：《中国中西部地区农村中小学合理布局结构研究》，中国社会科学出版社 2009 年版。

[11] 高书国:《中国城乡教育转型模式》,北京师范大学出版社 2006 年版。

[12] 谷衍奎:《汉字源流字典》,华夏出版社 2003 年版。

[13] 顾明远:《教育大辞典》,上海教育出版社 1998 年版。

[14] 胡辉华:《合理性问题》,广东人民出版社 2000 年版。

[15] [瑞士] 吉尔贝·李斯特:《发展的迷思——一个西方信仰的历史》,陆象淦译,社会科学文献出版社 2011 年版。

[16] 金一鸣:《中国教育类别与结构的研究》,上海教育出版社 1999 年版。

[17] 江涛:《科学价值的合理性》,复旦大学出版社 1998 年版。

[18] [德] 康德:《实践理性批判》,上海商务印书馆 1960 年版。

[19] [美] 劳丹:《进步及其问题》,刘新民译,华夏出版社 1990 年版。

[20] 李泽厚:《实用理性与乐感文化》,生活·读书·新知三联书店 2008 年版。

[21] 雷德鹏:《返回人性——论胡塞尔对科学合理性的重建》,人民出版社 2011 年版。

[22] [美] 理查德·罗蒂:《真理与进步》,杨玉成译,华夏出版社 2004 年版。

[23] 刘福森:《西方文明的危机与发展伦理学——发展的合理性研究》,江西教育出版社 2005 年版。

[24] 刘祖云:《发展社会学》,高等教育出版社 2006 年版。

[25] 柳海民:《教育原理》,东北师范大学出版社 2006 年版。

[26] 柳海民:《教育过程论》,重庆出版社 1994 年版。

[27] 柳海民:《教育理论的诠释与建构》,安徽教育出版社 2009 年版。

[28] [匈] 卢卡奇:《理性的毁灭》,王玖兴等译,山东人民出版社 1997 年版。

[29] [美] 罗伯特·金·默顿:《论理论社会学》,何凡兴等译,华

夏出版社 1990 年版。

[30]［美］罗伯特·梅逊：《西方当代教育理论》，陆有铨译，文化教育出版社 1984 年版。

[31]［美］罗伯特·诺奇克：《合理性的本质》，葛四友、陈昉译，上海译文出版社 2012 年版。

[32]［德］马克斯·韦伯：《新教伦理与资本主义精神》，康乐等译，广西师范大学出版社 2007 年版。

[33] 马雷：《冲突与协调——科学合理性新论》，商务印书馆 2006 年版。

[34] 马雷：《进步、合理性与真理》，人民教育出版社 2003 年版。

[35] 马庆斌：《城乡一体化：中国生产力再一次大解放》，社会科学文献出版社 2011 年版。

[36]［美］麦金泰尔：《谁之正义？何种合理性？》，万俊人等译，当代中国出版社 1996 年版。

[37]［法］米歇尔·福柯：《知识考古学》，谢强等译，上海三联书店 1998 年版。

[38]［日］末木刚博：《东方合理思想》，孙中原译，江西人民出版社 1990 年版。

[39] 欧阳康：《人文社会科学哲学》，武汉大学出版社 2001 年版。

[40]［法］让·弗朗索瓦·利奥塔尔：《后现代状态》，车槿山译，南京大学出版社 2011 年版。

[41] 孙霄兵：《推进教育优先发展政策与制度建设研究》，教育科学出版社 2012 年版。

[42] 史宁中：《新农村建设与城镇化推进中农村教育布局调整研究》，经济科学出版社 2014 年版。

[43] 陶行知：《中国教育改造》，安徽人民出版社 1981 年版。

[44] 王天思：《理性之翼——人类认识的哲学方式》，人民出版社 2002 年版。

[45] 王卫东：《现代化进程中的教育价值观——西方之鉴与本土之

路》，中国社会科学出版社 2002 年版。

[46] 王炳照：《中国教育改革 30 年·基础教育卷》，北京师范大学出版社 2009 年版。

[47] 邬志辉、秦玉友：《中国农村教育发展报告 2012》，北京师范大学出版社 2014 年版。

[48] 吴全华：《教育现代性的合理性》，广东人民出版社 2009 年版。

[49] 吴畏：《实践合理性》，广西人民出版社 2003 年版。

[50] 杨望远：《合理化管理》，北京大学出版社 2006 年版。

[51] 易丽：《文化生成：营造学校发展"新生态"》，江苏教育出版社 2011 年版。

[52] ［德］尤尔根·哈贝马斯：《合法化危机》，刘北成等译，上海人民出版社 2009 年版。

[53] ［德］尤尔根·哈贝马斯：《交往行为理论：行为合理性与社会合理化》，曹卫东译，上海人民出版社 2004 年版。

[54] 于月萍、周浩波：《区域推进城乡教育一体化发展的理论及战略研究》，辽宁人民出版社 2012 年版。

[55] ［美］约翰·罗尔斯：《正义论》，何怀宏等译，中国社会科学出版社 2001 年版。

[56] 张志扬：《现代性理论的检测与防御》，社会科学文献出版社 2000 年版。

[57] 赵敦华：《基督教哲学 1500 年》，人民出版社 1994 年版。

【期刊类】

[1] 黄万飞、孙瑞玉：《普通高中教育目标：政策表述与学校选择》，《教育科学研究》2011 年第 2 期。

[2] 鲍传友：《义务教育均衡发展：内涵和原则》，《国家教育行政学院学报》2007 年第 1 期。

[3] 陈桂生：《"学校自我保存功能"的再认识》，《江西教育科研》2004 年第 11 期。

[4] 陈建吉:《论学校的派生功能》,《教育理论与实践》2000 年第 6 期。

[5] 陈小娅:《坚持科学发展观 推动基础教育持续协调发展》,《人民教育》2005 年第 7 期。

[6] 褚宏启:《教育制度改革与城乡教育一体化——打破城乡教育二元结构的制度瓶颈》,《教育研究》2010 年第 11 期。

[7] 崔允漷、周海涛:《试论普通高中的独立价值:性质、任务和培养目标》,《全球教育展望》2002 年第 3 期。

[8] 丁远坤:《基础教育改革的突破口——市场化》,《孝感师专学报》(哲学社会科学版) 1994 年第 2 期。

[9] 杜育红:《市场化改革与中国基础教育财政体制效率》,《清华大学教育研究》1999 年第 3 期。

[10] 范铭、郝文武:《对农村学校布局调整三个"目的"的反思——以陕西为例》,《北京大学教育评论》2011 年第 2 期。

[11] 范先佐、郭清扬:《我国农村中小学布局调整的成效、问题及对策——基于中西部地区 6 省区的调查与分析》,《教育研究》2009 年第 1 期。

[12] 范先佐、郭清扬等:《义务教育均衡发展与农村教学点建设》,《教育研究》2011 年第 9 期。

[13] 冯帮、李紫玲:《从超级中学现象看城乡子女教育公平问题——以湖北省 D 市为例》,《教育发展研究》2014 年第 2 期。

[14] 傅维利、张淼:《论城市化进程对中国义务教育班级、学校规模的影响》,《华东师范大学学报》(教育科学版) 2014 年第 1 期。

[15] 傅维利:《论当代基础教育的特色化建设》,《教育研究》2014 年第 10 期。

[16] 傅维利、刘伟:《学校规模调控的依据与改进对策》,《教育研究》2013 年第 1 期。

[17] 傅永军:《韦伯合理性理论评议》,《文史哲》2001 年第 5 期。

[18] 顾明远：《也谈特色学校》，《人民教育》2003年第9期。

[19] 郭建军：《我国城乡统筹发展的现状、问题和政策建议》，《经济研究参考》2007年第1期。

[20] 郭清扬：《农村学校布局调整与教育资源合理配置》，《教育发展研究》2008年第7期。

[21] 韩清林、秦俊巧：《中国城乡教育一体化现代化研究》，《教育研究》2012年第8期。

[22] 何卓：《对我国农村中小学布局调整的思考》，《教育发展研究》2008年第1期。

[23] 和学新：《班级规模与学校规模对学校教育成效的影响——关于我国中小学布局结构的思考》，《教育发展研究》2001年第1期。

[24] 胡洪彬：《我国教育公平研究的回顾与展望——基于2002—2012年CNKI期刊数据的分析》，《教育研究》2014年第1期。

[25] 胡俊生：《农村教育城镇化：动因、目标及策略探讨》，《教育研究》2012年第2期。

[26] 胡一杰：《信息化时代的学校教育功能限度与转型》，《中国现代教育装备》2006年第2期。

[27] 黄济：《用科学发展观来指导教育统筹发展》，《中国教育学刊》2008年第5期。

[28] 黄龙威、邹立君：《城乡教育统筹发展：目标、责任与监测》，《教育研究》2009年第2期。

[29] 贾勇宏：《农村学校布局调整过程中的利益冲突与协调》，《教育发展研究》2008年第7期。

[30] 蒋园园：《加拿大公共基础教育管理市场化改革面临的新挑战》，《湖南师范大学教育科学学报》2009年第3期。

[31] 金日勋：《幼儿教育小学化倾向的表现、原因及解决对策》，《学前教育研究》2011年第3期。

[32] 瞿葆奎、钟启泉：《教育政策与教育科学》，《华东师范大学学

报》（自然科学版）1980年第6期。

[33] 劳凯声：《重新界定学校的功能》，《教育研究》2000年第8期。

[34] 雷鸣强：《把市场机制合理引入基础教育的思考》，《教育理论与实践》1994年第6期。

[35] 雷万鹏、谢瑶：《学校规模经济效应及其政策反思》，《全球教育展望》2013年第5期。

[36] 李保强：《试论特色学校建设》，《教育研究》2001年第4期。

[37] 李承先、陈学飞：《话语权与教育本土化》，《教育研究》2008年第6期。

[38] 李大伟、刘秀丽：《幼儿教育小学化倾向的现状与对策》，《东北师大学报》（哲学社会科学版）2006年第6期。

[39] 李玲：《城乡教育一体化：理论、指标与测算》，《教育研究》2012年第2期。

[40] 李期、吕达：《关于农村教育城镇化的可行性探讨》，《延安大学学报》（哲学社会科学版）2012年第1期。

[41] 李涛、邬志辉：《统筹城乡教育改革的实践探索——以重庆市为例》，《教育发展研究》2012年第7期。

[42] 李文姬、贾立平：《超载致村镇校车事故多发》，《法制晚报》2014年7月14日第A21版。

[43] 李兴洲：《为了学校的名义——学校基本功能辨正》，《当代教育科学》2006年第6期。

[44] 李旭：《学校声誉制度：学校同质化的制度根源——基于组织社会学的阐释》，《中国教育学刊》2012年第4期。

[45] 李学容：《警惕农村教育的城市化倾向——对农村教育城市化的审思》，《内蒙古师范大学学报》（教育科学版）2013年第6期。

[46] 李永采、张志涛：《亚当·斯密的分工理论及其影响》，《齐鲁学刊》1993年第6期。

［47］刘秀峰、廖其发：《论统筹城乡教育综合改革的要义》，《教育学术月刊》2011年第2期。

［48］柳海民、段丽华：《教育公平：教育发展质与量的双重度量——兼论我国的教育公平问题及对策》，《东北师大学报》（哲社版）2002年第5期。

［49］柳海民、林丹：《困境与突破：论中国教育学的范式》，《东北师大学报》（哲学社会科学版）2007年第3期。

［50］柳海民、娜仁高娃、王澍：《布局调整：全面提高农村基础教育质量的有效路径》，《东北师大学报》2008年第1期。

［51］柳海民、孙阳春：《中国基础教育改革的理性诉求》，《教育学报》2005年第3期。

［52］柳海民：《农村基础教育发展的拐点：由普及外延转向提升内涵》，《教育研究》2008年第3期。

［53］柳海民等：《布局调整：全面提高农村基础教育质量的有效路径》，《东北师大学报》（哲社版）2008年第1期。

［54］鲁洁：《论学校的选择功能》，《教育研究》1986年第10期。

［55］陆璟：《教育服务产业发展的国际比较》，《全球教育展望》2008年第2期。

［56］陆有铨：《对当前教育改革的反思》，《基础教育》2011年第3期。

［57］路宏：《关于学校规模经济的研究综述》，《中国农业教育》2006年第3期。

［58］吕武、张博：《不同需求与差异供给：发展学前教育的基本逻辑》，《学前教育研究》2013年第1期。

［59］马德益：《英国基础教育薄弱学校改革的市场化特征》，《外国教育研究》2005年第4期。

［60］马立武：《美国基础教育改革的市场化趋势及其借鉴意义》，《河北师范大学学报》（教育科学版）2004年第2期。

［61］马艳云：《班额对基础教育阶段学生的影响》，《教育科学研

究》2009年第7期。

[62] 农卓恩、何庆光等：《市场化与学券制是贫困地区发展基础教育的一条出路》，《经济研究参考》2004年第85期。

[63] 欧阳康：《合理性与当代人文社会科学》，《中国社会科学》2001年第4期。

[64] 潘懋元：《中国当前高等教育发展中的若干问题》，《大学教育科学》2004年第4期。

[65] 戚万学：《多元文化背景中道德教育的文化自觉》，《人民教育》2011年第22期。

[66] 屈青山：《近十年标准化学校研究综述》，《学理论》2012年第9期。

[67] 申美云、张秀琴：《教育成本、规模效益与中小学布局结构调整研究》，《教育发展研究》2004年第12期。

[68] 申美云：《教育成本：规模经济与结构效益》，《上海会计》2004年第4期。

[69] 唐晓杰：《确保学校教育功能正常发挥的策略》，《江西教育科研》1995年第6期。

[70] 万明钢、白亮：《"规模效益"抑或"公平正义"——农村学校布局调整中"巨型学校"现象思考》，《教育研究》2010年第4期。

[71] 万明钢、白亮：《我国"农村学校布局调整"问题研究述评》，《教育科学研究》2009年第6期。

[72] 汪建坤：《中国经济卖方市场和买方市场的特征比较》，《浙江大学学报》（人文社科版）1999年第2期。

[73] 王长乐：《教育发展应该具备合理的逻辑基础》，《南京晓庄学院学报》2003年第2期。

[74] 王建华：《国外学校教育功能研究的缘起与现状》，《民办教育研究》2006年第1期。

[75] 王剑、冯建军：《对我国农村教育城市化的审视》，《教育发展

研究》2005 年第 8 期。

[76] 王坤庆：《论价值、教育价值与价值教育》，《华中师范大学学报》（人文社会科学版）2003 年第 4 期。

[77] 王璐、李亚：《劳动分工与经济增长：从斯密到马克思》，《山西财经大学学报》2007 年第 1 期。

[78] 王小章：《从韦伯的价值中立到哈贝马斯的交往理性》，《哲学研究》2008 年第 6 期。

[79] 王远伟、钱林晓：《关于农村中小学合理布局的设计》，《华中师范大学学报》（人文社会科学版）2008 年第 3 期。

[80] 魏敦友：《释义与批判——哈贝马斯的"交往合理性"述评》，《江汉论坛》1995 年第 7 期。

[81] 魏真：《学校规模经济研究述评》，《江苏教育研究》2010 年第 5 期。

[82] 邬志辉、史宁中：《农村学校布局调整的十年走势与政策议题》，《教育研究》2011 年第 7 期。

[83] 邬志辉、杨卫安：《"离农"抑或"为农"——农村教育价值选择的悖论及其消解》，《教育发展研究》2008 年第 3—4 期。

[84] 邬志辉：《城乡教育一体化：问题形态与制度突破》，《教育研究》2012 年第 8 期。

[85] 邬志辉：《学校特色化发展的重新认识》，《教育科学研究》2011 年第 3 期。

[86] 吴亮奎：《功能、悖论和应有之义：优质学校的社会学分析》，《教育理论与实践》2011 年第 7 期。

[87] 项贤明：《生活世界的教育与科学世界的教育》，《教育研究与实验》1999 年第 4 期。

[88] 谢维和：《科学发展观与教育的改革》，《清华大学教育研究》2004 年第 4 期。

[89] 谢维和：《谈"办好人民满意的教育"的政策含义》，《教育研究》2008 年第 6 期。

[90] 杨光海:《学校教育角色化:实质、后果及其消解——学校教育现实功能问题反思》,《现代教育管理》2010年第11期。

[91] 杨海燕:《超大规模学校的现实困境与理性选择》,《教育发展研究》2007年第9A期。

[92] 杨清溪、刘燕:《三"理"协调统一:教育合理发展的现实路径》,《中国教育学刊》2013年第8期。

[93] 杨清溪、赵慧君:《当前我国农村寄宿制学校建设反思》,《中国农村教育》2010年第4期。

[94] 杨清溪、赵慧君:《高师院校为教育服务产业培养人才》,《教育与职业》2013年第20期。

[95] 杨兆山、金金:《建设"标准化学校"搭建义务教育均衡发展的操作平台》,《东北师大学报》(哲学社会科学版)2005年第5期。

[96] 叶澜:《21世纪社会发展与中国基础教育改革》,《中国教育学刊》2005年第1期。

[97] 叶澜:《当代中国教育变革的主体及其相互关系》,《教育研究》2006年第8期。

[98] 叶澜:《思维在断裂处穿行——教育理论与教育实践关系的再寻找》,《中国教育学刊》2001年第4期。

[99] 尹鸿祝:《改革开放以来的三次全国教育工作会议》,《人民日报》2010年7月12日。

[100] 于建福:《教育均衡发展:一种有待普遍确立的教育理念》,《教育研究》2002年第2期。

[101] 于伟、秦玉友:《本土问题意识与教育理论本土化》,《教育研究》2009年第6期。

[102] 于伟:《论实用理性教育观的合理性——从为生存而教育谈起》,《东北师大学报》(哲学社会科学版)2006年第1期。

[103] 余少华:《标准化学校建设的若干策略探讨》,《教育导刊》2008年第9期。

[104] 袁本涛:《科学发展观与中国公共教育政策的选择——以基础教育的协调发展为中心》,《清华大学教育研究》2004 年第 2 期。

[105] 翟博:《树立科学的教育均衡发展观》,《教育研究》2008 年第 1 期。

[106] 张济洲:《"离农"、"为农"——农村教育改革的困境与出路》,《河北师范大学学报》(教育科学版) 2006 年第 3 期。

[107] 张灵:《中国农村学校每天消失 63 所》,《京华时报》2012 年 11 月 18 日。

[108] 张鹏、王豪:《中央一号文件释放出的教育信号》,《中国青年报》2015 年 2 月 4 日。

[109] 张琼:《教育不要拒绝市场——一种新的教育发展思路探讨》,《教育与经济》1999 年第 4 期。

[110] 张旺:《城乡教育一体化:教育公平的时代诉求》,《教育研究》2012 年第 8 期。

[111] 张行涛:《论学校教育功能替代》,《教育理论与实践》1996 年第 5 期。

[112] 赵连根:《学校教育功能浅论》,《上海教育科研》1994 年第 11 期。

[113] 赵仁伟:《高中"虚胖"之忧——透视山东部分高中办学规模过度膨胀现象》,《中国青年报》2010 年 10 月 27 日。

[114] 郑金洲:《教育现代化与教育本土化》,《华东师范大学学报》(教育科学版) 1997 年第 3 期。

[115] 周济:《以科学发展观统领教育工作全局》,《人民教育》2005 年第 2 期。

[116] 周兴国:《为每个学生提供适合的教育——兼论学校多样化发展的价值追求与实施路径》,《教育发展研究》2012 年第 8 期。

[117] 朱印平、刘斌:《对欠发达地区实行寄宿制的思考》,《教学与

管理》2006年第10期。

［118］庄西真：《论学校功能的变化》，《当代教育论坛》2003年第5期。

【英文类】

［1］Peadar Cremin, Mary Goretti Nakabugo, "Education, Development and Poverty Reduction: A Literature Critique", *International Journal of Educational Development*, No. 32, 2012.

［2］Enrique Suarez-Iniguez, *The Power of Argumentation*, Editions Rodopi B. V. 2007.

［3］Lalage Bown, *What Do We Mean by Development*? Reprinted by 80: 20 Educating and Acting for a Better World 2007.

［4］Mark Mason, "Making Educational Development and Change Sustainable: Insights from Complexity Theory", *International Journal of Educational Development*, No. 29, 2009.

［5］David Moshman, "Rationality as a Goal of Education", *Educational Psychology Review*, No. 4, 1990.

［6］Patricia Bromley, "The Rationalization of Educational Development: Scientific Activity among International Nongovernmental Organizations", *Comparative Education Review*, No. 4, 2010.

［7］Ma Weina, "A Study of the Rationality of the Internationalization and Indigenization of Education", *Chinese Education & Society*, No. 6, 2001.

［8］Wilsmore, S. J., "Against Deconstructing Rationality in Education", *Journal of Aesthetic Education*, No. 4, 1991.

［9］Richard Smith, "The Limits of Rationality", *Journal of Philosophy of Education*, No. 2, 1988.

［10］C. A. Winch, "Education, Literacy and the Development of Rationality", *Journal of Philosophy of Education*, No. 2, 1983.

[11] Y. L. Jack Lam, "Economic Rationalism and Education Reforms in Developed Countries", *Journal of Educational Administration*, No. 4, 2001.

后　记

当初带着勃勃雄心开始了对基础教育发展问题的研究，信心满满地要构建一套合理发展的理论体系，要为中国基础教育发展指出一条崭新的发展道路。然而，随着研究的深入，我发现问题并没有原来想得那么简单。回顾整个研究过程，这既是一个思考、探索基础教育发展新路径的过程，也是一个自我修正、自我提升的过程。当初的雄心、信心犹在，但对其的思考则变得更为深沉和谨慎。中国基础教育发展道路的选择是综合了多个因素的复杂过程，对其进行的研究虽然告一段落，但问题并没有解决，思考也远没有停止。

感谢研究过程中给予帮助的老师、同学，是他们的指导和陪伴启发了我的思考，让我感悟到教育发展的些许真知。感谢家人默默的付出，是他们主动承担起更多的家庭责任给我留出了更宽松的研究时间和空间。感谢长春师范大学出版基金为本书的出版提供资助，还要感谢中国社会科学出版社的王琪编辑，她多次耐心地与我一起探讨和修正书中的各种细节问题，为本书的成功出版付出了辛勤劳动。

杨清溪

2017 年 12 月